# The Original

**SUDOKU**

By the Editors at Nikoli Publishing

**WORKMAN PUBLISHING**
NEW YORK

Copyright 2005 by Nikoli, Co., Ltd.

All rights reserved. No portion of this book may be
reproduced—mechanically, electronically, or by any
other means, including photocopying—without written
permission of the publisher. Published simultaneously in
Canada by Thomas Allen & Son Limited.

Library of Congress Cataloging-in-Publication Data is
available.

ISBN 978-0-7611-4215-7

Workman books are available at special discounts
when purchased in bulk for premiums and sales
promotions as well as for fund-raising or educational
use. Special editions or book excerpts can be created
to specification. For details, contact the Special Sales
Director at the address below.

Workman Publishing Company, Inc.
225 Varick Street
New York, NY 10014-4381
www.workman.com

Design by Paul Gamarello and Vanessa Ray

Printed in the United States of America
First printing: October 2005

20 19 18

# **Contents**

# Introduction

## What is Sudoku?

| 1 | 2 | 3 | 4 | 5 | 6 | 7 | 8 | 9 |
|---|---|---|---|---|---|---|---|---|
| 4 | 5 | 6 |   |   |   |   |   |   |
| 7 | 8 | 9 |   |   |   |   |   |   |
| 2 |   |   |   |   |   |   |   |   |
| 5 |   |   |   |   |   |   |   |   |
| 8 |   |   |   |   |   |   |   |   |
| 3 |   |   |   |   |   |   |   |   |
| 6 |   |   |   |   |   |   |   |   |
| 9 |   |   |   |   |   |   |   |   |

A deceptively simple exercise in logic, Sudoku is a grid-based number game. Each puzzle is made up of 81 squares (called cells), which form 9 columns, 9 rows, and 9 boxes—each of which is a 3 x 3 square that is set off by a bold line.

## The History of Sudoku

The editors of Nikoli, Japan's leading puzzle company discovered "Number Place" in an American magazine in the 1970s, and brought it to Japanese readers in 1984. (This puzzle was a variation on Latin Squares, developed in the eighteenth century by the Swiss mathematician Leonhard Euler, who had been inspired by an older puzzle called Magic Squares, which in turn can be traced to Lo Shu, an ancient Chinese puzzle.) At first the editors called the puzzle "Suuji wa dokushin ni kagiru," which means "it is best for the number to be single." That title was not only too long but also confusing, so they abbreviated it to "Sudoku"—*su* meaning number, *doku* meaning single.

Sudoku didn't catch on at first, but in 1986, the editors introduced two new rules. First, all the numbers must be arranged in a symmetrical pattern, and second, no more than thirty numbers can be revealed at the start of any puzzle. The result was magical, and Sudoku became a huge hit.

## The Rules of Sudoku

Very simple to learn, Sudoku involves no math and no calculations, but yet provides a surprisingly wide variety of logic situations. Here are the basics:

1. Place a number (1 through 9) in each blank cell.
2. Each row, column, and 3 x 3 box must contain the numbers 1 through 9 without repeating.

## Getting Started

The level of difficulty depends upon how many numbers are initially revealed, which also affects the technique you should use in approaching each puzzle. But the logic is always based on the narrowing of possibilities.

## Basic Pattern 1

Start at the box on the left. The top two rows cannot contain the number 1 because of the 1s in the middle and right boxes. Therefore, the only place for a 1 in the first box is cell A.

## Basic Pattern 2

In the upper left box, the top two rows cannot contain the number 1. The cell to the right of the number 2 cannot contain the number 1 either because of the 1 in column three in the box below. Therefore, a 1 must be placed in cell B.

### Basic Pattern 3

After learning Basic Patterns 1 and 2, it is easy to determine that the number 1 must be placed in cell C since it is the only cell in the upper left box that will not cause a duplication of 1s in either rows one and two or columns three and four.

### Basic Pattern 4

In this pattern, the middle row in the upper left box cannot contain the number 1 because of the 1 in the box on the right. And the middle column can't contain the number 1 because of the 1 in the box below. A 1 must be placed in cell D.

### Basic Pattern 5

This pattern is easy: On the top row, E is the only cell remaining in which one can place the number 1.

### Advanced Pattern 1

In the upper left box, the number 1 will be placed in one of the F cells because the 1 in the bottom box negates the possibility of placing 1 in the first column. In the second box, the top row cannot contain the number 1 because a 1 already appears in the top row. The middle row cannot contain a 1 because one of the F cells will contain a 1. So, in the second box, the number 1 can only be placed in cell G.

## Advanced Pattern 2

To determine where the number 1 should go in the far right box, first look at the far left box. Because of the number 1 already in the top row of the box, a 1 cannot be placed in the entire top row. In the middle box, with the cells in the bottom row already filled with the numbers 2, 3, and 4, there is no other place for the number 1 than in one of the H cells in the middle row. So, with a 1 in the top row, and the necessity of a 1 in one of the H cells, the only remaining option in the far right box is to place the number 1 in cell J.

## Advanced Pattern 3

In the upper left box, the number 1 should be placed in either of the K cells. (Now no other cells in the top row may contain the number 1.) In the upper right box, the top and middle rows cannot contain a 1; its far left column cannot contain a 1 because of the cell that contains a 1 in the box below. Therefore, the number 1 must be placed in cell L.

## Advanced Pattern 4

Numbers 1 and 9 are missing from the top row. Because of the 1 already in the lower left box, cell M must contain the number 1 and the cell to its right will contain the number 9.

vii

### Advanced Pattern 5

Numbers 1, 8, and 9 are missing from the top row. Cell N cannot contain an 8 or a 9 because they already appear in the left column in the lower left box. Therefore, the number 1 must be placed in cell N.

### Master Pattern 1

In the upper left box, the numbers 2 and 3 will be placed in each of the two P cells because the appearance of 2 and 3 in the left column in the lower left box and the top row in the middle box negates any other possibility. The number 1 cannot be placed in the top or bottom rows in the upper left box because of the 1s that appear in the top and bottom rows in the middle and far right boxes. Therefore, in the upper left box, the number 1 must be placed in cell Q.

### Master Pattern 2

Cell R cannot contain the numbers 2, 3, or 4 because they already appear in the same box. It cannot contain the numbers 5, 6, or 7 because they already appear in the same row. It cannot be the numbers 8 or 9 because they already appear in the same column. Therefore, cell R must contain the number 1. This deduction may seem simple, but it's easily missed.

## Why Handmade?

*By Nobuhiko Kanamoto, chief editor, Nikoli*

A well-made Sudoku is a pleasure to solve, but there are so many Sudoku puzzles manufactured by computer programs that I would like to explain why we at Nikoli continue to make Sudoku by hand.

|   | 4 |   |   | 9 |   |   |   | 8 |
|---|---|---|---|---|---|---|---|---|
|   | 3 |   |   | 5 |   |   | 1 |   |
| 7 |   |   | 4 |   |   | 2 |   |   |
| 3 |   |   | 8 |   |   | 1 |   |   |
|   | 5 |   |   |   |   |   |   | 9 |
|   |   | 6 |   |   | 1 |   |   | 2 |
|   |   | 8 |   |   | 3 |   |   | 1 |
|   | 2 |   |   | 4 |   |   | 5 |   |
| 6 |   |   | 1 |   |   | 7 |   |   |

Let's consider a puzzle that has been made using a computer program. You will soon discover that making a start is difficult. There are no cells in which to place a number using straightforward techniques.

| 2 | 6 | 4 | 3 | 1 | 9 | 5 | 7 | 8 |
|---|---|---|---|---|---|---|---|---|
| 8 | 3 | 9 | 2 | 5 | 7 | 4 | 1 | 6 |
| 7 | 1 | 5 | 4 | 8 | 6 | 2 | 3 | 9 |
| 3 | 7 | 2 | 8 | 9 | 4 | 1 | 6 | 5 |
| 4 | 5 | 1 | 6 | 3 | 2 | 8 | 9 | 7 |
| 9 | 8 | 6 | 5 | 7 | 1 | 3 | 4 | 2 |
| 5 | 4 | 8 | 7 | 6 | 3 | 9 | 2 | 1 |
| 1 | 2 | 7 | 9 | 4 | 8 | 6 | 5 | 3 |
| 6 | 9 | 3 | 1 | 2 | 5 | 7 | 8 | 4 |

Look at box one (the upper left 3 x 3 square). There is no number 6 in this box, but there are 6s in columns one and three. So, in box one, a 6 can go only in column two, but there are two possible cells. Next, let's look at the number 1. There are no 1s in box four and box seven. But there are 1s in rows four, six, seven, and nine. In box four, a 1 can only in row five, and in box seven a 1 can go only in row eight. This means that columns one and three cannot be used for a 1 in box one. The two cells of column two in box one will be occupied by a 1 and a 6. Using this information, you can find the cell that contains an 8 in box one. That's right—column one, row two. Now, all of the 8s can be placed easily. Once you have discovered how to solve this problem, the puzzle presents no other difficulties.

Can you really enjoy solving this kind of puzzle? Computer-generated Sudoku puzzles lack a vital ingredient that makes puzzles enjoyable—the sense of communication between solver and author. The best Sudoku make you concentrate, but aren't stressful. This doesn't mean that a good Sudoku must be easy. A human sensibility is required for fiendish puzzles, too.

Good Sudoku authors are always considering a solver's feelings. Can a computer program do this? Can a computer take into account the way a solver thinks? I am concerned that poor Sudoku, which take no account of solvers, will overwhelm us—and the joy of pure Sudoku will be lost forever.

## Why Nikoli?

*By Maki Kaji, the "godfather" of Sudoku and the president of Nikoli*

Ever since we discovered this puzzle twenty-five years ago, we have been absorbed in the never-ending task of creating smart and elegant puzzles. But during all the time we have been making new puzzles, we continue to nurture and develop Sudoku. We continue to think more about the solving process than the end result. This is a question of good taste—an issue that computers will never comprehend.

Nikoli's puzzles are featured in all Japanese newspapers and magazines—100 percent of them!— because Japanese solvers prefer our Sudoku. You may invent a program to create Sudoku puzzles, but you will never create Nikoli's Sudoku puzzles. So I will end with one piece of advice: Choose wisely.

**SUDOKU**

# PART 1

# Easy

# Puzzle 1 Easy 🏠

| 2 | 5 |   |   |   |   |   | 4 |   |
|---|---|---|---|---|---|---|---|---|
|   |   | 3 |   | 6 |   |   |   | 5 |
|   |   |   |   | 7 | 9 |   |   |   |
|   | 4 | 8 |   |   |   |   |   | 1 |
|   |   |   | 2 |   | 1 |   |   |   |
| 7 |   |   |   |   |   | 8 | 6 |   |
|   |   | 6 | 5 |   |   |   |   |   |
| 4 |   |   |   | 2 |   | 7 |   |   |
|   | 3 |   |   |   |   |   | 5 | 2 |

*Time* _____

| 8 |   |   |   | 7 |   |   |   |   |
|---|---|---|---|---|---|---|---|---|
|   |   | 2 |   |   | 9 |   |   |   |
|   |   | 1 |   |   |   |   | 2 | 6 |
|   |   | 4 |   | 6 |   |   | 7 |   |
|   | 1 |   | 5 |   | 2 |   | 3 |   |
|   | 2 |   |   | 9 |   | 6 |   |   |
| 3 | 8 |   |   |   |   | 1 |   |   |
|   |   |   | 7 |   |   | 9 |   |   |
|   |   |   |   | 3 |   |   |   | 7 |

*Time* _____

3

| | 9 | | | | 1 | | | 6 |
|---|---|---|---|---|---|---|---|---|
| | | 7 | | 6 | | | 3 | |
| 4 | | | 9 | | | 7 | | |
| | 1 | | | | 6 | | | |
| | | 9 | | | | 5 | | |
| | | | 3 | | | | 9 | |
| | | 4 | | | 5 | | | 1 |
| | 8 | | | 7 | | 2 | | |
| 1 | | | 6 | | | | 4 | |

*Time* _____

|   |   | 3 |   |   | 8 |   | 1 |   |
|---|---|---|---|---|---|---|---|---|
|   | 5 |   | 7 |   |   | 8 |   |   |
| 8 |   |   |   | 5 |   |   |   | 2 |
|   |   |   |   |   | 1 |   | 3 |   |
|   |   | 8 |   |   |   | 9 |   |   |
|   | 6 |   | 9 |   |   |   |   |   |
| 1 |   |   |   | 9 |   |   |   | 8 |
|   |   | 5 |   |   | 3 |   | 4 |   |
|   | 3 |   | 2 |   |   | 5 |   |   |

*Time* _____

| 5 |   |   |   | 9 |   |   |   | 7 |
|---|---|---|---|---|---|---|---|---|
|   |   | 1 | 2 |   | 4 | 8 |   |   |
|   | 3 |   |   |   |   |   | 6 |   |
|   |   | 8 |   |   |   | 2 |   |   |
| 1 |   |   | 8 |   | 9 |   |   | 4 |
|   |   | 9 |   |   |   | 5 |   |   |
|   | 8 |   |   |   |   |   | 4 |   |
|   |   | 3 | 6 |   | 7 | 1 |   |   |
| 7 |   |   |   | 2 |   |   |   | 9 |

Time _____

# Puzzle 6 Easy 🏠

| 3 | 8 |   | 1 | 9 | 5 |   |   |   |
|---|---|---|---|---|---|---|---|---|
|   |   | 1 |   |   |   | 8 |   |   |
|   |   |   | 7 |   |   | 5 | 4 | 1 |
|   |   | 8 |   |   |   | 4 |   |   |
| 1 | 4 |   |   |   |   |   | 7 | 5 |
|   |   |   |   |   |   | 2 |   |   |
| 4 | 7 |   |   | 1 | 9 |   |   |   |
|   |   | 6 |   |   |   | 1 |   |   |
| 9 |   |   | 2 | 4 | 6 | 7 | 5 | 8 |

*Time* _____

7

| 2 | 5 |   |   |   |   |   |   | 1 |
|---|---|---|---|---|---|---|---|---|
|   |   |   |   | 3 |   |   | 6 | 8 |
|   |   | 9 | 1 |   |   |   |   |   |
| 4 |   |   |   |   |   |   | 1 |   |
|   |   |   | 6 | 8 | 2 |   |   |   |
|   | 8 |   |   |   |   |   |   | 2 |
|   |   |   |   | 8 | 7 |   |   |   |
| 1 | 4 |   | 3 |   |   |   |   |   |
| 6 |   |   |   |   |   | 2 | 4 |   |

*Time* _____

|   |   | 8 |   |   |   |   | 5 |   |
|---|---|---|---|---|---|---|---|---|
| 4 |   |   |   |   | 9 |   |   |   |
|   |   | 5 | 8 |   |   | 3 |   | 2 |
|   | 8 |   |   | 9 |   | 6 |   |   |
|   |   |   | 2 |   | 7 |   |   |   |
|   |   | 2 |   | 6 |   |   | 4 |   |
| 6 |   | 4 |   |   | 3 | 8 |   |   |
|   |   |   | 7 |   |   |   |   | 1 |
|   | 1 |   |   |   |   | 7 |   |   |

*Time* _____

| 7 | 9 | 4 | 5 | 3 | 1 | 8 | 6 | 2 |
|---|---|---|---|---|---|---|---|---|
| 6 | 6 |   | 9 | 7 | 2 | 3 |   | 4 |
| 2 | 3 |   | 8 | 6 | 4 | 8 |   | 7 |
| 4 | 7 | 7 | 3 | 8 | 6 | 2 | 5 | 9 |
| 9 |   |   | 4 | 2 | 7 | 1 | 8 | 3 |
| 3 | 2 | 8 | 1 | 5 | 9 | 7 | 7 | 6 |
| 5 | 4 | 9 | 7 | 1 | 3 | 6 | 2 | 8 |
| 1 |   | 2 | 6 | 4 | 8 | 7 | 3 | 5 |
| 9 |   | 3 | 2 | 9 | 5 | 7 | 4 | 1 |

*Time* _____

10

| 8 | 6 | 7 | 9 | 3 | 2 | 5 | 1 | 4 |
|---|---|---|---|---|---|---|---|---|
| 3 | 2 | 4 | 5 | 1 | 6 | 9 | 7 | 8 |
| 9 | 1 | 5 | 7 | 4 | 8 | 6 | 3 | 2 |
| 7 | 3 | 8 | 1 | 6 | 4 | 2 | 5 | 9 |
| 5 | 4 | 2 | 8 | 9 | 3 | 1 | 6 | 7 |
| 1 | 9 | 6 | 2 | 7 | 5 | 4 | 8 | 3 |
| 2 | 7 | 1 | 6 | 8 | 9 | 3 | 4 | 5 |
| 6 | 3 | 9 | 4 | 5 | 7 | 8 | 2 | 1 |
| 4 | 8 | 5 | 3 | 2 | 1 | 7 | 9 | 6 |

*Time* _____

11

|   |   |   |   |   |   |   |   |   |
|---|---|---|---|---|---|---|---|---|
|   |   |   |   |   |   | 4 | 8 |   |
|   |   | 8 |   |   | 1 | 3 |   |   |
|   | 2 | 1 |   | 4 | 5 |   |   |   |
| 7 | 6 |   |   |   |   |   |   |   |
| 8 |   |   |   |   |   |   |   | 7 |
|   |   |   |   |   |   |   | 1 | 4 |
|   |   |   | 6 | 9 |   | 5 | 2 |   |
|   |   | 5 | 2 |   |   | 6 |   |   |
|   | 7 | 6 |   |   |   |   |   |   |

*Time* _____

| | | 5 | 9 | 8 | 2 | 3 | | 1 |
|---|---|---|---|---|---|---|---|---|
| 3 | | 9 | 7 | 8 | 1 | 2 | | 6 |
| 2 | 1 | 6 | 3 | 4 | 5 | 8 | 7 | 9 |
| 6 | 3 | | 1 | 2 | 8 | 9 | | |
| 9 | | | 1 | | 8 | 6 | 2 | 3 |
| 1 | 5 | 2 | 6 | 7 | 9 | 2 | 8 | 4 |
| 4 | 7 | 3 | 8 | 9 | 7 | 5 | 6 | 1 |
| 5 | 6 | 7 | 2 | 1 | 3 | 4 | 9 | 8 |
| 8 | 9 | 1 | 65 | 5 | 76 | 7 | 3 | 2 |

*Time* ____4PM____

| 1 | 7 |   |   |   |   | 4 | 6 |   |
| 9 |   |   |   | 3 |   | 5 |   |   |
|   |   |   |   | 4 | 8 |   |   |   |
|   |   | 5 | 7 |   |   |   |   |   |
|   |   | 8 |   |   |   |   | 9 |   |
|   |   |   |   |   | 6 | 7 |   |   |
|   |   |   | 3 | 7 |   |   |   |   |
|   |   | 6 |   | 8 |   |   |   | 3 |
|   | 2 | 7 |   |   |   |   | 5 | 1 |

*Time* _____

|   |   |   |   | 7 | 3 |   |   |   |
|---|---|---|---|---|---|---|---|---|
|   |   | 3 | 1 |   |   |   |   |   |
|   | 6 |   |   |   |   | 1 | 5 |   |
|   | 7 |   |   |   | 8 |   |   | 4 |
| 1 |   |   | 3 |   | 7 |   |   | 9 |
| 8 |   |   | 2 |   |   |   | 6 |   |
|   | 8 | 7 |   |   |   |   | 1 |   |
|   |   |   |   |   | 6 | 9 |   |   |
|   |   |   | 9 | 4 |   |   |   |   |

*Time* _____

| 7 |   |   | 2 |   |   | 3 |   |   |
|---|---|---|---|---|---|---|---|---|
|   |   | 9 |   |   | 7 |   |   |   |
|   | 3 |   |   | 8 |   |   |   | 4 |
| 6 |   |   | 4 |   |   |   | 2 |   |
|   |   | 5 |   |   |   | 8 |   |   |
|   | 4 |   |   |   | 8 |   |   | 1 |
| 9 |   |   |   | 1 |   |   | 7 |   |
|   |   | 8 |   |   |   | 5 |   |   |
|   |   | 8 |   |   | 5 |   |   | 6 |

*Time* _____

|   |   | 7 |   |   |   |   | 1 |   |
|---|---|---|---|---|---|---|---|---|
|   | 4 |   |   | 3 |   |   |   | 5 |
| 9 |   |   | 7 |   | 5 |   |   |   |
|   |   | 1 |   |   | 9 | 6 |   |   |
|   | 3 |   |   |   |   |   | 4 |   |
|   |   | 2 | 4 |   |   | 7 |   |   |
|   |   |   | 5 |   | 6 |   |   | 3 |
| 6 |   |   |   | 1 |   |   | 8 |   |
|   | 2 |   |   |   |   | 9 |   |   |

*Time* _____

|   | 5 |   |   | 1 |   |   |   | 6 |
|---|---|---|---|---|---|---|---|---|
| 4 |   |   |   | 7 |   |   | 9 |   |
|   |   | 3 |   |   | 8 |   |   |   |
|   |   |   | 2 |   |   | 3 |   |   |
| 2 | 8 |   |   |   |   |   | 1 | 5 |
|   |   | 4 |   |   | 7 |   |   |   |
|   |   |   | 6 |   |   | 8 |   |   |
|   | 7 |   |   | 5 |   |   |   | 4 |
| 1 |   |   |   | 3 |   |   | 2 |   |

*Time* _____

|   |   | 9 |   |   | 8 |   |   | 6 |
|---|---|---|---|---|---|---|---|---|
|   |   | 5 |   |   | 7 |   |   | 3 |
| 1 |   |   | 6 |   |   | 2 |   |   |
|   | 8 |   | 2 |   |   | 3 |   |   |
|   | 1 |   |   |   |   |   | 5 |   |
|   |   | 7 |   |   | 1 |   | 4 |   |
|   |   | 4 |   |   | 5 |   |   | 9 |
| 6 |   |   | 4 |   |   | 7 |   |   |
| 2 |   |   | 9 |   |   | 8 |   |   |

*Time* _____

| 1 | 2 | 3 | 6 | 5 | 7 | 4 | 8 | 9 |
|---|---|---|---|---|---|---|---|---|
| 4 | 5 | 9 | 2 | 8 | 1 | 6 |   | 3 |
| 7 | 8 | 6 | 4 | 1 | 2 | 9 |   |   |
| 9 | 1 | 4 | 7 | 3 | 8 |   |   | 6 |
| 5 | 3 | 6 | 9 | 4 |   |   | 7 |   |
| 2 | 9 | 7 | 1 | 6 | 3 |   |   | 5 |
| 3 | 6 | 1 | 8 | 2 | 4 | 7 |   |   |
| 8 | 4 | 2 | 5 | 7 | 6 |   | 3 |   |
| 6 | 7 | 5 | 3 | 9 | 8 |   |   | 2 |

*Time* _____

# Puzzle 20 Easy

|   | 6 |   | 7 |   |   |   |   | 3 |
|---|---|---|---|---|---|---|---|---|
|   |   |   |   | 4 |   |   | 7 |   |
| 8 |   | 2 |   |   | 3 | 5 |   |   |
|   |   |   | 2 |   |   |   |   | 4 |
| 4 | 5 |   |   |   |   |   | 8 |   |
| 9 |   |   |   |   | 6 |   |   |   |
|   |   | 4 | 5 |   |   | 2 |   | 6 |
|   | 9 |   |   | 7 |   |   |   |   |
| 1 |   |   |   |   | 8 |   | 9 |   |

Time _____

21

| 6 |   |   |   | 7 |   |   | 8 |   |
|---|---|---|---|---|---|---|---|---|
|   |   |   |   |   | 4 | 9 |   |   |
|   |   | 2 | 6 |   |   |   |   | 1 |
|   | 8 |   |   | 3 |   | 5 |   |   |
|   | 9 |   |   |   |   |   | 6 |   |
|   |   | 3 |   | 2 |   |   | 7 |   |
| 5 |   |   |   |   | 3 | 1 |   |   |
|   |   | 7 | 8 |   |   |   |   |   |
|   | 6 |   |   | 9 |   |   |   | 2 |

*Time* _____

| | 6 | | | 5 | | | | 4 |
|---|---|---|---|---|---|---|---|---|
| | | 9 | 1 | | | | 2 | |
| 8 | | | | | | 6 | | |
| | 3 | | 5 | | 8 | | | 7 |
| | | 5 | | | | | 1 | |
| 9 | | | 2 | | | | 4 | |
| | | 2 | | | 5 | | | 8 |
| 5 | 7 | | | | 6 | 9 | | |
| 4 | | | | 1 | | | 5 | |

*Time* _____

562

23

| | 5 | | | | 1 | | | 7 |
|---|---|---|---|---|---|---|---|---|
| | | 1 | | 2 | | | 9 | |
| 4 | | | 3 | | | 8 | | |
| | 3 | | | | 6 | | | 2 |
| | | 8 | | | | 1 | | |
| 6 | | | 4 | | | | 5 | |
| | | 2 | | | 4 | | | 9 |
| | 9 | | | 7 | | 3 | | |
| 5 | | | 8 | | | | 6 | |

*Time* _____

|   |   |   |   |   | 2 |   |   | 6 |
|---|---|---|---|---|---|---|---|---|
|   |   | 4 | 8 |   |   | 1 |   |   |
|   | 5 |   |   | 3 |   |   | 9 |   |
|   | 1 |   |   |   | 4 |   |   | 8 |
|   |   | 7 |   |   |   | 6 |   |   |
| 5 |   |   | 7 |   |   |   | 3 |   |
|   | 2 |   |   | 5 |   |   | 1 |   |
|   |   | 9 |   |   | 7 | 4 |   |   |
| 8 |   |   | 6 |   |   |   |   |   |

*Time* _____

25

| | 7 | | | 9 | | 3 | | |
|---|---|---|---|---|---|---|---|---|
| | | 8 | | | 1 | | | 4 |
| 3 | | | 6 | | | | 1 | |
| | 5 | | | | | 2 | | |
| 2 | | | | 3 | | | | 9 |
| | | 4 | | | | | 7 | |
| | 6 | | | | 4 | | | 8 |
| 5 | | | 2 | | | 6 | | |
| | | 1 | | 7 | | | 9 | |

*Time* _____

|   |   | 7 |   |   | 9 |   |   | 8 |
|---|---|---|---|---|---|---|---|---|
|   |   |   | 7 | 4 |   |   | 3 |   |
| 8 |   |   |   |   |   |   | 2 |   |
|   | 9 |   |   |   | 4 |   |   | 1 |
|   |   | 1 |   |   |   | 7 |   |   |
| 2 |   |   | 3 |   |   |   | 5 |   |
|   | 1 |   |   |   |   |   |   | 4 |
|   | 3 |   |   | 2 | 7 |   |   |   |
| 5 |   |   | 6 |   |   | 9 |   |   |

*Time* _____

| 5 |   |   | 9 |   |   |   | 6 |   |
|---|---|---|---|---|---|---|---|---|
|   |   | 7 |   |   |   | 4 |   |   |
|   | 2 |   |   |   | 5 |   |   | 1 |
|   | 6 |   |   |   | 2 |   |   | 5 |
|   |   | 8 |   |   |   | 3 |   |   |
| 3 |   |   | 1 |   |   |   | 7 |   |
| 9 |   |   | 7 |   |   |   | 8 |   |
|   |   | 1 |   |   |   | 9 |   |   |
|   | 4 |   |   |   | 6 |   |   | 2 |

Time _____

|   |   | 3 |   |   |   | 6 |   | 5 |
|---|---|---|---|---|---|---|---|---|
|   |   |   | 9 |   |   |   | 2 |   |
|   | 6 |   |   | 8 |   |   |   | 1 |
| 7 |   | 9 |   |   | 3 |   |   |   |
|   | 1 |   |   | 4 |   |   | 9 |   |
|   |   |   | 2 |   |   | 7 |   | 8 |
| 4 |   |   |   | 7 |   |   | 5 |   |
|   | 9 |   |   |   | 6 |   |   |   |
| 5 |   | 2 |   |   |   | 3 |   |   |

*Time* _____

| | 5 | | | 1 | | | |
|---|---|---|---|---|---|---|---|---|
| 9 | | | 8 | | | 4 | | |
| | 1 | | | 6 | | | 7 | |
| | | 4 | | | 7 | | | 5 |
| | 6 | | | | | | 2 | |
| 8 | | | 4 | | | 9 | | |
| | 8 | | | 2 | | | 6 | |
| | | 7 | | | 9 | | | 1 |
| | | | 5 | | | 2 | | |

*Time* _____

| 2 | 3 | 4 | 4 | 5 | 8 |   |   | 7 |
| 9 | 6 | 5 | 2 | 7 |   | 1 |   |   |
| 5 | 4 | 7 | 9 | 2 |   |   | 3 |   |
| 4 | 8 | 2 | 3 | 6 |   |   |   | 1 |
| 7 | 1 | 9 | 8 | 4 |   | 2 |   |   |
| 8 | 5 | 1 | 7 | 9 | 6 |   |   |   |
| 3 | 2 | 8 | 1 | 9 |   | 7 |   | 5 |
| 6 | 7 | 3 | 4 | 8 |   |   | 9 |   |
| 1 | 9 | 6 | 5 | 3 |   | 8 |   |   |

*Time _____*

31

|   |   |   | 4 |   |   |   |   |   |
|---|---|---|---|---|---|---|---|---|
|   |   | 1 | 8 |   |   | 2 | 6 |   |
|   | 6 |   |   |   | 1 |   | 3 |   |
|   | 5 |   |   |   | 3 | 9 |   |   |
| 7 |   |   |   |   |   |   |   | 4 |
|   |   | 8 | 2 |   |   |   | 5 |   |
|   | 4 |   | 6 |   |   |   | 1 |   |
|   | 1 | 3 |   |   | 9 | 8 |   |   |
|   |   |   | 7 |   |   |   |   |   |

*Time* _____

| 2 |   |   | 9 |   |   |   |   | 5 |
|---|---|---|---|---|---|---|---|---|
|   | 4 |   |   | 7 |   |   | 6 |   |
|   |   | 1 |   |   | 8 | 2 |   |   |
|   | 8 |   |   |   | 6 |   |   |   |
| 5 |   |   |   | 9 |   |   |   | 7 |
|   |   |   | 2 |   |   |   | 1 |   |
|   |   | 4 | 5 |   |   | 1 |   |   |
|   | 7 |   |   | 4 |   |   | 3 |   |
| 9 |   |   |   |   | 3 |   |   | 8 |

*Time* _____

| 6 |   |   | 1 |   |   | 3 |   |   |
|---|---|---|---|---|---|---|---|---|
| 2 |   |   | 9 |   |   | 5 |   |   |
|   |   | 7 |   |   | 4 |   |   | 1 |
|   |   | 4 |   |   |   |   |   | 3 |
|   | 8 |   |   |   |   |   | 7 |   |
| 9 |   |   |   |   |   | 6 |   |   |
| 5 |   |   | 6 |   |   | 2 |   |   |
|   |   | 1 |   |   | 5 |   |   | 9 |
|   |   | 3 |   |   | 7 |   |   | 8 |

*Time* _____

|   |   | 3 |   |   | 6 |   |   | 9 |
|---|---|---|---|---|---|---|---|---|
|   | 4 |   |   |   |   | 5 |   |   |
| 6 |   | 7 |   | 2 |   |   | 1 |   |
|   |   |   | 2 |   |   |   |   | 6 |
|   |   | 9 |   |   |   | 2 |   |   |
| 7 |   |   |   |   | 1 |   |   |   |
|   | 2 |   |   | 4 |   | 9 |   | 3 |
|   |   | 1 |   |   |   |   | 7 |   |
| 9 |   |   | 8 |   |   | 4 |   |   |

*Time* _____

|   | 5 |   |   | 3 |   |   | 7 |   |
|---|---|---|---|---|---|---|---|---|
| 2 |   |   |   |   | 1 |   |   | 6 |
|   |   | 3 |   |   |   | 9 |   |   |
|   |   |   | 8 |   | 4 |   | 5 |   |
| 4 |   |   |   | 2 |   |   |   | 1 |
|   | 9 |   | 1 |   | 6 |   |   |   |
|   |   | 7 |   |   |   | 6 |   |   |
| 1 |   |   | 9 |   |   |   |   | 4 |
|   | 4 |   |   | 8 |   |   | 3 |   |

*Time* _____

|   | 3 | 1 |   |   | 4 |   |   |   |
|---|---|---|---|---|---|---|---|---|
| 9 |   |   |   | 5 |   |   | 3 | 6 |
|   |   |   | 2 |   |   | 5 |   |   |
| 2 |   |   | 8 |   |   | 4 |   |   |
|   | 6 |   |   |   |   |   | 5 |   |
|   |   | 7 |   |   | 3 |   |   | 1 |
|   |   | 6 |   |   | 1 |   |   |   |
| 4 | 8 |   |   | 9 |   |   |   | 7 |
|   |   |   | 7 |   |   | 8 | 2 |   |

Time _____

| | 5 | | 8 | | | | | |
|---|---|---|---|---|---|---|---|---|
| 2 | | | 4 | | | 3 | | |
| | | 9 | | | 5 | | 6 | |
| 7 | 8 | | 3 | | | 1 | | |
| | | | | | | | | |
| | | 6 | | | 8 | | 2 | 9 |
| | 4 | | 9 | | | 7 | | |
| | | 5 | | | 1 | | | 3 |
| | | | | | 6 | | 4 | |

*Time* _____

| 4 | 5 | 8 | 2 | 6 | 9 | 7 | 1 | 3 |
| 3 | 7 | 9 | 1 | 5 | 4 | 8 | 6 | 2 |
| 6 | 2 | 1 | 3 | 7 | 8 | 9 | 5 | 4 |
| 8 | 1 | 3 | 9 | 2 | 6 | 4 | 7 | 5 |
| 9 | 4 | 7 | 5 | 8 | 1 | 3 | 2 | 6 |
| 5 | 6 | 2 | 7 | 4 | 3 | 1 | 9 | 8 |
| 1 | 8 | 4 | 6 | 9 | 5 | 2 | 3 | 7 |
| 7 | 9 | 5 | 8 | 3 | 2 | 6 | 4 | 1 |
| 2 | 3 | 6 | 4 | 1 | 7 | 5 | 8 | 9 |

*Time* _____

2397.

5

| 4 |   |   |   |   | 9 |   |   | 2 |
|---|---|---|---|---|---|---|---|---|
|   |   | 3 | 4 |   |   | 5 |   |   |
|   | 7 |   |   |   |   |   | 6 |   |
|   | 8 |   |   | 1 |   |   |   | 4 |
|   |   | 6 |   | 3 |   |   |   |   |
| 9 |   |   |   | 5 |   |   | 3 |   |
|   | 3 |   |   |   |   |   | 1 |   |
|   |   | 6 |   |   | 5 | 2 |   |   |
| 2 |   |   | 1 |   |   |   |   | 9 |

*Time* _____

|   |   |   |   | 4 |   | 3 |   |   |
|---|---|---|---|---|---|---|---|---|
| 9 |   |   | 7 |   |   |   | 6 |   |
|   | 8 |   |   | 5 |   | 1 |   |   |
|   |   | 1 |   |   | 4 |   |   | 2 |
|   | 5 |   |   | 8 |   |   | 9 |   |
| 3 |   |   | 1 |   |   | 7 |   |   |
|   |   | 6 |   | 9 |   |   | 2 |   |
|   | 1 |   |   |   | 5 |   |   | 4 |
|   |   | 3 |   | 7 |   |   |   |   |

*Time* _____

| 4 | 7 |   |   |   | 2 |   |   | 5 |
|---|---|---|---|---|---|---|---|---|
|   |   | 1 |   |   | 7 |   |   | 8 |
|   |   |   | 6 |   |   |   | 3 |   |
| 1 | 8 |   |   |   |   | 9 |   |   |
|   |   |   |   | 4 |   |   |   |   |
|   |   | 2 |   |   |   |   | 5 | 3 |
|   | 4 |   |   |   | 6 |   |   |   |
| 7 |   |   | 8 |   |   | 6 |   |   |
| 5 |   |   | 9 |   |   |   | 2 | 1 |

*Time* _____

# Puzzle 42 Easy 🏠

| 4 |   |   |   | 5 |   | 3 |   |   |
|---|---|---|---|---|---|---|---|---|
|   |   | 7 |   |   | 3 |   |   | 1 |
|   | 9 |   | 7 |   |   |   | 4 |   |
|   |   | 8 |   |   | 6 |   |   | 5 |
|   |   |   |   | 1 |   |   |   |   |
| 3 |   |   | 2 |   |   | 9 |   |   |
|   | 7 |   |   |   | 1 |   | 6 |   |
| 5 |   |   | 9 |   |   | 8 |   |   |
|   |   | 2 |   | 8 |   |   |   | 7 |

*Time* _____

43

|   |   |   |   |   | 5 |   |   |   |
|---|---|---|---|---|---|---|---|---|
|   | 2 |   |   | 3 |   | 9 |   |   |
| 5 |   | 6 |   | 4 |   | 2 |   |   |
| 9 |   | 8 |   |   | 7 |   |   |   |
|   | 1 |   |   |   |   |   | 5 |   |
|   |   |   | 9 |   |   | 6 |   | 1 |
|   |   | 2 |   | 1 |   | 3 |   | 6 |
|   |   | 3 |   | 6 |   |   | 7 |   |
|   |   |   | 7 |   |   |   |   |   |

*Time* _____

| 8 | 5 | 4 | 3 |   | 3 |   | 2 | 7 |
| 2 | 9 | 6 | 4 | 4 |   |   |   | 3 |
| 1 | 3 | 7 | 2 | 9 | 6 | 4 | 8 | 5 |
|   |   |   | 8 | 2 | 4 | 5 | 3 | 8 |
| 3 | 6 | 2 |   |   |   | 8 | 1 | 4 |
| 4 | 5 | 8 | 3 |   | 2 |   |   |   |
| 8 | 4 |   | 1 | 3 | 8 | 6 |   | 2 |
| 9 | 2 |   | 5 | 5 |   | 3 | 5 | 8 |
| 5 | 7 | 3 | 2 |   | 2 | 6 | 3 | 8 |

*Time* _____

| | 1 | | | 5 | | | | 4 |
|---|---|---|---|---|---|---|---|---|
| | | 2 | 8 | | | | 7 | |
| 3 | | | | | | 9 | | |
| | 9 | | | | 3 | | | 7 |
| | 6 | | | 1 | | | 4 | |
| 2 | | | 6 | | | | 8 | |
| | | 7 | | | | | | 1 |
| | 8 | | | | 2 | 5 | | |
| 5 | | | | 4 | | | 9 | |

*Time* _____

# Puzzle 46 Easy 🏠

|   |   | 6 |   |   |   |   | 5 |   |
|---|---|---|---|---|---|---|---|---|
| 8 |   |   | 4 |   |   |   | 3 |   |
|   | 5 |   |   | 1 |   | 7 |   |   |
|   |   | 4 |   |   | 5 |   |   |   |
| 9 | 8 |   |   |   |   |   | 1 | 6 |
|   |   |   | 3 |   |   | 8 |   |   |
|   |   | 3 |   | 8 |   |   | 2 |   |
|   | 1 |   |   |   | 6 |   |   | 4 |
|   | 2 |   |   |   |   | 9 |   |   |

*Time* _____

47

| 4 |   |   | 1 |   | 9 |   |   | 3 |
|---|---|---|---|---|---|---|---|---|
|   |   | 3 |   |   |   | 5 |   |   |
| 9 |   |   |   | 7 |   |   |   | 4 |
|   |   | 2 |   |   | 8 |   |   |   |
|   | 5 |   |   |   |   |   | 7 |   |
|   |   |   | 3 |   |   | 1 |   |   |
| 7 |   |   |   | 5 |   |   |   | 2 |
|   |   | 9 |   |   |   | 8 |   |   |
| 1 |   |   | 2 |   | 4 |   |   | 6 |

*Time* _____

| 2 |   |   |   |   | 9 |   |   |   |
|---|---|---|---|---|---|---|---|---|
|   | 9 | 6 |   |   |   | 2 | 7 |   |
|   |   |   | 4 | 1 |   |   |   | 9 |
|   |   |   |   |   | 3 | 5 |   |   |
|   | 8 |   |   |   |   |   | 9 |   |
|   |   | 4 | 8 |   |   |   |   |   |
| 3 |   |   |   | 5 | 7 |   |   |   |
|   | 5 | 1 |   |   |   | 4 | 3 |   |
|   |   |   | 6 |   |   |   |   | 8 |

*Time* _____

|   |   |   | 5 |   |   |   | 4 |   |
|---|---|---|---|---|---|---|---|---|
|   | 3 | 8 |   |   |   |   | 2 |   |
| 1 |   |   |   | 6 | 3 |   |   | 7 |
|   |   | 7 | 4 |   |   |   |   |   |
|   | 2 |   |   |   |   |   | 1 |   |
|   |   |   |   |   | 8 | 6 |   |   |
| 6 |   |   | 7 | 5 |   |   |   | 2 |
|   | 4 |   |   |   |   | 3 | 8 |   |
|   | 1 |   |   |   | 4 |   |   |   |

*Time* _____

|   |   |   |   |   |   |   |   | 8 |
|---|---|---|---|---|---|---|---|---|
|   | 5 | 3 |   |   | 7 | 2 |   |   |
| 4 |   |   | 3 |   |   |   | 9 |   |
| 1 |   |   | 8 |   |   |   | 3 |   |
|   |   | 5 |   |   |   | 1 |   |   |
|   | 9 |   |   |   | 4 |   |   | 6 |
|   | 6 |   |   |   | 9 |   |   | 2 |
|   |   | 7 | 1 |   |   | 5 | 4 |   |
| 8 |   |   |   |   |   |   |   |   |

*Time* _____

51

|   |   | 2 |   | 6 |   |   | 7 |   |
|---|---|---|---|---|---|---|---|---|
|   | 1 |   |   |   | 2 | 3 |   |   |
| 7 |   |   | 1 |   |   |   |   | 8 |
|   |   |   |   | 7 |   |   | 6 |   |
|   |   | 1 |   |   |   | 4 |   |   |
|   | 3 |   |   | 8 |   |   |   |   |
| 8 |   |   |   |   | 3 |   |   | 1 |
|   |   | 4 | 5 |   |   |   | 2 |   |
|   | 6 |   |   | 4 |   | 9 |   |   |

Time _____

| | 1 | | | | | | | 8 |
|---|---|---|---|---|---|---|---|---|
| | | 9 | | | 3 | 4 | | |
| | | | 1 | 2 | | | 6 | |
| | | | | | 5 | | | 7 |
| | 7 | 4 | | | | 2 | 5 | |
| 6 | | | 9 | | | | | |
| | 8 | | | 7 | 6 | | | |
| | | 2 | 4 | | | 9 | | |
| 3 | | | | | | | 1 | |

*Time* _____

| 6 |   |   |   |   |   | 8 |   |   |
|---|---|---|---|---|---|---|---|---|
|   |   |   | 7 | 1 |   |   | 9 | 6 |
|   |   | 5 |   |   | 4 |   |   |   |
|   |   | 2 |   |   | 3 |   |   |   |
| 5 | 8 |   |   |   |   |   | 1 | 7 |
|   |   |   | 4 |   |   | 2 |   |   |
|   |   |   | 3 |   |   | 9 |   |   |
| 1 | 7 |   |   | 6 | 8 |   |   |   |
|   |   | 4 |   |   |   |   |   | 5 |

*Time* _____

54

|   |   |   |   |   |   |   |   |   |
|---|---|---|---|---|---|---|---|---|
|   | 5 |   | 9 |   |   | 3 | 8 | 4 |
| 7 |   |   | 8 | 1 |   | 5 |   | 2 |
|   |   | 3 |   |   |   | 6 |   | 1 |
|   | 9 |   |   |   | 4 |   | 2 |   |
| 5 | 3 |   |   | 9 |   |   | 6 |   |
|   | 1 |   | 7 |   |   |   | 5 |   |
|   |   | 1 |   |   |   | 9 |   |   |
| 4 |   | 9 |   | 5 | 2 | 8 | 1 | 7 |
| 8 | 7 |   |   |   |   |   | 3 |   |

*Time _____*

55

| 6 | 4 | 1 | 6 | 26 | 9 | 3 | 5 | 7 |
|---|---|---|---|---|---|---|---|---|
| 3 | 5 | 2 | 4 | 7 | 8 | 9 | 1 | 68 |
| 9 | 7 | 6 | 5 | 1 | 3 | 8 | 52 | 2 |
| 7 | 1 | 3 | 2 | 3 | 5 | 6 | 4 | 8 |
| 4 | 6 | 3 | 1 | 8 | 7 | 5 | 9 | 2 |
| 5 | 2 | 8 | 9 | 6 | 4 | 7 | 35 | 1 |
| 1 | 3 | 5 | 7 | 4 | 6 | 2 | 68 | 9 |
| 2 | 9 | 7 | 8 | 5 | 1 | 4 | 468 | 3 |
| 6 | 8 | 4 | 3 | 9 | 2 | 1 | 7 | 5 |

Time _____

For Home
1745
Folsom

| 5 |   |   | 9 | 7 |   | 1 |   |
|---|---|---|---|---|---|---|---|
|   | 3 | 8 | 1 | 5 | 6 |   | 4 |   |
| 1 | 6 |   | 2 |   | 8 | 7 |   |   |
|   | 2 | 5 | 3 |   |   |   |   |   |
|   | 1 | 6 | 5 | 8 |   | 4 | 3 |   |
|   | 4 |   |   |   | 1 |   | 2 | 5 |
|   | 5 | 1 |   |   | 3 |   | 9 |   |
|   | 7 |   | 4 |   |   | 5 |   |   |
|   | 9 |   | 8 |   | 5 |   | 7 | 2 |

*Time* _____

|   |   |   | 8 |   |   | 4 |   |   |
|---|---|---|---|---|---|---|---|---|
|   |   | 2 |   |   | 3 |   |   | 1 |
|   | 3 |   |   | 5 |   |   | 9 |   |
|   |   | 4 |   |   | 5 |   |   | 2 |
|   | 9 |   |   |   |   |   | 6 |   |
| 7 |   |   | 1 |   |   | 8 |   |   |
|   | 4 |   |   | 6 |   |   | 3 |   |
| 1 |   |   | 7 |   |   | 6 |   |   |
|   |   | 8 |   |   | 2 |   |   |   |

*Time* _____

|   |   | 9 |   |   |   |   |   |   |
|---|---|---|---|---|---|---|---|---|
| 6 |   |   |   | 4 |   | 1 |   |   |
|   | 8 |   | 1 |   | 7 |   |   | 2 |
|   | 7 |   | 6 |   |   |   |   | 5 |
|   |   | 4 |   | 3 |   | 2 |   |   |
| 5 |   |   |   |   | 8 |   | 9 |   |
| 7 |   |   | 4 |   | 9 |   | 6 |   |
|   |   | 2 |   | 5 |   |   |   | 1 |
|   |   |   |   |   | 8 |   |   |   |

*Time* _____

| 4 |   | 8 |   |   | 2 |   |   | 1 |
|   | 3 |   |   | 5 |   | 7 |   |   |
|   |   |   |   |   | 3 |   |   |   |
| 9 |   |   | 2 |   |   |   |   | 4 |
|   | 5 |   |   |   |   |   | 7 |   |
| 1 |   |   |   |   | 8 |   |   | 3 |
|   |   |   | 1 |   |   |   |   |   |
|   |   | 7 |   | 9 |   |   | 4 |   |
| 8 |   |   | 5 |   |   | 9 |   | 2 |

*Time* _____

| 5 | 3 |   |   | 1 |   |   |   | 6 |
|---|---|---|---|---|---|---|---|---|
|   |   |   |   | 5 | 4 |   | 8 |   |
|   |   | 7 |   |   |   |   |   |   |
|   |   | 8 | 2 |   |   |   | 6 | 7 |
| 4 |   |   |   | 6 |   |   |   | 1 |
| 6 | 5 |   |   |   | 3 | 8 |   |   |
|   |   |   |   |   |   | 4 |   |   |
|   | 1 |   | 3 | 2 |   |   |   |   |
| 2 |   |   |   | 7 |   |   | 5 | 9 |

*Time* _____

61

| | 7 | 8 | | | 1 | 9 | | |
|---|---|---|---|---|---|---|---|---|
| 3 | | | | 7 | | | | 2 |
| | | | 2 | | | | 8 | |
| | | | 1 | | | | 2 | |
| 9 | | | | 8 | | | | 7 |
| | 4 | | | | 3 | | | |
| | 1 | | | | 4 | | | |
| 5 | | | | 9 | | | | 3 |
| | | 2 | 8 | | | 5 | 4 | |

*Time* _____

| 3 |   |   |   |   | 7 |   |   | 6 |
|---|---|---|---|---|---|---|---|---|
|   |   | 1 | 2 |   |   |   |   | 3 |
|   | 9 |   |   | 4 |   |   | 2 |   |
| 4 |   |   |   |   | 6 | 1 |   |   |
| 8 |   |   |   |   |   |   |   | 4 |
|   |   | 2 | 7 |   |   |   |   | 9 |
|   | 7 |   |   | 8 |   |   | 9 |   |
| 6 |   |   |   |   | 3 | 8 |   |   |
| 9 |   |   | 6 |   |   |   |   | 7 |

*Time* _____

| 2 |   |   |   |   | 9 |   |   | 8 |
|---|---|---|---|---|---|---|---|---|
|   | 4 |   |   |   | 6 |   |   |   |
|   | 5 |   | 3 |   |   | 1 |   |   |
|   |   |   | 1 |   |   |   | 6 |   |
|   | 3 |   |   | 5 |   |   | 2 |   |
|   | 8 |   |   |   | 7 |   |   |   |
|   |   | 1 |   |   | 8 |   | 4 |   |
|   |   |   | 9 |   |   |   | 7 |   |
| 4 |   |   | 6 |   |   |   |   | 2 |

*Time* _____

|   | 8 |   | 1 |   | 9 |   |   |   |
|---|---|---|---|---|---|---|---|---|
|   |   | 4 |   | 5 |   |   | 3 |   |
|   |   |   | 6 |   |   | 9 |   | 7 |
| 4 |   |   | 8 |   |   |   | 6 |   |
|   | 5 |   |   |   |   |   | 7 |   |
|   | 3 |   |   |   | 1 |   |   | 5 |
| 8 |   | 7 |   |   | 2 |   |   |   |
|   | 9 |   |   | 3 |   | 5 |   |   |
|   |   |   | 4 |   | 6 |   | 1 |   |

*Time* _____

| | 3 | | | 9 | | | 7 | |
|---|---|---|---|---|---|---|---|---|
| | | 9 | | | | 4 | | |
| 7 | | | 1 | | 8 | | | 2 |
| 3 | | | | 4 | | | | 6 |
| | 6 | | | | | | 1 | |
| 4 | | | | 8 | | | | 9 |
| 9 | | | 6 | | 2 | | | 1 |
| | | 8 | | | | 3 | | |
| | 2 | | | 1 | | | 6 | |

*Time* _____

|   |   | 4 | 5 |   |   |   |   | 8 |
|---|---|---|---|---|---|---|---|---|
|   | 8 |   |   |   |   |   | 2 |   |
| 5 |   |   | 9 |   |   | 6 |   |   |
| 9 |   |   | 7 |   |   | 1 |   |   |
|   | 7 |   |   | 3 |   |   | 5 |   |
|   |   | 1 |   |   | 2 |   |   | 4 |
|   |   | 2 |   |   | 8 |   |   | 6 |
|   | 3 |   |   |   |   |   | 4 |   |
| 1 |   |   |   |   | 7 | 9 |   |   |

*Time _____*

| 7 |   |   | 1 |   |   | 6 |   |   |
|---|---|---|---|---|---|---|---|---|
|   |   | 8 |   |   |   |   | 2 |   |
|   | 3 |   |   | 5 | 9 |   |   | 7 |
| 6 |   |   | 3 |   |   | 8 |   |   |
|   |   | 7 |   |   |   | 1 |   |   |
|   |   | 1 |   |   | 4 |   |   | 2 |
| 5 |   |   | 9 | 6 |   |   | 3 |   |
|   | 9 |   |   |   |   | 5 |   |   |
|   |   | 2 |   |   | 7 |   |   | 8 |

*Time* _____

| 9 |   |   |   |   |   | 5 |   | 2 |
|---|---|---|---|---|---|---|---|---|
|   |   | 8 |   |   |   | 7 |   |   |
|   | 4 |   | 1 |   |   |   | 6 |   |
|   | 6 |   |   | 9 |   |   |   | 1 |
|   |   | 7 |   | 3 |   | 9 |   |   |
| 2 |   |   |   | 5 |   |   | 4 |   |
|   | 3 |   |   |   | 4 |   | 8 |   |
|   |   | 9 |   |   |   | 2 |   |   |
| 5 |   | 1 |   |   |   |   |   | 6 |

*Time* _____

|   | 6 |   |   |   | 3 |   |   | 4 |
|---|---|---|---|---|---|---|---|---|
|   |   | 7 |   |   |   |   | 1 |   |
| 5 |   |   | 2 |   |   | 8 |   |   |
|   | 5 |   | 4 |   |   | 6 |   |   |
| 7 |   |   |   |   |   |   |   | 2 |
|   |   | 3 |   |   | 1 |   | 5 |   |
|   |   | 1 |   |   | 7 |   |   | 3 |
|   | 8 |   |   |   |   | 4 |   |   |
| 2 |   |   | 9 |   |   |   | 6 |   |

*Time* _____

# Puzzle 70 Easy

| 5 | 3 | 7 | 9 | 4 | 1 | 8 | 6 | 2 |
|---|---|---|---|---|---|---|---|---|
| 1 | 9 | 8 | 6 | 2 | 5 | 3 | 7 | 4 |
| 6 | 2 | 4 | 7 | 8 | 3 | 5 | 9 | 1 |
| 7 | 1 | 3 | 4 | 6 | 9 | 2 | 5 | 8 |
| 8 | 4 | 5 | 3 | 7 | 2 | 6 | 1 | 9 |
| 2 | 6 | 9 | 5 | 1 | 8 | 7 | 4 | 3 |
| 4 | 8 | 6 | 2 | 9 | 7 | 1 | 3 | 5 |
| 3 | 5 | 2 | 1 | 4 | 6 | 9 | 8 | 7 |
| 9 | 7 | 1 | 8 | 5 | 3 | 4 | 2 | 6 |

*Time* _____

71

| | 8 | | 6 | | 4 | | | 9 |
|---|---|---|---|---|---|---|---|---|
| 9 | | | | | | 5 | | |
| | | 1 | | 7 | | | 2 | |
| | 3 | | | | 5 | | | |
| 7 | | | | | | | | 1 |
| | | | 8 | | | | 4 | |
| | 2 | | | 1 | | 8 | | |
| | | 4 | | | | | | 6 |
| 6 | | | 2 | | 7 | | 5 | |

*Time* _____

|   | 4 |   | 6 |   |   |   |   | 7 |
|---|---|---|---|---|---|---|---|---|
| 6 |   | 3 |   |   | 9 |   | 2 |   |
|   |   |   | 8 |   | 3 |   |   |   |
|   |   | 2 |   |   |   |   |   | 4 |
|   | 8 |   | 9 |   | 2 |   | 3 |   |
| 7 |   |   |   |   |   | 1 |   |   |
|   |   | 5 |   | 3 |   |   |   |   |
|   | 3 |   | 4 |   |   | 9 |   | 6 |
| 1 |   |   |   | 5 |   | 8 |   |   |

*Time* _____

| | 5 | | 7 | | | | | |
|---|---|---|---|---|---|---|---|---|
| | | 1 | | 5 | | 2 | | |
| 3 | | | | | 9 | | 8 | |
| | 1 | | 2 | | | | | 5 |
| | | 7 | | | | 9 | | |
| 8 | | | | | 4 | | 6 | |
| | 6 | | 3 | | | | | 7 |
| | | 2 | | 9 | | 4 | | |
| | | | | 6 | | 1 | | |

*Time* _____

| 6 |   |   | 3 |   |   |   | 2 |   |
|---|---|---|---|---|---|---|---|---|
|   |   |   |   |   | 6 |   |   | 4 |
|   | 2 |   |   | 5 |   | 1 |   |   |
| 5 |   | 4 |   |   | 7 |   |   |   |
|   | 9 |   |   |   |   |   | 3 |   |
|   |   |   | 1 |   |   | 5 |   | 8 |
|   |   | 3 |   | 9 |   |   | 6 |   |
| 8 |   |   | 2 |   |   |   |   |   |
|   | 1 |   |   |   | 4 |   |   | 5 |

*Time* _____

|   |   | 3 | 8 |   |   |   |   |   |
|---|---|---|---|---|---|---|---|---|
|   | 2 |   |   | 1 |   |   | 7 |   |
| 8 |   |   |   |   | 5 |   |   | 9 |
|   |   | 9 | 6 |   |   |   |   | 5 |
|   | 7 |   |   | 2 |   |   | 4 |   |
| 6 |   |   |   |   | 3 | 8 |   |   |
| 1 |   |   | 2 |   |   |   |   | 6 |
|   | 4 |   |   | 7 |   |   | 1 |   |
|   |   |   |   | 9 | 3 |   |   |   |

*Time* _____

| | 9 | | | 3 | | 6 | | |
|---|---|---|---|---|---|---|---|---|
| 2 | | | | | | | | 8 |
| | | 6 | 5 | | | | 1 | |
| | | 1 | 6 | | | | 4 | |
| 3 | | | | | | | | 7 |
| | 7 | | | | 4 | 9 | | |
| | 4 | | | | 9 | 3 | | |
| 6 | | | | | | | | 2 |
| | | 2 | | 1 | | | 8 | |

*Time* _____

| 5 |   |   | 6 |   |   |   | 8 |   |
|---|---|---|---|---|---|---|---|---|
| 3 |   |   | 5 |   |   |   | 4 |   |
|   |   | 6 |   |   | 1 |   |   | 2 |
|   |   | 4 |   |   | 8 | 2 |   | 9 |
|   |   |   | 2 |   |   |   |   |   |
| 1 |   | 9 | 7 |   |   | 5 |   |   |
| 7 |   |   | 4 |   |   | 3 |   |   |
|   | 6 |   |   |   | 3 |   |   | 1 |
|   | 8 |   |   |   | 9 |   |   | 7 |

*Time* _____

| | 2 | | | 9 | 8 | | | |
|---|---|---|---|---|---|---|---|---|
| | | 8 | | | | 5 | | |
| 4 | | | 6 | | | | 7 | |
| | 5 | | 4 | | | | | 8 |
| | | 9 | | 3 | | 4 | | |
| 6 | | | | | 2 | | 1 | |
| | 9 | | | | 5 | | | 2 |
| | | 1 | | | | 7 | | |
| | | | 1 | 4 | | | 6 | |

*Time* _____

|   |   | 5 |   |   | 2 |   |   | 8 |
|---|---|---|---|---|---|---|---|---|
|   |   |   | 7 | 5 |   |   | 3 |   |
| 6 |   |   |   |   |   | 1 |   |   |
|   | 1 |   |   | 2 |   |   | 7 | 9 |
|   |   | 4 |   |   |   | 6 |   |   |
| 2 | 3 |   |   | 8 |   |   | 5 |   |
|   |   | 8 |   |   |   |   |   | 4 |
|   | 7 |   |   | 3 | 1 |   |   |   |
| 9 |   |   | 4 |   |   | 2 |   |   |

*Time* _____

| 9 | 6 | 3 | 2 |   |   | 7 | 5 | 4 |
|---|---|---|---|---|---|---|---|---|
| 4 | 7 | 5 | 9 | 8 | 6 | 1 | 3 | 2 |
| 2 |   | 8 | 3 | 4 | 7 | 9 | 6 | 5 |
| 6 | 5 | 4 | 7 | 2 | 8 | 3 |   | 9 |
| 1 | 8 | 9 | 5 | 3 | 4 | 2 | 7 | 6 |
| 3 | 2 | 7 |   | 6 | 9 | 5 |   | 4 |
|   | 9 |   | 4 |   |   | 6 | 5 | 3 |
|   | 3 | 6 |   | 9 | 5 | 4 | 2 |   |
| 5 | 4 | 2 | 6 |   | 3 | 8 |   |   |

|   |   | 1 |   |   |   | 5 |   |   |
|---|---|---|---|---|---|---|---|---|
| 6 |   |   | 2 |   |   |   | 3 |   |
|   | 2 |   |   | 9 |   |   |   | 1 |
|   |   | 5 |   |   | 1 |   |   | 8 |
|   | 7 |   |   |   |   |   | 2 |   |
| 3 |   |   | 6 |   |   | 9 |   |   |
| 9 |   |   |   | 8 |   |   | 6 |   |
|   | 4 |   |   |   | 5 |   |   | 7 |
|   |   | 7 |   |   |   | 2 |   |   |

*Time* _____

# Puzzle 82 Easy

| 2 |   |   |   | 9 |   |   | 4 |   |
|---|---|---|---|---|---|---|---|---|
|   | 4 |   |   | 6 |   |   | 9 |   |
|   | 7 |   |   |   | 2 |   |   | 1 |
|   |   | 5 |   |   | 4 |   |   | 3 |
|   |   | 4 |   |   |   | 5 |   |   |
| 1 |   |   | 8 |   |   | 2 |   |   |
| 9 |   |   | 6 |   |   |   | 8 |   |
|   | 1 |   |   | 5 |   |   | 3 |   |
|   | 8 |   |   | 3 |   |   |   | 6 |

*Time* _____

| 3 |   |   |   |   |   | 8 | 1 |   |
|---|---|---|---|---|---|---|---|---|
|   |   |   |   | 5 | 2 |   |   | 3 |
|   |   | 6 | 9 |   |   | 7 |   |   |
| 4 | 3 |   |   | 8 |   |   |   |   |
|   |   | 7 |   |   |   | 1 |   |   |
|   |   |   |   | 3 |   |   | 6 | 5 |
|   |   | 2 |   |   | 1 | 3 |   |   |
| 6 |   |   | 4 | 9 |   |   |   |   |
|   | 8 | 5 |   |   |   |   |   | 7 |

*Time* _____

| | | 7 | | | | 5 | | |
|---|---|---|---|---|---|---|---|---|
| | 6 | | | 1 | | | 3 | |
| | 5 | | | | 9 | | 2 | |
| 1 | | | | | 4 | | | 7 |
| | | 3 | | 6 | | 1 | | |
| 6 | | | 7 | | | | | 4 |
| | 2 | | 5 | | | | 8 | |
| | 4 | | | 3 | | | 1 | |
| | | 9 | | | | 6 | | |

*Time* _____

|   |   |   |   | 3 |   |   |   | 8 |
|---|---|---|---|---|---|---|---|---|
|   | 2 |   | 7 |   |   | 1 |   |   |
|   |   | 3 |   |   | 6 |   | 4 |   |
|   | 8 |   | 5 |   |   | 2 |   |   |
| 1 |   |   |   |   |   |   |   | 9 |
|   |   | 6 |   |   | 1 |   | 3 |   |
|   | 5 |   | 2 |   |   | 7 |   |   |
|   |   | 1 |   |   | 7 |   | 6 |   |
| 8 |   |   |   | 5 |   |   |   |   |

*Time* _____

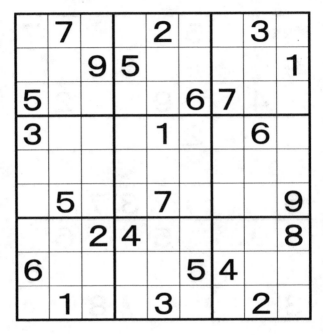

|   | 7 |   |   | 2 |   |   | 3 |   |
|---|---|---|---|---|---|---|---|---|
|   |   | 9 | 5 |   |   |   |   | 1 |
| 5 |   |   |   |   | 6 | 7 |   |   |
| 3 |   |   |   | 1 |   |   | 6 |   |
|   | 5 |   |   | 7 |   |   |   | 9 |
|   |   | 2 | 4 |   |   |   |   | 8 |
| 6 |   |   |   |   | 5 | 4 |   |   |
|   | 1 |   |   | 3 |   |   | 2 |   |

*Time* _____

|   |   | 2 | 5 |   |   |   |   | 7 |
|---|---|---|---|---|---|---|---|---|
| 9 |   |   |   |   | 6 | 3 |   |   |
|   | 4 |   |   | 9 |   |   | 2 |   |
|   |   | 4 | 2 |   |   |   |   | 1 |
|   |   |   |   |   |   |   |   |   |
| 6 |   |   |   |   | 3 | 7 |   |   |
|   | 9 |   |   | 5 |   |   | 6 |   |
|   |   | 1 | 8 |   |   |   |   | 5 |
| 3 |   |   |   |   | 7 | 8 |   |   |

*Time* _____

| | 3 | | | | 1 | | | 2 |
|---|---|---|---|---|---|---|---|---|
| | | 6 | | 7 | | 4 | | |
| 7 | | | 9 | | | | 5 | |
| | 5 | | | | | 2 | | |
| 4 | | | | | | | | 3 |
| | | 8 | | | | | 9 | |
| | 9 | | | | 3 | | | 6 |
| | | 2 | | 4 | | 1 | | |
| 8 | | | 2 | | | | 7 | |

*Time* _____

| | | 4 | 2 | | | 7 | | |
|---|---|---|---|---|---|---|---|---|
| | 5 | | | 6 | | | 1 | |
| 2 | | | | | 8 | | | 5 |
| 8 | | | | | 7 | | | |
| | 3 | | | | | | 7 | |
| | | | 1 | | | | | 4 |
| 6 | | | 3 | | | | | 2 |
| | 1 | | | 7 | | | 6 | |
| | | 5 | | | 4 | 8 | | |

*Time* _____

| 3 |   |   | 2 |   |   |   |   | 1 |
|---|---|---|---|---|---|---|---|---|
|   |   | 7 |   | 8 |   |   |   |   |
|   |   |   | 9 |   |   | 4 |   |   |
| 5 |   |   |   |   | 2 |   | 3 |   |
|   |   | 8 |   |   |   | 7 |   |   |
|   | 3 |   | 4 |   |   |   |   | 9 |
|   |   | 1 |   |   | 7 |   |   |   |
|   |   |   | 6 |   |   | 8 |   |   |
| 4 |   |   |   |   | 3 |   |   | 2 |

*Time* _____

**PART**

2

# Medium

| 6 | 7 | 9 | 5 | 1 | 2 | 3 | 8 | 4 |
|---|---|---|---|---|---|---|---|---|
| 3 | 2 | 1 | 9 | 4 | 8 | 6 | 5 | 7 |
| 5 | 4 | 8 | 6 | 3 | 7 | 2 | 1 | 9 |
| 4 | 1 | 7 | 8 | 2 | 6 | 5 | 9 | 3 |
| 9 | 3 | 6 | 4 | 7 | 5 | 8 | 2 | 1 |
| 8 | 5 | 2 | 1 | 9 | 3 | 7 | 4 | 6 |
| 1 | 8 | 3 | 7 | 5 | 9 | 4 | 6 | 2 |
| 7 | 9 | 5 | 2 | 6 | 4 | 1 | 3 | 8 |
| 2 | 6 | 4 | 3 | 8 | 1 | 9 | 7 | 5 |

1 3 8

*Time* _____

93

| 8 | 1 | 7 | 4 | 3 | 5 | 9 | 2 | 6 |
|---|---|---|---|---|---|---|---|---|
| 6 | 5 | 4 | 9 | 2 | 1 | 3 | 8 | 7 |
| 9 | 3 | 2 | 8 | 6 | 7 | 5 | 4 | 1 |
| 2 | 7 | 5 | 3 | 9 | 4 | 1 | 6 | 8 |
| 3 | 4 | 8 | 2 | 1 | 6 | 7 | 9 | 5 |
| 1 | 6 | 9 | 7 | 5 | 8 | 2 | 3 | 4 |
| 7 | 8 | 3 | 1 | 4 | 9 | 6 | 5 | 2 |
| 5 | 2 | 1 | 6 | 8 | 3 | 4 | 7 | 9 |
| 4 | 9 | 6 | 5 | 7 | 2 | 8 | 1 | 3 |

*Time* _____

| 5 | 7 | 2 | 4 | 6 | 8 | 9 | 1 | 3 |
| 4 | 3 | 8 | 5 | 1 | 9 | 6 | 2 | 7 |
| 6 | 1 | 9 | 7 | 2 | 3 | 4 | 8 | 5 |
| 2 | 6 | 1 | 8 | 5 | 4 | 7 | 3 | 9 |
| 9 | 4 | 5 | 3 | 7 | 2 | 1 | 6 | 8 |
| 7 | 8 | 3 | 6 | 9 | 1 | 2 | 5 | 4 |
| 3 | 9 | 4 | 2 | 8 | 6 | 5 | 7 | 1 |
| 8 | 5 | 6 | 1 | 4 | 7 | 3 | 9 | 2 |
| 1 | 2 | 7 | 9 | 3 | 5 | 8 | 4 | 6 |

356

Time _____

167

259
20
239

95

| 8 | 4 | 3 | 5 | 9 | 7 | 1 | 6 | 2 |
|---|---|---|---|---|---|---|---|---|
| 2 | 6 | 1 | 8 | 4 | 3 | 5 | 9 | 7 |
| 5 | 9 | 7 | 6 | 2 | 1 | 8 | 4 | 3 |
| 3 | 1 | 5 | 9 | 6 | 2 | 4 | 7 | 8 |
| 4 | 8 | 2 | 7 | 3 | 5 | 9 | 1 | 6 |
| 9 | 7 | 6 | 4 | 1 | 8 | 2 | 3 | 5 |
| 1 | 5 | 9 | 2 | 7 | 6 | 3 | 8 | 4 |
| 6 | 3 | 8 | 1 | 5 | 4 | 7 | 2 | 9 |
| 7 | 2 | 4 | 3 | 8 | 9 | 6 | 5 | 1 |

*Time* _____

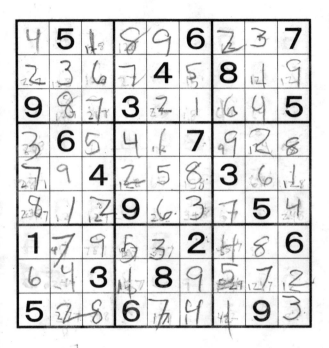

| 4 | 5 | 1 | 8 | 9 | 6 | 2 | 3 | 7 |
| 2 | 3 | 6 | 7 | 4 | 5 | 8 | 1 | 9 |
| 9 | 8 | 7 | 3 | 2 | 1 | 6 | 4 | 5 |
| 3 | 6 | 5 | 4 | 1 | 7 | 9 | 2 | 8 |
| 7 | 9 | 4 | 2 | 5 | 8 | 3 | 6 | 1 |
| 8 | 1 | 2 | 9 | 6 | 3 | 7 | 5 | 4 |
| 1 | 7 | 9 | 5 | 3 | 2 | 4 | 8 | 6 |
| 6 | 4 | 3 | 1 | 8 | 9 | 5 | 7 | 2 |
| 5 | 2 | 8 | 6 | 7 | 4 | 1 | 9 | 3 |

Time _____

| 2 | 4 | 5 | 3 | 6 | 1 | 8 | 9 | 7 |
|---|---|---|---|---|---|---|---|---|
| 7 | 8 | 6 | 9 | 5 | 4 | 12 | 2 | 3 |
| 3 | 1 | 9 | 7 | 8 | 2 | 6 | 4 | 5 |
| 9 | 6 | 1 | 2 | 4 | 3 | 5 | 7 | 8 |
| 2 | 5 | 3 | 6 | 7 | 8 | 4 | 1 | 9 |
| 8 | 7 | 4 | 5 | 1 | 9 | 3 | 6 | 2 |
| 4 | 9 | 8 | 1 | 3 | 7 | 2 | 5 | 6 |
| 1 | 5 | 7 | 8 | 2 | 6 | 9 | 3 | 4 |
| 6 | 2 | 3 | 4 | 9 | 5 | 7 | 8 | 1 |

*Time* _____

98

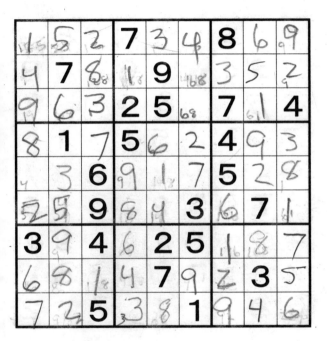

| 5 | 2 | 7 | 3 | 4 | 8 | 6 | 9 |
|---|---|---|---|---|---|---|---|
| 4 | 7 | 8 | 1 | 9 | | 3 | 5 | 2 |
| 9 | 6 | 3 | 2 | 5 | | 7 | 1 | 4 |
| 8 | 1 | 7 | 5 | | 2 | 4 | 9 | 3 |
| | 3 | 6 | 9 | | 7 | 5 | 2 | 8 |
| | | 9 | 8 | 4 | 3 | | 7 | |
| 3 | 9 | 4 | | 2 | 5 | | 8 | 7 |
| 6 | 8 | | 4 | 7 | 9 | 2 | 3 | 5 |
| 7 | | 5 | 3 | 8 | 1 | 9 | 4 | 6 |

*Time* _____

99

73

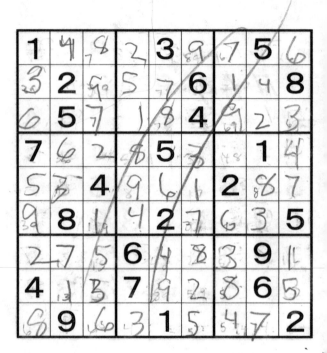

| 1 | 4 | 8 | 2 | 3 | 9 | 7 | 5 | 6 |
| 3 | 2 | 9 | 5 | 7 | 6 | 1 | 4 | 8 |
| 6 | 5 | 7 | 1 | 8 | 4 | 9 | 2 | 3 |
| 7 | 6 | 2 | 8 | 5 | 3 | 8 | 1 | 4 |
| 5 | 3 | 4 | 9 | 6 | 1 | 2 | 8 | 7 |
| 9 | 8 | 1 | 4 | 2 | 7 | 6 | 3 | 5 |
| 2 | 7 | 5 | 6 | 4 | 8 | 3 | 9 | 1 |
| 4 | 1 | 3 | 7 | 9 | 2 | 8 | 6 | 5 |
| 8 | 9 | 6 | 3 | 1 | 5 | 4 | 7 | 2 |

*Time* __6:24__

2

100

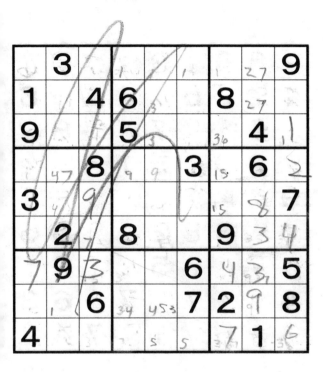

|   | 3 |   |   |   |   |   | 27 | 9 |
|---|---|---|---|---|---|---|---|---|
| 1 |   | 4 | 6 |   |   | 8 | 27 |   |
| 9 |   |   | 5 |   |   | 36 | 4 | 1 |
|   | 47 | 8 | 9 | 9 | 3 | 15 | 6 | 2 |
| 3 | 4 | 9 |   |   |   | 15 | 8 | 7 |
|   | 2 |   | 8 |   |   | 9 | 3 | 4 |
| 7 | 9 | 3 |   |   | 6 | 4 | 3 | 5 |
|   | 1 | 6 | 34 | 453 | 7 | 2 | 9 | 8 |
| 4 |   |   |   | 5 | 5 | 7 | 1 | 6 |

*Time* ____

101

| 3 | 6 | 8 | 1 | 9 | 7 | 4 | 7 | 5 |
|---|---|---|---|---|---|---|---|---|
| 1 | 4 | 7 | 5 | 6 | 3 | 2 | 9 | 8 |
| 2 | 5 | 9 | 4 | 7 | 8 | 1 | 3 | 6 |
| 5 | 2 | 4 | 9 | 3 | 1 | 6 | 8 | 7 |
| 9 | 8 | 6 | 7 | 4 | 5 | 3 | 2 | 1 |
| 7 | 1 | 3 | 8 | 2 | 6 | 9 | 5 | 4 |
| 6 | 7 | 2 | 3 | 5 | 4 | 8 | 1 | 9 |
| 4 | 9 | 1 | 2 | 8 | 7 | 5 | 6 | 3 |
| 8 | 3 | 5 | 6 | 1 | 9 | 7 | 4 | 2 |

*Time* _____

| 5 | 3 | 4 | 2 | 6 | 1 | 9 | 7 | 8 |
|---|---|---|---|---|---|---|---|---|
| 2 | 6 | 8 | 9 | 7 | 4 | 3 | 5 | 1 |
| 9 | 7 | 1 | 3 | 5 | 8 | 2 | 4 | 6 |
| 1 | 9 | 3 | 4 | 8 | 6 | 7 | 2 | 5 |
| 4 | 2 | 5 | 7 | 1 | 3 | 6 | 8 | 9 |
| 6 | 8 | 7 | 5 | 2 | 9 | 1 | 3 | 4 |
| 7 | 1 | 2 | 6 | 4 | 5 | 8 | 9 | 3 |
| 8 | 4 | 9 | 1 | 3 | 7 | 5 | 6 | 2 |
| 3 | 5 | 6 | 8 | 9 | 2 | 4 | 1 | 7 |

14

*Time* _____

103

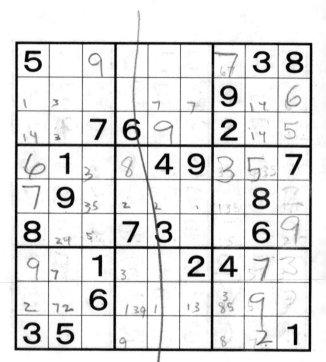

| 5 |   | 9 |   |   |   | 7 | 3 | 8 |
|   |   |   |   |   |   | 9 |   | 6 |
|   |   | 7 | 6 |   |   | 2 |   | 5 |
| 6 | 1 |   | 8 | 4 | 9 |   | 5 | 7 |
| 7 | 9 |   |   |   |   |   | 8 |   |
| 8 |   |   | 7 | 3 |   |   | 6 |   |
| 9 |   | 1 |   |   | 2 | 4 |   |   |
| 2 |   | 6 |   |   |   |   | 9 |   |
| 3 | 5 |   |   |   |   |   |   | 1 |

*Time* _____

104

| 3 | 4 | 6 | 9 | 7 | 5 | 1 | 8 | 2 |
|---|---|---|---|---|---|---|---|---|
| 1 | 9 | 2 | 6 | 8 | 3 | 5 | 7 | 4 |
| 5 | 7 | 8 | 2 | 1 | 4 | 6 | 9 | 3 |
| 8 | 5 | 7 | 3 | 2 | 1 | 9 | 4 | 6 |
| 2 | 1 | 4 | 8 | 9 | 6 | 3 | 5 | 7 |
| 6 | 3 | 9 | 4 | 5 | 7 | 8 | 2 | 1 |
| 7 | 6 | 3 | 5 | 4 | 8 | 2 | 1 | 9 |
| 9 | 8 | 1 | 7 | 6 | 2 | 4 | 3 | 5 |
| 4 | 2 | 5 | 1 | 3 | 9 | 7 | 6 | 8 |

*Time* _____

105

| 5 | 4 | 2 | 8 | 6 | 3 | 7 | 1 | 9 |
|---|---|---|---|---|---|---|---|---|
| 9 | 8 | 6 | 1 | 2 | 7 | 5 | 3 | 4 |
| 7 | 3 | 1 | 5 | 4 | 9 | 6 | 8 | 2 |
| 1 | 6 | 5 | 3 | 7 | 2 | 9 | 4 | 8 |
| 4 | 7 | 3 | 9 | 8 | 5 | 2 | 6 | 1 |
| 8 | 2 | 9 | 4 | 1 | 6 | 3 | 5 | 7 |
| 5 | 5 | 8 | 6 | 9 | 1 | 4 | 7 | 3 |
| 3 | 9 | 4 | 7 | 5 | 8 | 1 | 2 | 6 |
| 6 | 1 | 7 | 2 | 3 | 4 | 8 | 9 | 5 |

Time _____

106

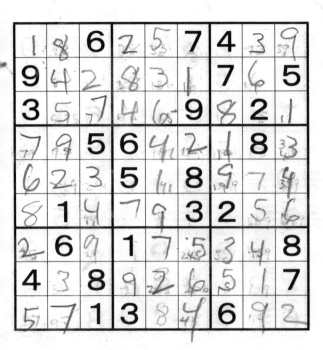

| 1 | 8 | 6 | 2 | 5 | 7 | 4 | 3 | 9 |
| 9 | 4 | 2 | 8 | 3 | 1 | 7 | 6 | 5 |
| 3 | 5 | 7 | 4 | 6 | 9 | 8 | 2 | 1 |
| 7 | 9 | 5 | 6 | 4 | 2 | 1 | 8 | 3 |
| 6 | 2 | 3 | 5 | 1 | 8 | 9 | 7 | 4 |
| 8 | 1 | 4 | 7 | 9 | 3 | 2 | 5 | 6 |
| 2 | 6 | 9 | 1 | 7 | 5 | 3 | 4 | 8 |
| 4 | 3 | 8 | 9 | 2 | 6 | 5 | 1 | 7 |
| 5 | 7 | 1 | 3 | 8 | 4 | 6 | 9 | 2 |

248

Time _____

323    349
653
3265

107

| 7 | 5 | 1 | 8 | 4 | 2 | 6 | 3 | 9 |
| 9 | 2 | 4 | 3 | 7 | 6 | 5 | 8 | 1 |
| 8 | 3 | 6 | 1 | 5 | 9 | 7 | 2 | 4 |
| 6 | 7 | 2 | 4 | 8 | 3 | 9 | 1 | 5 |
| 1 | 4 | 9 | 5 | 2 | 7 | 3 | 6 | 8 |
| 5 | 8 | 3 | 6 | 9 | 1 | 2 | 4 | 7 |
| 4 | 9 | 7 | 2 | 6 | 8 | 1 | 5 | 3 |
| 2 | 1 | 8 | 9 | 3 | 5 | 4 | 7 | 6 |
| 3 | 6 | 5 | 7 | 1 | 4 | 8 | 9 | 2 |

*Time* _____

108

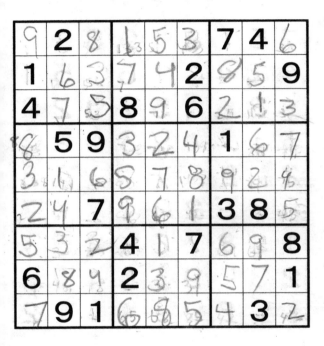

| 9 | 2 | 8 | 1 | 5 | 3 | 7 | 4 | 6 |
| 1 | 6 | 3 | 7 | 4 | 2 | 8 | 5 | 9 |
| 4 | 7 | 5 | 8 | 9 | 6 | 2 | 1 | 3 |
| 8 | 5 | 9 | 3 | 2 | 4 | 1 | 6 | 7 |
| 3 | 1 | 6 | 5 | 7 | 8 | 9 | 2 | 4 |
| 2 | 4 | 7 | 9 | 6 | 1 | 3 | 8 | 5 |
| 5 | 3 | 2 | 4 | 1 | 7 | 6 | 9 | 8 |
| 6 | 8 | 4 | 2 | 3 | 9 | 5 | 7 | 1 |
| 7 | 9 | 1 | 6 | 8 | 5 | 4 | 3 | 2 |

5 6 8       2

*Time* _____

109

*Time* _____

110

| | | 3 | | | 8 | 4 | | 5 |
|---|---|---|---|---|---|---|---|---|
| 6 | | 4 | 7 | 5 | | | 3 | |
| | 5 | | | | | | | |
| 3 | 7 | 5 | | | 1 | 9 | 2 | 6 |
| | | | 3 | | 5 | | | |
| 1 | 4 | 8 | | | | 7 | | |
| | | 7 | | | | 3 | 8 | |
| | 3 | | | 6 | 4 | 5 | | 7 |
| 4 | | 9 | 5 | | 7 | 2 | 6 | |

*Time* _____

Wilhelm scream   111

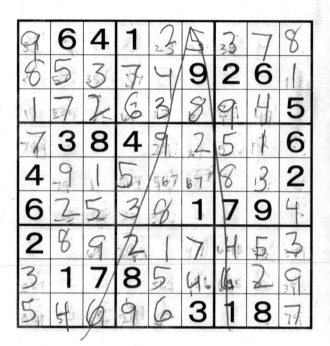

| 9 | 6 | 4 | 1 | 2 | 5 | 3 | 7 | 8 |
| 8 | 5 | 3 | 7 | 4 | 9 | 2 | 6 | 1 |
| 1 | 7 | 2 | 6 | 3 | 8 | 9 | 4 | 5 |
| 7 | 3 | 8 | 4 | 9 | 2 | 5 | 1 | 6 |
| 4 | 9 | 1 | 5 | 567 | 67 | 8 | 3 | 2 |
| 6 | 2 | 5 | 3 | 8 | 1 | 7 | 9 | 4 |
| 2 | 8 | 9 | 2 | 1 | 7 | 4 | 5 | 3 |
| 3 | 1 | 7 | 8 | 5 | 46 | 6 | 2 | 9 |
| 5 | 4 | 6 | 9 | 6 | 3 | 1 | 8 | 7 |

*Time* _____

702  660206
851  4044

| 2 | 4 | 5 | 1 | 8 | 6 | 9 | 7 | 3 |
| 1 | 8 | 9 | 3 | 4 | 7 | 6 | 5 | 2 |
| 3 | 6 | 7 | 9 | 2 | 59 | 4 | 1 | 8 |
| 4 | 7 | 6 | 8 | 9 | 3 | 1 | 2 | 5 |
| 8 | 1 | 3 | 5 | 6 | 2 | 7 | 4 | 9 |
| 5 | 9 | 2 | 4 | 7 | 1 | 8 | 3 | 6 |
| 7 | 5 | 1 | 6 | 3 | 9 | 2 | 8 | 4 |
| 6 | 2 | 4 | 7 | 5 | 8 | 3 | 9 | 1 |
| 9 | 3 | 8 | 2 | 1 | 4 | 5 | 6 | 7 |

567

*Time* _____

113

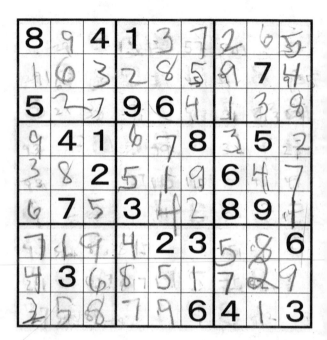

*Time* _____

| 3 | | | | 9 | | 5 | 7 | |
|---|---|---|---|---|---|---|---|---|
| 4 | 9 | 7 | | 7 | 5 | 8 | 3 | |
| 8 | 5 | 2 | | | 4 | | | 6 |
| 1 | 7 | 5 | | | 8 | 6 | 9 | 3 |
| 2 | | | 5 | 6 | 7 | | | |
| 6 | | 4 | 3 | | | 2 | 5 | 7 |
| 9 | 4 | | | 8 | 61 | 3 | 2 | 15 |
| 7 | | | 2 | 5 | | | | |
| 5 | 2 | 8 | 9 | 4 | 3 | 7 | 6 | 1 |

*Time* _____

115

| 9 | 2 | 3 | 5 | 6 | 8 | 4 | 7 | 1 |
|---|---|---|---|---|---|---|---|---|
| 7 | 1 | 5 | 2 | 9 | 4 | 8 | 6 | 3 |
| 6 | 4 | 8 | 7 | 3 | 1 | 9 | 2 | 5 |
| 5 | 7 | 4 | 8 | 1 | 6 | 3 | 9 | 2 |
| 8 | 9 | 1 | 3 | 2 | 7 | 5 | 4 | 6 |
| 2 | 3 | 6 | 4 | 5 | 9 | 1 | 8 | 7 |
| 1 | 5 | 9 | 6 | 8 | 2 | 7 | 3 | 4 |
| 3 | 6 | 7 | 9 | 4 | 5 | 2 | 1 | 8 |
| 4 | 8 | 2 | 1 | 7 | 3 | 6 | 5 | 9 |

*Time* _____

116

| 7 | 1 | 5 | 6 | 2 | 9 | 8 | 3 | 4 |
|---|---|---|---|---|---|---|---|---|
| 2 | 4 | 3 | 8 | 5 | 1 | 9 | 7 | 6 |
| 8 | 9 | 6 | 7 | 4 | 3 | 2 | 5 | 1 |
| 4 | 7 | 2 | 3 | 9 | 5 | 6 | 1 | 8 |
| 5 | 3 | 9 | 1 | 8 | 6 | 4 | 2 | 7 |
| 1 | 6 | 8 | 2 | 7 | 4 | 5 | 9 | 3 |
| 6 | 5 | 7 | 9 | 1 | 8 | 3 | 4 | 2 |
| 9 | 8 | 1 | 4 | 3 | 2 | 7 | 6 | 5 |
| 3 | 2 | 4 | 5 | 6 | 7 | 1 | 8 | 9 |

*Time* _____

117

| 6 | 2 | 1 | 4 | 9 | 7 | 358 | 8 | 358 |
|---|---|---|---|---|---|-----|---|-----|
| 9 | 4 | 8 | 3 | 5 | 1 | 6 | 7 | 2 |
| 5 | 7 | 3 | 8 | 2 | 6 | 9 | 1 | 4 |
| 4 | 3 | 6 | 9 | 7 | 58 | 1 | 2 | 58 |
| 2 | 1 | 7 | 5 | 6 | 4 | 58 | 3 | 9 |
| 8 | 5 | 9 | 2 | 1 | 3 | 4 | 6 | 7 |
| 1 | 8 | 4 | 7 | 3 | 9 | 2 | 5 | 6 |
| 7 | 9 | 5 | 6 | 8 | 2 | 3 | 4 | 1 |
| 3 | 6 | 2 | 1 | 4 | 5 | 7 | 9 | 8 |

1300
350
600
240
———
2490

*Time* _____

1 8

| 8 | 2 | 4 | 1 | 6 | 5 | 9 | 3 | 7 |
|---|---|---|---|---|---|---|---|---|
| 9 | 7 | 3 | 4 | 8 | 2 | 1 | 6 | 5 |
| 6 | 5 | 1 | 9 | 3 | 7 | 8 | 4 | 2 |
| 4 | 6 | 2 | 3 | 7 | 8 | 5 | 1 | 9 |
| 1 | 8 | 7 | 5 | 4 | 9 | 3 | 2 | 6 |
| 3 | 9 | 5 | 2 | 1 | 6 | 4 | 7 | 8 |
| 7 | 4 | 8 | 6 | 9 | 1 | 2 | 5 | 3 |
| 5 | 3 | 6 | 8 | 2 | 4 | 7 | 9 | 1 |
| 2 | 1 | 9 | 7 | 5 | 3 | 6 | 8 | 4 |

Time _____

119

# Puzzle 118 Medium 🏠

457

| 2 | 5 | 4 | 7 | 3 | 9 | 1 | 6 | 8 |
| 6 | 9 | 3 | 5 | 6 | 8 | 7 | 4 | 2 |
| 7 | 1 | 8 | 2 | 4 | 1 | 9 | 3 | 5 |
| 5 | 7 | 9 | 9 | 2 | 4 | 6 | 8 | 3 |
| 4 | 3 | 6 | 9 | 9 | 7 | 2 | 5 | 1 |
| 1 | 8 | 2 | 6 | 5 | 3 | 4 | 7 | 9 |
| 3 | 2 | 5 | 4 | 1 | 6 | 8 | 9 | 7 |
| 9 | 6 | 1 | 8 | 7 | 5 | 3 | 2 | 4 |
| 8 | 4 | 7 | 3 | 9 | 2 | 5 | 1 | 6 |

136

*Time* _____

120

| 7 | 3 | 5 | 92 | 1 | 92 | 8 | 5 | 6 |
| 8 | 9 | 6 | 7 | 35 | 45 | 345 | 1 | 2 |
| 4 | 1 | 2 | 368 | 356 | 58 | 8 | 7 | 9 |
| 6 | 8 | 9 | 5 | 7 | 3 | 1 | 2 | 4 |
| 1 | 2 | 3 | 849 | 89 | 84 | 7 | 6 | 5 |
| 5 | 7 | 4 | 1 | 2 | 6 | 9 | 3 | 8 |
| 9 | 54 | 7 | 29 | 8 | 28 | 6 | 459 | 1 |
| 2 | 546 | 1 | | | 7 | | 8 | 3 |
| 3 | 56 | 8 | | 4 | 1 | 2 | 9 | 7 |

489

Time _____

236

121

| 3 | 9 | 6 | 2 | 8 | 5 | | 7 | 4 |
|---|---|---|---|---|---|---|---|---|
| 5 | 8 | 2 | 4 | 1 | 7 | 9 | 6 | 3 |
| 7 | 4 | 1 | 3 | 6 | 9 | 8 | 2 | 5 |
| 4 | 1 | 5 | 6 | 9 | 3 | 2 | 8 | 7 |
| 8 | 6 | 7 | 1 | 5 | 2 | 4 | 3 | 9 |
| 9 | 2 | 3 | 8 | 7 | 4 | 6 | 5 | 1 |
| 2 | 3 | 8 | 7 | 4 | 1 | 5 | 9 | 6 |
| 1 | 7 | 9 | 5 | 2 | 6 | 3 | 4 | 8 |
| 6 | 5 | 4 | 9 | 3 | 8 | 7 | 1 | 2 |

Time _____

122

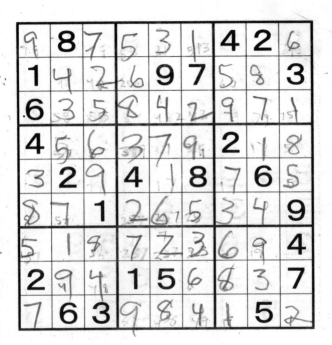

| 9 | 8 | 7 | 5 | 3 | 1 | 4 | 2 | 6 |
| 1 | 4 | 2 | 6 | 9 | 7 | 5 | 8 | 3 |
| 6 | 3 | 5 | 8 | 4 | 2 | 9 | 7 | 1 |
| 4 | 5 | 6 | 3 | 7 | 9 | 2 | 1 | 8 |
| 3 | 2 | 9 | 4 | 1 | 8 | 7 | 6 | 5 |
| 8 | 7 | 1 | 2 | 6 | 5 | 3 | 4 | 9 |
| 5 | 1 | 8 | 7 | 2 | 3 | 6 | 9 | 4 |
| 2 | 9 | 4 | 1 | 5 | 6 | 8 | 3 | 7 |
| 7 | 6 | 3 | 9 | 8 | 4 | 1 | 5 | 2 |

489.

*Time* ————

123

| 9 | | 3 | | | 8 | | | |
|---|---|---|---|---|---|---|---|---|
| | 2 | | | 4 | | | 9 | |
| | | 4 | 3 | | 9 | 7 | | 2 |
| 4 | | | 1 | 3 | | 9 | | |
| | | 9 | | | | 6 | | |
| | | | | 9 | 2 | | | 7 |
| 2 | | 6 | | | 3 | 8 | | |
| | 4 | | | 7 | | | 3 | |
| 3 | 9 | 7 | 8 | | | 1 | | 5 |

| 3 | 4 | 2 | 1 | 9 | 5 | 6 | 8 | 7 |
|---|---|---|---|---|---|---|---|---|
| 1 | 5 | 6 | 2 | 7 | 8 | 9 | 3 | 4 |
| 7 | 9 | 8 | 3 |   |   | 2 | 5 | 1 |
| 2 |   | 5 | 8 | 1 | 9 | 3 |   | 3 |
|   |   | 3 | 7 |   | 2 |   |   |   |
|   | 7 | 1 | 5 | 3 |   |   | 2 |   |
| 8 | 3 | 7 | 6 | 5 |   | 4 | 9 | 2 |
| 5 | 1 | 9 | 4 | 2 | 3 | 7 | 6 | 8 |
| 6 | 2 | 4 | 9 | 8 |   |   |   | 3 |

*Time* _____

125

| 8 | 1 | 6 | 7 | 4 | 2 |   |   | 9 |
|---|---|---|---|---|---|---|---|---|
| 5 |   | 2 | 1 | 3 | 9 | 6 | 4 |   |
| 9 |   |   |   | 5 | 8 |   |   | 2 |
| 6 | 5 |   | 4 |   | 7 | 2 |   | 3 |
|   | 2 |   | 5 |   | 3 | 4 | 9 | 6 |
| 4 | 3 | 8 | 9 |   | 6 |   |   | 7 |
| 3 | 9 | 1 | 2 |   | 4 | 8 | 6 | 5 |
| 7 | 6 | 5 | 8 |   | 1 | 3 | 2 | 4 |
| 2 |   |   |   | 6 | 5 | 9 |   | 1 |

Time _____

126

| 5 | 4 | 9 | 6 | 8 | 2 | 7 | 3 | 1 |
|---|---|---|---|---|---|---|---|---|
| 1 | 3 | 7 | 4 | 5 | 9 | 6 | 2 | 8 |
| 2 | 6 | 8 | 7 | 3 | 1 | 4 | 5 | 9 |
| 8 | 1 | 4 | 3 | 7 | 5 | 9 | 6 | 2 |
| 7 | 5 | 6 | 9 | 2 | 4 | 8 | 1 | 3 |
| 9 | 2 | 3 | 1 | 6 | 8 | 5 | 7 | 4 |
| 6 | 9 | 1 | 2 | 9 | 7 | 3 | 8 | 5 |
| 4 | 7 | 5 | 8 | 1 | 3 | 2 | 9 | 6 |
| 3 | 8 | 2 | 5 | 9 | 6 | 1 | 4 | 7 |

*Time* _____

127

| 8 | 7 | 9 | 6 | 4 | 5 | 1 | 3 | 2 |
|---|---|---|---|---|---|---|---|---|
| 1 | 4 | 6 | 3 | 2 | 9 | 8 | 7 | 5 |
| 3 | 5 | 2 | 7 | 1 | 8 | 4 | 9 | 6 |
| 5 | 9 | 7 | 1 | 8 | 6 | 3 | 2 | 4 |
| 6 | 2 | 8 | 4 | 3 | 7 | 5 | 1 | 9 |
| 4 | 3 | 1 | 9 | 5 | 2 | 7 | 6 | 8 |
| 2 | 1 | 4 | 5 | 6 | 3 | 9 | 8 | 7 |
| 7 | 6 | 3 | 8 | 9 | 4 | 2 | 5 | 1 |
| 9 | 8 | 5 | 2 | 7 | 1 | 6 | 4 | 3 |

*Time* _____

| 2 | 4 | 6 | 7 | 8 | 9 | 5 | 1 | 3 |
| 8 | 3 | 7 | 1 | 5 | 2 | 4 | 6 | 9 |
| 5 | 9 | 1 | 3 | 6 | 4 | 7 | 2 | 8 |
| 3 | 7 | 8 | 5 | 2 | 1 | 6 | 9 | 4 |
| 1 | 6 | 5 | 4 | 9 | 3 | 2 | 8 | 7 |
| 4 | 2 | 9 | 6 | 7 | 8 | 3 | 5 | 1 |
| 6 | 1 | 4 | 9 | 3 | 5 | 8 | 7 | 2 |
| 9 | 5 | 2 | 8 | 4 | 7 | 1 | 3 | 6 |
| 7 | 8 | 3 | 2 | 1 | 6 | 9 | 4 | 5 |

*Time* _____

| 289 | 1 | 7 | 6 | 5 | 3 | 8 | 4 | 2 |
| 289 | 5 | 4 | 29 | 7 | 8 | 6 | 3 | 1 |
| 26 | 6 | 3 | 1 | 29 | 4 | 78 | 9 | 5 |
| 467 | 2 | 198 | 37 | 49 | 167 | 3 | 5 | 78 |
| 5 | 8 | 18 | 37 | 4 | 17 | 14 | 2 | 9 |
| 47 | 3 | 198 | 2 | 49 | 57 | 4 | 6 | 278 |
| 3 | 9 | 68 | 78 | 6 | 2 | 5 | 1 | 4 |
| 1 | 4 | 2 | 58 | 3 | 5 | 9 | 7 | 6 |
| 6 | 78 | 5 | 4 | 1 | 9 | 2 | 8 | 3 |

Time _____

130

35

| 3 4 | 6 | 8 | 7 | 31 | 5 | 2 | 9 |
|---|---|---|---|---|---|---|---|
| 1 | 5 | 2 | 9 | 4 16⁸ | 6 3 | 6⁸7 | 83 |
| 9 ³ | 8⁷ | 8 | 2 | 56 56⁸ | 1 | 7 | 4 5¹ |
| 4 | 2 | 9 | 76 | 1 | 68 | 78⁹ | 3 | 5 |
| 8 | 6 | 53³ | 7³⁵ | 59 | 45 | 97 | 1 | 2 |
| 7 ⁷ | 1 | 53 | 359 | 82 | 82 | 89 | 4 | 6 |
| 5 65 | 83 | 7 | 4 | 28 | 9 | 362 | 618 | 3 |
| 6 6⁰ | 9 ⁹⁶ | 4 | 1 | 3 | 24 | 28⁹ | 5 | 7 |
| 2 | 8³ | 1 | 56 | 56⁸ | 7 | 4 | 9 | 3¹ ⁸ |

*Time* ———

*Time* _____

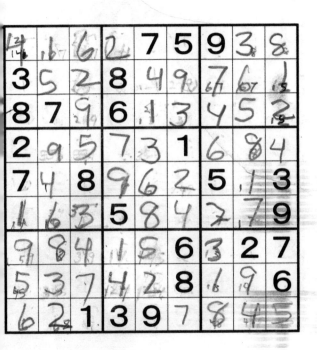

| 4 | 1 | 6 | 2 | 7 | 5 | 9 | 3 | 8 |
| 3 | 5 | 2 | 8 | 4 | 9 | 7 | 6 | 1 |
| 8 | 7 | 9 | 6 | 1 | 3 | 4 | 5 | 2 |
| 2 | 9 | 5 | 7 | 3 | 1 | 6 | 8 | 4 |
| 7 | 4 | 8 | 9 | 6 | 2 | 5 | 1 | 3 |
| 1 | 6 | 3 | 5 | 8 | 4 | 7 | 7 | 9 |
| 9 | 8 | 4 | 1 | 5 | 6 | 3 | 2 | 7 |
| 5 | 3 | 7 | 4 | 2 | 8 | 1 | 9 | 6 |
| 6 | 2 | 1 | 3 | 9 | 7 | 8 | 4 | 5 |

*Time* _____ 124

133

*Time* _____

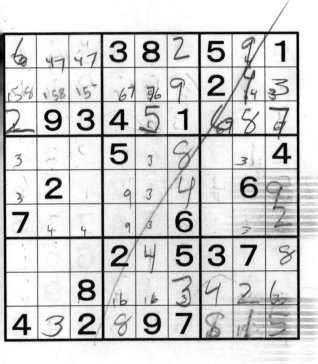

# Puzzle 133 Medium

| | | | | | | | | |
|---|---|---|---|---|---|---|---|---|
| | | | 3 | 8 | | 5 | | 1 |
| | | | | | | 2 | | |
| | 9 | 3 | 4 | | 1 | | | |
| | | | 5 | | | | | 4 |
| | 2 | | | | | | 6 | |
| 7 | | | | | 6 | | | |
| | | | 2 | | 5 | 3 | 7 | |
| | | 8 | | | | | | |
| 4 | | 2 | | 9 | 7 | | | |

*Time* ________

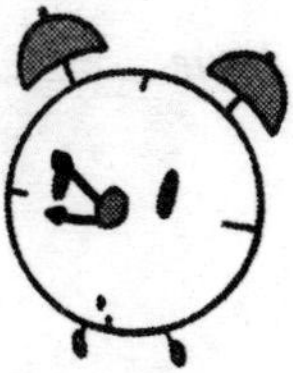

*Time* _____

| | | | | | | | | |
|---|---|---|---|---|---|---|---|---|
| 479 3 | | | 9 | 6 1 | | 2 | 7 | 5 |
| | 5 | | 29 12 | | 8 | | 7 | 169 |
| 2 | 3 | 1 | 9 | | 5 | | 7 | 4 |
| | | | 1 | | 6 689 | 689 | 2 | 3 |
| 1 | 4 | 689 | 238 | 238 | 236 | 689 | 5 | 7 |
| 3 | 2 | | | | 9 | 1 | | 168 |
| 8 1 | | 459 | 6 | | | 7 | | 2 |
| | | 2 | 7 | | | 5 | 1 | 689 |
| 7 1 7 | | 3 | | 9 | | 3 | | 68 |

*Time* _____

137

|   |   |   |   |   | 6 | 9 |   |   |
|---|---|---|---|---|---|---|---|---|
|   |   | 9 | 8 |   |   |   |   |   |
| 5 |   | 8 | 4 |   |   | 3 | 7 |   |
| 7 |   |   |   |   | 5 | 8 |   |   |
|   |   |   |   |   |   |   |   |   |
|   | 5 | 2 |   |   |   |   |   | 1 |
|   | 9 | 1 |   | 5 | 2 |   |   | 6 |
|   |   |   |   | 1 | 4 |   |   |   |
|   |   | 7 | 2 |   |   |   |   |   |

*Time* _____

|   | 5 |   |   |   | 4 |   |   |   |
|---|---|---|---|---|---|---|---|---|
|   |   | 9 | 2 |   |   | 5 | 3 |   |
|   |   |   |   | 3 |   |   |   | 7 |
|   |   | 3 | 6 |   |   |   |   | 9 |
|   | 4 |   |   |   |   |   | 5 |   |
| 7 |   |   |   |   | 1 | 4 |   |   |
| 9 |   |   |   | 8 |   |   |   |   |
|   | 2 | 6 |   |   | 5 | 7 |   |   |
|   |   |   | 1 |   |   |   | 2 |   |

*Time* _____

# Puzzle 138 Medium 🏠

|   | 4 |   |   | 9 | 2 |   |   |   |
|---|---|---|---|---|---|---|---|---|
| 9 |   |   | 3 |   |   |   |   |   |
| 2 |   |   |   |   |   | 8 | 1 |   |
|   | 9 |   |   |   | 6 |   |   | 7 |
|   |   |   |   | 7 |   |   |   |   |
| 6 |   |   | 2 |   |   |   | 4 |   |
|   | 7 | 4 |   |   |   |   |   | 1 |
|   |   |   |   |   | 9 |   |   | 8 |
|   |   |   | 4 | 3 |   |   | 2 |   |

*Time* _____

|   | 5 | 9 |   |   |   |   |   |   |
|---|---|---|---|---|---|---|---|---|
|   |   |   | 6 | 3 |   |   |   |   |
| 8 | 4 |   |   |   | 7 | 2 |   |   |
|   |   | 5 | 7 |   |   |   | 4 | 3 |
|   |   |   |   |   |   |   |   |   |
| 6 | 1 |   |   |   | 2 | 8 |   |   |
|   |   | 1 | 8 |   |   |   | 9 | 6 |
|   |   |   | 5 | 9 |   |   |   |   |
|   |   |   |   |   |   | 4 | 8 |   |

*Time* _____

|   |   | 1 |   |   | 3 | 5 |   |   |
|---|---|---|---|---|---|---|---|---|
|   | 3 |   |   |   |   |   | 6 |   |
| 5 |   |   | 4 |   |   |   |   | 2 |
| 6 |   |   |   | 2 |   | 4 |   |   |
|   |   |   | 3 |   | 5 |   |   |   |
|   |   | 9 |   | 8 |   |   |   | 1 |
| 2 |   |   |   |   | 9 |   |   | 5 |
|   | 8 |   |   |   |   |   | 4 |   |
|   |   | 4 | 6 |   |   | 9 |   |   |

*Time* _____

# Puzzle 141 Medium

| | | | | | 3 | 7 | 1 | 9 |
|---|---|---|---|---|---|---|---|---|
| | | 3 | | 2 | | | 8 | 9 |
| | 7 | | 6 | | | | 3 | 4 |
| 9 | 26 | 8 | 57 | 57 | 57 | 1 | 4 6 | 3 |
| 14 | 5 | 14 | 3 | 8 | 6 | 9 | 2 | 7 |
| 7 | 3 | 26 | 19 | 19 | 24 | 5 | 4 6 | 8 |
| 6 | | | | | 9 | 3 | 7 | 12 |
| | | 7 | | 3 | | 6 | 9 | 12 |
| 3 | 8 | 9 | 7 | 6 | 7 | 4 | 5 | 12 |

*Time* _____

143

|   |   | 9 |   | 1 |   |   |   |   |
|---|---|---|---|---|---|---|---|---|
|   |   | 5 |   |   |   | 3 |   |   |
| 7 |   |   | 6 |   |   |   |   | 2 |
| 4 | 5 |   |   |   | 9 |   |   |   |
|   | 7 | 6 |   |   |   | 4 | 3 |   |
|   |   |   | 1 |   |   |   | 7 | 5 |
| 9 |   |   |   |   | 1 |   |   | 4 |
|   |   | 3 |   |   |   | 6 |   |   |
|   |   |   |   | 4 |   | 2 |   |   |

*Time* _____

# Puzzle 143 Medium

| | 3 | 6 | | | | | 5 | |
|---|---|---|---|---|---|---|---|---|
| | | | 9 | | | | | 8 |
| 1 | 8 | | 2 | | | | | |
| | | 2 | | 4 | 1 | | | |
| | | 4 | | | | 5 | | |
| | | | 8 | 7 | | 9 | | |
| | | | | | 5 | | 8 | 3 |
| 2 | | | | | 9 | | | |
| | 7 | | | | | 1 | 4 | |

*Time* _____

145

|   |   |   |   |   |   | 3 | 4 |   |
|---|---|---|---|---|---|---|---|---|
|   |   | 2 |   |   | 3 | 9 |   |   |
|   | 3 | 7 |   | 5 | 2 |   |   |   |
| 8 | 2 |   |   |   |   |   |   |   |
| 7 |   |   |   |   |   |   |   | 5 |
|   |   |   |   |   |   |   | 1 | 8 |
|   |   |   | 4 | 8 |   | 5 | 6 |   |
|   |   | 3 | 6 |   |   | 2 |   |   |
|   | 4 | 5 |   |   |   |   |   |   |

*Time* _____

| 3 | 4 |   |   |   | 5 | 6 |   |   |
|---|---|---|---|---|---|---|---|---|
|   |   | 6 |   | 8 |   |   |   |   |
|   |   | 2 |   | 1 |   |   |   |   |
|   | 7 |   |   |   | 1 | 5 |   |   |
|   | 9 |   |   |   |   |   | 2 |   |
|   |   | 8 | 4 |   |   |   | 9 |   |
|   |   |   |   | 9 |   | 3 |   |   |
|   |   |   |   | 6 |   | 7 |   |   |
|   |   | 3 | 2 |   |   |   | 5 | 6 |

*Time* _____

| 3 | 7 |   |   |   |   |   |   | 4 |
|---|---|---|---|---|---|---|---|---|
|   |   |   | 1 |   |   |   |   |   |
|   |   |   | 7 |   | 9 | 2 | 5 |   |
|   |   | 5 |   |   |   | 6 | 9 |   |
|   |   |   | 5 |   | 1 |   |   |   |
|   | 6 | 4 |   |   |   | 8 |   |   |
|   | 5 | 8 | 2 |   | 4 |   |   |   |
|   |   |   |   | 7 |   |   |   |   |
| 9 |   |   |   |   |   |   | 2 | 1 |

*Time* _____

| 7 |   | 3 |   |   |   |   | 6 |   |
|---|---|---|---|---|---|---|---|---|
|   |   |   |   |   | 1 | 2 | 3 |   |
|   | 6 |   |   | 7 | 2 |   |   |   |
|   |   | 8 | 4 | 1 |   |   |   | 5 |
|   |   |   |   |   |   |   |   |   |
| 2 |   |   |   | 9 | 5 | 4 |   |   |
|   |   |   | 1 | 2 |   |   | 9 |   |
|   | 7 | 4 | 8 |   |   |   |   |   |
|   | 8 |   |   |   |   | 6 |   | 4 |

*Time* _____

149

|   |   | 6 | 9 |   |   | 8 | 2 |   |
|---|---|---|---|---|---|---|---|---|
|   |   |   | 6 | 1 |   |   |   | 7 |
|   |   |   |   |   |   |   |   | 3 |
|   |   | 7 | 4 |   |   |   | 9 |   |
|   | 3 |   |   |   |   |   | 1 |   |
|   | 8 |   |   |   | 2 | 5 |   |   |
| 5 |   |   |   |   |   |   |   |   |
| 6 |   |   | 3 | 2 |   |   |   |   |
|   | 1 | 4 |   |   | 5 | 6 |   |   |

*Time* _____

# Puzzle 149 Medium

|   |   |   | 7 |   |   | 2 | 1 |   |
|---|---|---|---|---|---|---|---|---|
| 9 | 5 |   |   |   | 8 |   |   |   |
|   |   |   |   | 3 | 9 |   |   | 6 |
|   |   | 3 |   |   | 2 |   |   |   |
| 7 |   |   |   |   |   |   |   | 9 |
|   |   |   | 5 |   |   | 7 |   |   |
| 4 |   | 5 | 1 |   |   |   |   |   |
|   |   |   | 8 |   |   |   | 2 | 3 |
|   | 3 | 1 |   |   | 7 |   |   |   |

*Time* _____

151

| 5 | 9 |   |   |   |   | 8 |   |   |
|---|---|---|---|---|---|---|---|---|
|   |   | 1 | 2 |   |   |   | 7 | 9 |
|   |   |   | 3 | 1 |   |   |   |   |
|   |   |   |   |   |   | 4 | 8 |   |
| 3 |   |   |   |   |   |   |   | 5 |
|   | 2 | 9 |   |   |   |   |   |   |
|   |   |   | 1 | 5 |   |   |   |   |
| 2 | 4 |   |   |   | 7 | 6 |   |   |
|   |   | 7 |   |   |   |   | 3 | 4 |

*Time* _____

| | 6 | | 3 | | 4 | | 7 | |
|---|---|---|---|---|---|---|---|---|
| | 8 | | | 7 | | | 2 | |
| | | 5 | | | | 1 | | |
| | | 3 | | | | 6 | | |
| | | | 1 | | 6 | | | |
| | | 1 | | | | 2 | | |
| | | 2 | | | | 5 | | |
| | 1 | | | 5 | | | 4 | |
| | 7 | | 2 | | 8 | | 9 | |

*Time* _____

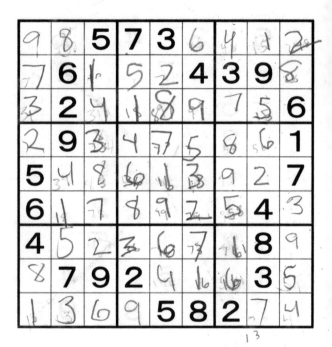

|   |   |   |   |   |   |   |   |   |
|---|---|---|---|---|---|---|---|---|
| 9 | 8 | 5 | 7 | 3 | 6 | 4 | 1 | 2 |
| 7 | 6 | 1 | 5 | 2 | 4 | 3 | 9 | 8 |
| 3 | 2 | 4 | 1 | 8 | 9 | 7 | 5 | 6 |
| 2 | 9 | 3 | 4 | 7 | 5 | 8 | 6 | 1 |
| 5 | 4 | 8 | 6 | 1 | 3 | 9 | 2 | 7 |
| 6 | 1 | 7 | 8 | 9 | 2 | 5 | 4 | 3 |
| 4 | 5 | 2 | 3 | 6 | 7 | 1 | 8 | 9 |
| 8 | 7 | 9 | 2 | 4 | 1 | 6 | 3 | 5 |
| 1 | 3 | 6 | 9 | 5 | 8 | 2 | 7 | 4 |

13

589

Time _____

146

154

# Puzzle 153 Medium

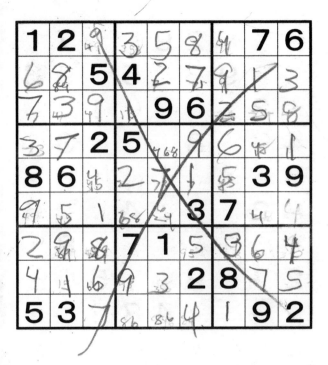

| 1 | 2 | 9 | 3 | 5 | 8 | 4 | 7 | 6 |
|---|---|---|---|---|---|---|---|---|
| 6 | 8 | 5 | 4 | 2 | 7 | 9 | 1 | 3 |
| 7 | 3 | 9 | 1 | 9 | 6 | 2 | 5 | 8 |
| 3 | 7 | 2 | 5 | 4 | 9 | 6 | 4 | 1 |
| 8 | 6 | 4 | 2 | 7 | 1 | 5 | 3 | 9 |
| 9 | 5 | 1 | 6 | 2 | 3 | 7 | 4 | 4 |
| 2 | 9 | 8 | 7 | 1 | 5 | 3 | 6 | 4 |
| 4 | 1 | 6 | 9 | 3 | 2 | 8 | 7 | 5 |
| 5 | 3 | 7 | 8 | 8 | 4 | 1 | 9 | 2 |

*Time* _____

155

| | | | 2 | 9 | | | 7 | |
|---|---|---|---|---|---|---|---|---|
| | | 9 | | | 5 | | | 3 |
| | 3 | | | | | 1 | | |
| 4 | | | 8 | | | | 3 | |
| 7 | | | | | | | | 8 |
| | 2 | | | | 4 | | | 6 |
| | | 1 | | | | | 8 | |
| 2 | | | 9 | | | 5 | | |
| | 9 | | | 4 | 7 | | | |

*Time* _____

|   |   | 8 |   |   |   |   | 1 | 5 |
|---|---|---|---|---|---|---|---|---|
| 4 |   | 6 | 5 |   |   |   |   |   |
|   |   |   | 9 |   |   |   | 6 |   |
|   |   |   |   | 5 | 4 | 8 |   |   |
| 6 |   |   |   |   |   |   |   | 3 |
|   | 8 | 2 | 6 |   |   |   |   |   |
|   | 9 |   |   | 1 |   |   |   |   |
|   |   |   |   | 4 | 8 |   | 9 |   |
| 5 | 2 |   |   | 7 |   |   |   |   |

*Time* _____

| 2 | 5 |   |   |   |   |   | 7 | 6 |
|---|---|---|---|---|---|---|---|---|
| 1 |   |   |   | 7 |   |   |   | 3 |
|   |   |   |   | 9 |   |   |   |   |
|   |   | 9 |   |   |   | 7 |   |   |
|   | 4 |   | 8 |   | 9 |   | 6 |   |
|   |   | 5 |   |   |   | 2 |   |   |
|   |   |   |   | 5 |   |   |   |   |
| 5 |   |   |   | 8 |   |   |   | 4 |
| 6 | 2 |   |   |   |   |   | 9 | 1 |

*Time* _____

| 5 | 3 | 2 | 4 | 8 | 9 | 7 | 1 | 6 |
|---|---|---|---|---|---|---|---|---|
| 6 | 4 | 7 | 3 | 2 | 1 | 8 | 5 | 9 |
| 1 | 9 | 8 | 7 | 5 | 6 | 2 | 4 | 3 |
| 8 | 6 | 4 | 5 | 3 | 2 | 9 | 7 | 1 |
| 3 | 1 | 5 | 9 | 7 | 4 | 6 | 8 | 2 |
| 2 | 7 | 9 | 6 | 1 | 8 | 4 | 3 | 5 |
| 7 | 2 | 1 | 8 | 6 | 3 | 5 | 9 | 4 |
| 9 | 5 | 3 | 2 | 4 | 7 | 1 | 6 | 8 |
| 4 | 8 | 6 | 1 | 9 | 5 | 3 | 2 | 7 |

*Time* _____

159

# Puzzle 158 Medium

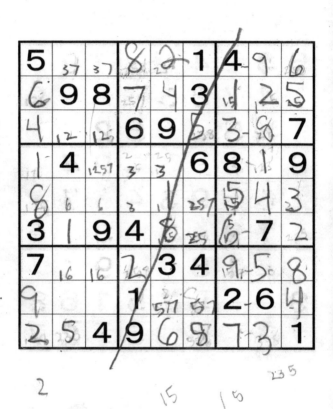

| 5 | | | 8 | 2 | 1 | 4 | 9 | 6 |
| 6 | 9 | 8 | 7 | 4 | 3 | 1 | 2 | 5 |
| 4 | | | 6 | 9 | | 3 | 8 | 7 |
| 1 | 4 | | | | 6 | 8 | 1 | 9 |
| 8 | | | | 1 | | 5 | 4 | 3 |
| 3 | 1 | 9 | 4 | | | 6 | 7 | 2 |
| 7 | | | | 3 | 4 | 9 | 5 | 8 |
| 9 | | | 1 | | | 2 | 6 | 4 |
| 2 | 5 | 4 | 9 | 6 | | 7 | 3 | 1 |

Time _____

160

| 8 | 4 | 3 | 1 | 6 | 2 | 7 | 9 | 5 |
| 7 | 2 | 6 | 3 | 5 | 9 | 4 | 8 | 1 |
| 1 | 9 | 5 | 7 | 4 | 8 | 2 | 6 | 3 |
| 3 | 5 | 8 | 2 | 9 | 7 | 1 | 4 | 6 |
| 4 | 6 | 2 | 5 | 3 | 1 | 8 | 7 | 9 |
| 9 | 1 | 7 | 4 | 8 | 6 | 3 | 5 | 2 |
| 5 | 8 | 1 | 6 | 2 | 4 | 9 | 3 | 7 |
| 2 | 3 | 4 | 9 | 7 | 5 | 6 | 1 | 8 |
| 6 | 7 | 9 | 8 | 1 | 3 | 5 | 2 | 4 |

*Time* _____

|   |   |   |   | 8 |   |   | 1 | 7 |
|---|---|---|---|---|---|---|---|---|
|   | 8 | 5 | 1 |   |   |   |   | 4 |
|   | 1 |   | 3 |   |   |   |   | 9 |
|   | 4 | 3 | 8 |   |   |   |   |   |
|   | 5 |   |   |   |   |   |   |   |
|   |   |   |   |   | 5 | 1 | 4 |   |
| 5 | 3 | 4 |   |   | 9 | 8 | 2 |   |
| 6 |   |   | 2 |   | 1 | 4 | 7 |   |
| 7 | 2 |   |   | 4 | 8 |   |   |   |

Time _____

# Puzzle 161 Medium 🏠

| 2 | 5 |   |   |   |   | 4 |   |   |
|---|---|---|---|---|---|---|---|---|
|   |   | 3 | 1 |   |   | 7 |   |   |
|   |   |   |   | 8 | 4 |   | 6 |   |
| 4 |   |   |   |   |   |   | 8 |   |
| 7 |   |   |   | 1 |   |   |   | 4 |
|   | 3 |   |   |   |   |   |   | 9 |
|   | 9 |   | 6 | 5 |   |   |   |   |
|   |   | 1 |   |   | 9 | 2 |   |   |
|   |   | 2 |   |   |   |   | 4 | 3 |

*Time* _____

# Puzzle 162 Medium

| 3 | 6 | 2 | 5 | 4 | 9 | 7 | 8 | 1 |
|---|---|---|---|---|---|---|---|---|
| 5 | 1 | 7 | 2 | 8 | 6 | 9 | 3 | 4 |
| 9 | 4 | 8 | 3 | 1 | 7 | 2 | 6 | 5 |
| 6 | 9 | 4 | 8 | 3 | 5 | 1 | 7 | 2 |
| 8 | 7 | 3 | 9 | 2 | 1 | 4 | 5 | 6 |
| 2 | 5 | 7 | 7 | 6 | 4 | 8 | 9 | 3 |
| 4 | 3 | 9 | 1 | 5 | 8 | 6 | 2 | 7 |
| 2 | 8 | 5 | 6 | 7 | 2 | 3 | 4 | 9 |
| 7 | 2 | 6 | 4 | 9 | 3 | 5 | 1 | 8 |

*Time* _____

| 1 | 9 | 2 | 6 | 7 | 8 | 3 | 4 | 5 |
|---|---|---|---|---|---|---|---|---|
| 5 | 8 | 4 | 2 | 3 | 1 | 9 | 6 | 7 |
| 3 | 7 | 6 | 4 | 5 | 9 | 2 | 8 | 1 |
| 6 | 3 | 5 | 1 | 2 | 4 | 7 | 9 | 8 |
| 7 | 2 | 9 | 8 | 6 | 3 | 1 | 5 | 4 |
| 4 | 1 | 8 | 7 | 9 | 5 | 6 | 3 | 2 |
| 2 | 4 | 3 | 5 | 1 | 6 | 8 | 7 | 9 |
| 8 | 6 | 7 | 9 | 4 | 2 | 5 | 1 | 3 |
| 9 | 5 | 1 | 3 | 8 | 7 | 4 | 2 | 6 |

*Time* _____

165

| | | | | | | | | |
|---|---|---|---|---|---|---|---|---|
| 9 2 | 6 | 8 | 7 | 7 | 7 | 4 | 5 | 23 |
| 2 | 7 | 23 | 46 | 5 | 4 | 238 | 61 | 9 |
| 4 | 5 | 93 | 2 | 6 | | 38 | 61 | 7 |
| 97 | 8 | 94 | 3 | 2 | 3 | 6 | 478 | 5 |
| 6 | 3 | 42 | 5 | 78 | 5 | 9 | 478 | 1 |
| 127 | 12 | 5 | | 9 | | 278 | 3 | 82 |
| 8 | 9 | 712 | 5 | | 6 | 531 | 2 | 4 |
| 3 | 12 | 712 | 9 | 4 | 52 | 57 | 9 | 6 |
| 5 | 4 | 6 | 8 937 | 378 | 29 | 1 | 78 | 38 |

*Time* _____

166

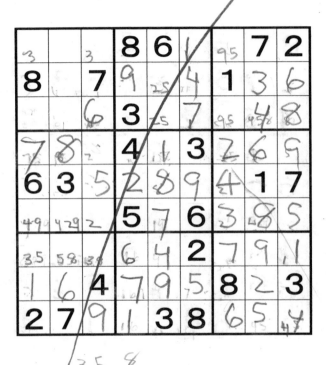

The completed/partially-filled Sudoku grid reads:

| 3 | | 3 | 8 | 6 | 1 | 95 | 7 | 2 |
| 8 | | 7 | 9 | 25 | 4 | 1 | 3 | 6 |
| | | 6 | 3 | 25 | 7 | 95 | 458 | 8 |
| 7 | 8 | 2 | 4 | | 3 | 2 | 6 | 9 |
| 6 | 3 | 5 | 2 | 8 | 9 | 2 | 1 | 7 |
| 49 | 429 | 2 | 5 | 7 | 6 | 3 | 8 | 5 |
| 35 | 58 | 38 | 6 | 4 | 2 | 7 | 9 | 1 |
| 1 | 6 | 4 | 7 | 9 | 5 | 8 | 2 | 3 |
| 2 | 7 | 9 | 1 | 3 | 8 | 6 | 5 | 47 |

35 8

459

458

*Time* _____

167

| 8 | 7 | 2 | 3 | 5 | 4 | 9 | 1 | 6 |
|---|---|---|---|---|---|---|---|---|
| 9 | 4 | 6 | 1 | 2 | 7 | 3 | 8 | 5 |
| 1 | 5 | 3 | 9 | 8 | 6 | 7 | 4 | 2 |
| 7 | 2 | 9 | 5 | 4 | 3 | 8 | 6 | 1 |
| 5 | 3 | 4 | 8 | 6 | 1 | 2 | 9 | 7 |
| 6 | 8 | 1 | 7 | 9 | 2 | 4 | 5 | 3 |
| 3 | 9 | 5 | 6 | 7 | 8 | 1 | 2 | 4 |
| 2 | 6 | 7 | 4 | 1 | 9 | 5 | 3 | 8 |
| 4 | 1 | 8 | 2 | 3 | 5 | 6 | 7 | 9 |

36            1467

*Time* _____

149

168

# Puzzle 167 Medium

| 6 | 1 | 4 | 3 | 7 | 5 | 2 | 8 | 9 |
|---|---|---|---|---|---|---|---|---|
| 3 | 5 | 2 | 9 | 8 | 1 | 4 | 6 | 7 |
| 7 | 8 | 9 | 6 | 2 | 4 | 3 | 1 | 5 |
| 8 | 7 | 5 | 2 | 6 | 9 | 1 | 4 | 3 |
| 4 | 6 | 3 | 7 | 1 | 8 | 9 | 5 | 2 |
| 9 | 2 | 1 | 4 | 5 | 3 | 6 | 7 | 8 |
| 5 | 9 | 6 | 1 | 3 | 7 | 8 | 2 | 4 |
| 1 | 4 | 7 | 8 | 9 | 2 | 5 | 3 | 6 |
| 2 | 3 | 8 | 5 | 4 | 6 | 7 | 9 | 1 |

*Time* _____

169

16

| 1 | 8 | 1 | 6 | 4 | 5 | 9 | 3 | 7 |
|---|---|---|---|---|---|---|---|---|
| 3 | 7 | 6 | 2 | 9 | 1 | 4 | 8 | 5 |
| 4 | 9 | 5 | 7 | 3 | 8 | 6 | 2 | 1 |
| 6 | 4 | 7 | 9 | 8 | 3 | 3 | 5 | 2 |
| 5 | 2 | 3 | 4 | 1 | 6 | 7 | 9 | 8 |
| 8 | 1 | 9 | 5 | 2 | 7 | 3 | 6 | 4 |
| 7 | 5 | 8 | 3 | 6 | 4 | 2 | 1 | 9 |
| 2 | 6 | 4 | 1 | 5 | 9 | 8 | 7 | 3 |
| 9 | 3 | 7 | 8 | 7 | 2 | 5 | 4 | 6 |

4 3 4 7 8

6

*Time* _____

170

|   |   | 4 |   | 3 |   |   | 8 |   |
|---|---|---|---|---|---|---|---|---|
|   | 5 |   |   |   | 8 |   |   | 3 |
| 6 | 3 |   |   |   | 7 |   |   | 2 |
|   |   |   | 5 |   |   | 4 |   |   |
|   |   | 9 |   |   |   | 2 |   |   |
|   |   | 3 |   |   | 1 |   |   |   |
| 8 | 4 |   | 9 |   | 5 | 3 |   | 1 |
| 3 |   |   | 4 |   |   |   | 6 |   |
|   | 2 |   | 8 | 1 |   | 9 |   |   |

*Time* _____

171

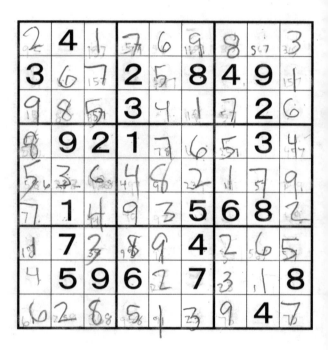

*Time* _____

| 4 | 1 | 8 | 5 |   |   |   | 7 |   |
|---|---|---|---|---|---|---|---|---|
| 9 | 6 | 7 | 4 | 3 | 8 | 2 | 5 | 1 |
| 3 | 5 | 2 |   |   |   | 8 | 4 |   |
| 2 | 3 |   |   |   |   |   | 9 |   |
| 5 | 4 |   |   |   |   |   | 8 | 2 |
| 8 | 7 |   |   |   |   |   |   | 5 |
| 7 | 2 | 3 |   |   |   |   |   | 4 |
| 1 | 9 | 5 | 8 | 6 | 4 |   | 2 | 7 |
|   |   | 4 |   |   | 9 | 5 | 6 |   |

*Time* _____

173

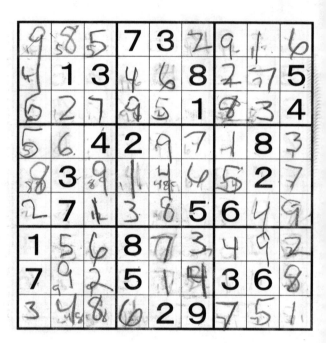

*Time* _____

| 4 | 8 | 7 | 9 | 6 | 3 | 2 | 1 | 5 |
|---|---|---|---|---|---|---|---|---|
| 3 | 5 | 2 | 7 | 1 | 4 | 6 | 8 | 9 |
| 1 | 9 | 6 | 2 | 5 | 8 | 7 | 4 | 3 |
| 6 | 3 | 4 | 8 | 2 | 5 | 1 | 9 | 7 |
| 5 | 2 | 8 | 1 | 9 | 7 | 3 | 6 | 4 |
| 7 | 1 | 9 | 4 | 3 | 6 | 8 | 5 | 2 |
| 9 | 7 | 5 | 6 | 8 | 2 | 4 | 3 | 1 |
| 8 | 4 | 1 | 3 | 7 | 9 | 5 | 2 | 6 |
| 2 | 6 | 3 | 5 | 4 | 1 | 9 | 7 | 8 |

*Time* _____

# Puzzle 174 Medium

| 4 | 8 | 2 | 3 | 1 | 9 | 7 | 6 | 5 |
| 9 | 3 | 7 | 5 | 6 | 8 | 1 | 2 | 4 |
| 5 | 1 | 6 | 2 | 4 | 7 | 8 | 9 | 3 |
| 6 | 2 | 5 | 4 | 7 | 1 | 3 | 8 | 9 |
| 3 | 7 | 8 | 9 | 2 | 5 | 4 | 1 | 6 |
| 1 | 9 | 4 | 8 | 3 | 6 | 5 | 7 | 2 |
| 7 | 4 | 9 | 1 | 5 | 2 | 6 | 3 | 8 |
| 8 | 5 | 1 | 6 | 9 | 3 | 2 | 4 | 7 |
| 2 | 6 | 3 | 7 | 8 | 4 | 9 | 5 | 1 |

Time _____

176

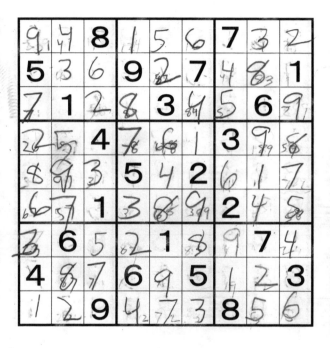

| 9 | 4 | 8 | 1 | 5 | 6 | 7 | 3 | 2 |
| 5 | 3 | 6 | 9 | 2 | 7 | 4 | 8 | 1 |
| 7 | 1 | 2 | 8 | 3 | 4 | 5 | 6 | 9 |
| 2 | 5 | 4 | 7 | 6 | 1 | 3 | 9 | 8 |
| 8 | 9 | 3 | 5 | 4 | 2 | 6 | 1 | 7 |
| 6 | 7 | 1 | 3 | 8 | 9 | 2 | 4 | 5 |
| 3 | 6 | 5 | 2 | 1 | 8 | 9 | 7 | 4 |
| 4 | 8 | 7 | 6 | 9 | 5 | 1 | 2 | 3 |
| 1 | 2 | 9 | 4 | 7 | 3 | 8 | 5 | 6 |

Time _____

| 8 | 2 | 4 | 6 | 9 | 1 | 5 | 7 | 3 |
| 1 | 3 | 6 | 5 | 5 | 2 | 8 | 9 | 4 |
| 9 | 5 | 7 | 3 | 348 | 348 | 2 | 6 | 1 |
| 3 | 4 | 2 | R | 6 | 6 | 4 | 1 | 9 |
| 8 | 6 | 9 | 19 | 4 | 49 | 7 | 2 | 5 |
| 5 | 7 | 1 | 39 | 43 | 439 | 3 | 8 | 6 |
| 2 | 4 | 3 | 589 | 58 | 589 | 6 | 4 | 7 |
| 7 | 9 | 5 | 4 | 2 | 6 | 1 | 3 | 8 |
| 6 | 4 | 8 | 3 | 1 | 7 | 9 | 5 | 2 |

*Time* _____

1 - 3    4 - 2    7 - 2    167
2 - 3    5 - 2    8 - 1    2
3 - 3    6 - 3    9 - 2    165
                          3
                          162

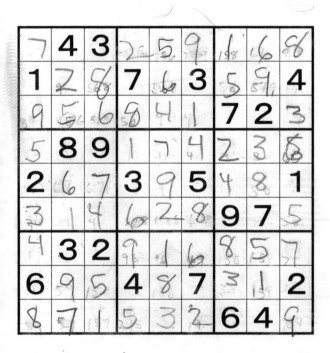

| 7 | 4 | 3 | 2 | 5 | 9 | 1 | 6 | 8 |
| 1 | 2 | 8 | 7 | 6 | 3 | 5 | 9 | 4 |
| 9 | 5 | 6 | 8 | 4 | 1 | 7 | 2 | 3 |
| 5 | 8 | 9 | 1 | 7 | 4 | 2 | 3 | 6 |
| 2 | 6 | 7 | 3 | 9 | 5 | 4 | 8 | 1 |
| 3 | 1 | 4 | 6 | 2 | 8 | 9 | 7 | 5 |
| 4 | 3 | 2 | 9 | 1 | 6 | 8 | 5 | 7 |
| 6 | 9 | 5 | 4 | 8 | 7 | 3 | 1 | 2 |
| 8 | 7 | 1 | 5 | 3 | 2 | 6 | 4 | 9 |

Time _____

179

| 5 | 9 | 7 | 2 | 4 | 8 | 6 | 1 | 3 |
|---|---|---|---|---|---|---|---|---|
| 8 | 3 | 1 | 7 | 9 | 6 | 4 | 5 | 2 |
| 2 | 4 | 6 | 3 | 1 | 5 | 8 | 7 | 9 |
| 1 | 2 | 5 | 6 | 8 | 7 | 3 | 9 | 4 |
| 3 | 6 | 9 | 4 | 5 | 2 | 1 | 8 | 7 |
| 7 | 8 | 4 | 9 | 3 | 1 | 5 | 2 | 6 |
| 9 | 7 | 8 | 5 | 6 | 4 | 2 | 3 | 1 |
| 6 | 5 | 2 | 1 | 7 | 3 | 9 | 4 | 8 |
| 4 | 1 | 3 | 8 | 2 | 9 | 7 | 6 | 5 |

129

Time _____

24

238

1 – 2  4 – 2
2 – 2  +7 – 4
+ 3 – 3  8 – 8
+ 4 – 3  8 – 8
+ 5 – 4  49 –

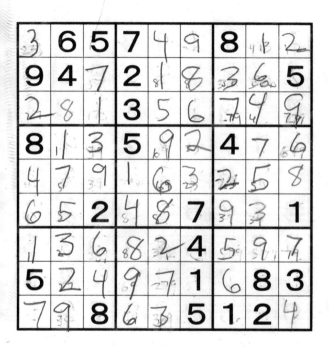

| 3 | 6 | 5 | 7 | 4 | 9 | 8 | 1 | 2 |
| 9 | 4 | 7 | 2 | 1 | 8 | 3 | 6 | 5 |
| 2 | 8 | 1 | 3 | 5 | 6 | 7 | 4 | 9 |
| 8 | 1 | 3 | 5 | 9 | 2 | 4 | 7 | 6 |
| 4 | 7 | 9 | 1 | 6 | 3 | 2 | 5 | 8 |
| 6 | 5 | 2 | 4 | 8 | 7 | 9 | 3 | 1 |
| 1 | 3 | 6 | 8 | 2 | 4 | 5 | 9 | 7 |
| 5 | 2 | 4 | 9 | 7 | 1 | 6 | 8 | 3 |
| 7 | 9 | 8 | 6 | 3 | 5 | 1 | 2 | 4 |

*Time* _____

6 7 9

2 7 9

500 past
3 00 beer
3 00 salt   27
3 00
14 00

181

# Puzzle 180 Medium

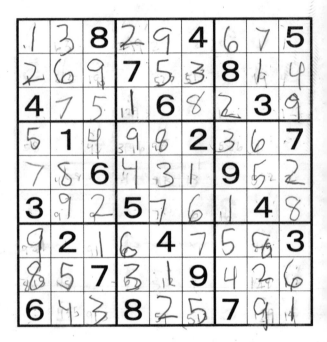

| 1 | 3 | 8 | 2 | 9 | 4 | 6 | 7 | 5 |
| 2 | 6 | 9 | 7 | 5 | 3 | 8 | 4 | 4 |
| 4 | 7 | 5 | 1 | 6 | 8 | 2 | 3 | 9 |
| 5 | 1 | 4 | 9 | 8 | 2 | 3 | 6 | 7 |
| 7 | 8 | 6 | 4 | 3 | 1 | 9 | 5 | 2 |
| 3 | 9 | 2 | 5 | 7 | 6 | 1 | 4 | 8 |
| 9 | 2 | 1 | 6 | 4 | 7 | 5 | 9 | 3 |
| 8 | 5 | 7 | 3 | 1 | 9 | 4 | 2 | 6 |
| 6 | 4 | 3 | 8 | 2 | 5 | 7 | 9 | 1 |

16 8

*Time* _____    +3   129

135

182

**PART**

3

# Hard

# Puzzle 181 Hard

| 7 | 6 | 1 | 4 | 9 | 3 | 5 | 2 | 8 |
| 4 | 5 | 9 | 6 | 8 | 2 | 1 | 7 | 3 |
| 2 | 8 | 3 | 5 | 7 | 1 | 6 | 4 | 9 |
| 9 | 4 | 7 | 8 | 1 | 6 | 3 | 5 | 2 |
| 6 | 1 | 8 | 3 | 2 | 5 | 7 | 9 | 4 |
| 5 | 3 | 2 | 9 | 4 | 7 | 8 | 6 | 1 |
| 1 | 7 | 5 | 2 | 3 | 8 | 4 | 8 | 6 |
| 8 | 2 | 6 | 1 | 5 | 4 | 9 | 3 | 7 |
| 3 | 9 | 4 | 7 | 6 | 8 | 2 | 1 | 5 |

143

189

Time _____

489

184

# Puzzle 182 Hard

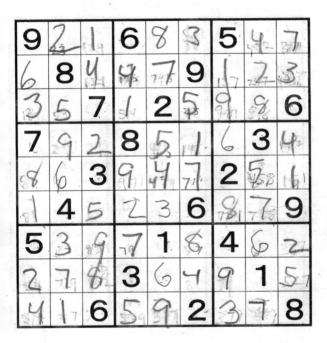

| 9 | 2 | 1 | 6 | 8 | 3 | 5 | 4 | 7 |
|---|---|---|---|---|---|---|---|---|
| 6 | 8 | 4 | 4 | 7 | 9 | 1 | 2 | 3 |
| 3 | 5 | 7 | 1 | 2 | 5 | 9 | 8 | 6 |
| 7 | 9 | 2 | 8 | 5 | 1 | 6 | 3 | 4 |
| 8 | 6 | 3 | 9 | 4 | 7 | 2 | 5 | 1 |
| 1 | 4 | 5 | 2 | 3 | 6 | 8 | 7 | 9 |
| 5 | 3 | 9 | 7 | 1 | 8 | 4 | 6 | 2 |
| 2 | 7 | 8 | 3 | 6 | 4 | 9 | 1 | 5 |
| 4 | 1 | 6 | 5 | 9 | 2 | 3 | 7 | 8 |

Time _____

185

| | | 4 | 8 | | | | 7 | |
|---|---|---|---|---|---|---|---|---|
| 6 | | | 7 | | | 4 | | |
| | 1 | | | 3 | | | | 8 |
| | | 1 | 5 | | 2 | | 6 | |
| | | 9 | | | | 2 | | |
| | 6 | | 1 | | 4 | | | |
| 1 | | | 2 | 7 | | | 3 | |
| | | 5 | | | 8 | | | 2 |
| | 2 | | | | 3 | 9 | | |

Time _____

# Puzzle 184 Hard

| 7 | 4 | 6 | 2 | 3 | 5 | 8 | 1 | 9 |
| 5 | 1 | 3 | 7 | 6 | 8 | 9 | 4 | 2 |
| 8 | 2 | 9 | 1 | 9 | 4 | 5 | 6 | 7 |
| 9 | 5 | 2 | 4 | 8 | 7 | 1 | 3 | 2 |
| 1 | 3 | 8 | 9 | 2 | 6 | 7 | 5 | 4 |
| 4 | 6 | 7 | 3 | 5 | 1 | 6 | 9 | 8 |
| 2 | 9 | 1 | 5 | 7 | 3 | 4 | 8 | 6 |
| 6 | 7 | 5 | 8 | 4 | 9 | 3 | 2 | 1 |
| 3 | 8 | 4 | 6 | 1 | 2 | 9 | 7 | 5 |

Time _____

| 4 | 6 | 9 | 8 | 1 | 2 | 3 | 5 | 7 |
|---|---|---|---|---|---|---|---|---|
| 8 | 5 | 7 | 4 | 6 | 3 | 2 | 9 | 1 |
| 1 | 2 | 3 | 5 | 7 | 9 | 8 | 4 | 6 |
| 9 | 8 | 1 | 6 | 3 | 4 | 7 | 2 | 3 |
| 2 | 3 | 5 | 9 | 8 | 7 | 6 | 1 | 4 |
| 7 | 4 | 6 | 2 | 3 | 1 | 5 | 8 | 9 |
| 5 | 1 | 8 | 3 | 9 | 6 | 4 | 7 | 2 |
| 3 | 7 | 2 | 1 | 4 | 5 | 9 | 6 | 8 |
| 6 | 9 | 4 | 7 | 2 | 8 | 1 | 3 | 5 |

*Time* _____

| 4 | 9 | 5 | 8 | 3 | 2 | 7 | 1 | 6 |
| 2 | 6 | 8 | 1 | 7 | 5 | 4 | 3 | 9 |
| 7 | 1 | 3 | 6 | 9 | 4 | 2 | 5 | 8 |
| 1 | 8 | 4 | 5 | 2 | 6 | 9 | 7 | 3 |
| 3 | 5 | 6 | 9 | 1 | 7 | 8 | 4 | 2 |
| 9 | 7 | 2 | 3 | 4 | 8 | 5 | 6 | 1 |
| 5 | 3 | 1 | 7 | 8 | 9 | 6 | 2 | 4 |
| 8 | 2 | 7 | 4 | 6 | 1 | 3 | 9 | 5 |
| 6 | 4 | 9 | 2 | 5 | 3 | 1 | 8 | 7 |

*Time* _____

| 4 | 2 | 1 | 5 | 9 | 6 | 3 | 7 | 8 |
|---|---|---|---|---|---|---|---|---|
| 5 | 8 | 6 | 2 | 3 | 7 | 4 | 1 | 9 |
| 3 | 7 | 9 | 8 | 4 | 1 | 2 | 6 | 5 |
| 6 | 1 | 5 | 9 | 7 | 3 | 8 | 2 | 4 |
| 8 | 9 | 7 | 6 | 2 | 4 | 5 | 3 | 1 |
| 2 | 3 | 4 | 1 | 5 | 8 | 7 | 9 | 6 |
| 7 | 6 | 3 | 4 | 8 | 9 | 1 | 5 | 2 |
| 1 | 4 | 2 | 3 | 6 | 5 | 9 | 8 | 7 |
| 9 | 5 | 8 | 7 | 1 | 2 | 6 | 4 | 3 |

*Time* _____

192

# Puzzle 190 Hard

| 8 | 1 | 3 |   | 9 |   | 7 | 6 | 5 |
|---|---|---|---|---|---|---|---|---|
| 2 | 4 | 5 | 6 | 7 | 259 | 1 | 3 | 8 |
| 6 | 9 | 7 | 134 | 8 | 5 | 2 | 4 | 9 |
| 7 | 6 | 2 | 5 | 3 | 3 | 8 | 1 | 4 |
| 9 | 3 | 4 | 18 | 7 | 18 | 5 | 7 | 6 |
| 1 | 5 | 8 | 7 | 6 | 4 | 9 | 2 | 3 |
| 4 | 8 | 6 | 9 | 1 | 2 | 3 | 5 | 7 |
| 3 | 2 | 9 | 4 | 5 | 7 | 6 | 8 | 1 |
| 5 | 7 | 1 | 38 | 6 | 38 | 4 | 9 | 2 |

*Time* _____

|   | 2 |   |   |   |   |   |   |   |
|---|---|---|---|---|---|---|---|---|
| 5 |   | 6 |   | 8 |   |   | 7 |   |
|   |   |   | 2 |   | 1 | 9 | 6 |   |
|   |   |   | 6 |   |   | 3 |   |   |
| 3 |   |   |   |   |   |   |   | 6 |
|   |   | 1 |   |   | 7 |   |   |   |
|   | 1 | 7 | 3 |   | 2 |   |   |   |
|   | 6 |   |   | 5 |   | 8 |   | 3 |
|   |   |   |   |   |   |   | 9 |   |

Time _____

| 6 |   |   | 8 |   |   |   |   |   |
|---|---|---|---|---|---|---|---|---|
|   | 7 |   |   | 6 | 4 |   |   |   |
|   |   | 2 |   |   |   | 8 |   |   |
|   |   |   | 7 |   |   | 6 | 8 |   |
| 3 |   | 8 |   |   |   | 7 |   | 9 |
|   | 9 | 4 |   |   | 8 |   |   |   |
|   |   | 5 |   |   |   | 3 |   |   |
|   |   |   | 2 | 1 |   |   | 4 |   |
|   |   |   |   |   | 9 |   |   | 6 |

*Time* _____

|   |   | 3 |   | 9 |   |   |   |   |
|---|---|---|---|---|---|---|---|---|
|   |   | 2 | 1 |   |   |   |   | 7 |
|   | 6 |   |   |   |   |   | 8 |   |
|   |   |   |   |   | 7 |   |   | 6 |
|   |   | 1 |   |   |   | 4 |   |   |
| 9 |   |   | 5 |   |   |   |   |   |
|   | 7 |   |   |   |   |   | 5 |   |
| 6 |   |   |   |   | 8 | 1 |   |   |
|   |   |   | 4 |   | 3 |   |   |   |

*Time* _____

|   | 4 |   |   |   |   |   |   |   |
|---|---|---|---|---|---|---|---|---|
| 1 |   | 5 |   | 4 |   | 7 |   |   |
|   | 7 |   | 2 |   |   |   |   | 9 |
| 9 | 8 |   |   |   | 2 | 6 |   |   |
|   | 1 |   |   |   |   |   | 3 |   |
|   |   | 7 | 5 |   |   |   | 4 | 1 |
| 2 |   |   |   |   | 9 |   | 7 |   |
|   |   | 6 |   | 5 |   | 3 |   | 2 |
|   |   |   |   |   |   |   | 9 |   |

*Time* _____

| 5 |   |   |   |   |   |   | 7 |   |
|---|---|---|---|---|---|---|---|---|
|   |   | 2 |   | 6 |   |   |   |   |
|   |   |   | 1 |   |   |   |   | 9 |
|   |   | 4 |   |   | 3 | 2 | 5 |   |
|   |   |   |   |   |   |   |   |   |
|   | 9 | 8 | 4 |   |   | 6 |   |   |
| 3 |   |   |   |   | 7 |   |   |   |
|   |   |   | 5 |   |   | 8 |   |   |
|   | 1 |   |   |   |   |   |   | 4 |

Time _____

# Puzzle 196 Hard

|   |   | 2 |   |   | 5 |   |   | 1 |
|---|---|---|---|---|---|---|---|---|
|   |   |   | 7 |   |   | 6 |   |   |
| 9 |   |   |   | 6 |   |   | 2 |   |
|   | 2 |   |   |   | 1 |   |   | 9 |
|   |   | 7 |   |   |   | 8 |   |   |
| 1 |   |   | 6 |   |   |   | 3 |   |
|   | 7 |   |   | 3 |   |   |   | 5 |
|   |   | 1 |   |   | 9 |   |   |   |
| 6 |   |   | 8 |   |   | 1 |   |   |

Time _____

| | 3 | | | | | 2 | | |
|---|---|---|---|---|---|---|---|---|
| | | | | 7 | | | | 1 |
| | | 9 | 5 | | | | | |
| | | | 4 | | | | 9 | 8 |
| | | 6 | | | 5 | | | |
| 7 | 2 | | | | 3 | | | |
| | | | | | 2 | 7 | | |
| 1 | | | | 8 | | | | |
| | | 4 | | | | | 5 | |

*Time* _____

|   |   | 9 |   |   |   |   |   | 3 |
|---|---|---|---|---|---|---|---|---|
|   | 1 |   |   | 7 |   |   |   |   |
|   |   |   | 5 |   | 8 | 6 |   |   |
|   | 4 |   |   |   |   |   |   | 7 |
|   | 2 |   |   |   |   |   | 9 |   |
| 5 |   |   |   |   |   |   | 8 |   |
|   |   | 6 | 3 |   | 5 |   |   |   |
|   |   |   |   | 9 |   |   | 1 |   |
| 8 |   |   |   |   |   | 2 |   |   |

*Time* _____

|   |   | 6 | 9 | 9 |   | 2 |   | 1 | 4 |
|---|---|---|---|---|---|---|---|---|---|

| |   | 6 | 9 |   | 2 | | 1 | 4 |
|---|---|---|---|---|---|---|---|---|
| 9 |   |   | 6 | 8 |   |   |   | 3 |
|   | 8 |   |   |   |   |   |   |   |
|   | 3 |   |   |   |   | 9 |   | 8 |
|   |   |   |   |   |   |   |   |   |
| 1 |   | 2 |   |   |   |   | 3 |   |
|   |   |   |   |   |   |   | 9 |   |
| 6 |   |   |   | 2 | 1 |   |   | 5 |
| 4 | 7 |   | 3 |   | 8 | 6 |   |   |

*Time* _____

202

# Puzzle 200 Hard

| | | | 3 | 9 | | | | |
|---|---|---|---|---|---|---|---|---|
| | 1 | 5 | | | | | | |
| 9 | | | | | 7 | 4 | | |
| 3 | | 9 | | 5 | | | 8 | |
| | 8 | | | | | | 2 | |
| | 5 | | | 2 | | 9 | | 1 |
| | | 2 | 7 | | | | | 4 |
| | | | | | | 3 | 6 | |
| | | | 8 | 5 | | | | |

Time _____

|   |   |   |   |   |   | 5 |   |   |
|---|---|---|---|---|---|---|---|---|
|   | 4 |   |   |   | 6 |   | 9 |   |
| 3 |   | 9 |   |   |   | 6 |   | 7 |
|   | 5 |   | 3 |   |   |   | 1 |   |
|   |   | 2 |   |   |   | 9 |   |   |
|   | 6 |   |   |   | 1 |   | 8 |   |
| 2 |   | 7 |   |   |   | 3 |   | 9 |
|   | 3 |   | 8 |   |   |   | 4 |   |
|   |   | 1 |   |   |   |   |   |   |

*Time* _____

|   |   |   |   | 9 | 4 |   |   |   |
|---|---|---|---|---|---|---|---|---|
|   | 7 | 4 |   |   |   | 6 | 3 |   |
|   |   |   | 6 |   |   |   |   | 9 |
|   |   |   | 2 |   |   |   |   | 1 |
|   | 9 | 3 |   |   |   | 2 | 6 |   |
| 4 |   |   |   |   | 8 |   |   |   |
| 7 |   |   |   |   | 5 |   |   |   |
|   | 8 | 2 |   |   |   | 7 | 4 |   |
|   |   |   | 1 | 7 |   |   |   |   |

*Time* _____

| | | | 2 | 4 | | 1 | | |
|---|---|---|---|---|---|---|---|---|
| | | 3 | | | | | 6 | |
| 7 | | 6 | | | | | | 9 |
| 5 | | | | | 1 | 3 | | |
| | 7 | | | | | | 4 | |
| | | 8 | 7 | | | | | 2 |
| 9 | | | | | | 2 | | 5 |
| | 6 | | | | | 4 | | |
| | | 1 | | 5 | 9 | | | |

*Time* _____

# Puzzle 204 Hard

| 9 |   |   |   |   |   | 7 |   |   |
|---|---|---|---|---|---|---|---|---|
|   | 2 |   |   |   | 1 |   |   | 6 |
|   |   | 5 |   | 3 |   |   | 4 |   |
| 2 |   |   | 8 |   |   | 1 |   |   |
|   | 4 |   |   |   |   |   | 5 |   |
|   |   | 1 |   |   | 6 |   |   | 7 |
|   | 7 |   |   | 2 |   | 4 |   |   |
| 3 |   |   | 6 |   |   |   | 9 |   |
|   |   | 6 |   |   |   |   |   | 3 |

*Time* _____

| | 3 | 4 | | | 6 | | | 9 |
|---|---|---|---|---|---|---|---|---|
| | 9 | | | | | | 6 | |
| 1 | | | 9 | 7 | | | | |
| | | | | 4 | 7 | 5 | | |
| | 2 | | | | | | 4 | |
| | | 3 | 6 | 5 | | | | |
| | | | | 3 | 4 | | | 7 |
| | 8 | | | | | | 1 | |
| 5 | | | 1 | | | 3 | 9 | |

Time _____

| 1 |   |   | 3 |   |   |   |   |   |
|---|---|---|---|---|---|---|---|---|
|   |   |   |   |   | 7 |   | 4 |   |
|   |   | 5 |   |   |   |   |   | 6 |
|   | 2 |   |   | 4 |   | 3 |   |   |
|   |   |   | 1 |   | 6 |   |   |   |
|   |   | 9 |   | 8 |   |   | 7 |   |
| 8 |   |   |   |   |   | 6 |   |   |
|   | 6 |   | 5 |   |   |   |   |   |
|   |   |   |   | 9 |   |   |   | 1 |

*Time* _____

|   |   | 2 |   |   |   | 4 |   |   |
|---|---|---|---|---|---|---|---|---|
|   | 4 |   |   |   | 1 |   | 3 |   |
| 6 |   |   |   | 3 |   |   |   | 1 |
|   | 2 |   | 4 |   |   |   |   |   |
|   |   | 8 |   |   |   | 7 |   |   |
|   |   |   |   |   | 9 |   | 1 |   |
| 3 |   |   |   | 5 |   |   |   | 9 |
|   | 8 |   | 2 |   |   |   | 4 |   |
|   |   | 7 |   |   |   | 1 |   |   |

Time _____

# Puzzle 208 Hard 🏠

|   |   |   | 4 | 3 | 6 |   | 1 |   |
|---|---|---|---|---|---|---|---|---|
|   | 9 |   |   |   |   |   |   | 7 |
|   |   | 2 |   |   |   |   |   |   |
|   | 5 |   | 8 |   |   |   |   | 4 |
|   |   |   |   |   |   |   |   |   |
| 1 |   |   |   |   | 2 |   | 3 |   |
|   |   |   |   |   |   | 2 |   |   |
| 3 |   |   |   |   |   |   | 6 |   |
|   | 4 |   | 9 | 7 | 5 |   |   |   |

*Time* _____

# Puzzle 209 Hard 🏠

| 7 |   | 2 |   |   | 1 |   | 8 | 3 |
|---|---|---|---|---|---|---|---|---|
| 6 |   |   | 2 | 9 |   |   |   |   |
|   |   |   |   |   | 4 |   |   |   |
|   |   | 7 |   |   |   |   | 9 |   |
| 9 |   |   | 3 |   | 5 |   |   | 7 |
|   | 6 |   |   |   |   | 3 |   |   |
|   |   | 6 |   |   |   |   |   |   |
|   |   |   |   | 5 | 7 |   |   | 8 |
| 2 | 8 |   | 1 |   |   | 6 |   | 5 |

Time _____

212

# Puzzle 210 Hard

|   | 7 |   |   | 5 |   |   |   |   |
|---|---|---|---|---|---|---|---|---|
| 8 |   |   |   |   |   |   | 9 |   |
|   |   |   | 3 |   |   | 2 |   |   |
| 9 |   |   |   |   | 8 |   |   |   |
| 6 |   | 8 |   |   |   | 3 |   | 5 |
|   |   |   | 4 |   |   |   |   | 7 |
|   |   | 2 |   |   | 9 |   |   |   |
|   | 3 |   |   |   |   |   |   | 4 |
|   |   |   | 6 |   |   |   | 1 |   |

*Time* _____

213

| 3 | 7 | 2 |   |   |   |   |   |   |
|---|---|---|---|---|---|---|---|---|
|   |   |   |   |   |   |   |   |   |
| 9 |   |   | 8 | 6 | 1 |   |   |   |
| 5 |   |   |   |   | 2 | 9 | 8 |   |
| 6 |   |   |   |   |   |   |   | 4 |
|   | 1 | 8 | 7 |   |   |   |   | 3 |
|   |   |   | 2 | 3 | 9 |   |   | 7 |
|   |   |   |   |   |   |   |   |   |
|   |   |   |   |   |   | 6 | 9 | 1 |

*Time* _____

# Puzzle 212 Hard 🏠

| | 5 | | 4 | | | | | 8 |
|---|---|---|---|---|---|---|---|---|
| | | | 5 | | | | | |
| 8 | | 2 | | 6 | | | 4 | |
| 3 | | 9 | | | 1 | | | |
| | 7 | | | | | | 8 | |
| | | | 7 | | | 3 | | 6 |
| | 1 | | | 3 | | 8 | | 5 |
| | | | | | 7 | | | |
| 4 | | | | | 2 | | 3 | |

*Time* _____

215

|   |   | 1 |   |   | 3 |   |   | 5 |
|---|---|---|---|---|---|---|---|---|
|   | 2 |   | 4 |   |   | 7 |   |   |
| 3 |   |   |   | 9 |   |   | 8 |   |
|   | 6 |   |   |   |   |   |   | 1 |
|   |   | 7 |   |   |   | 8 |   |   |
| 2 |   |   |   |   |   |   | 3 |   |
|   | 4 |   |   | 2 |   |   |   | 9 |
|   |   | 5 |   |   | 7 |   | 6 |   |
| 8 |   |   | 9 |   |   | 4 |   |   |

*Time* _____

# Puzzle 214 Hard

|   |   | 8 | 2 |   |   |   |   |   |
|---|---|---|---|---|---|---|---|---|
|   |   |   | 1 | 6 |   |   |   | 8 |
| 9 |   |   |   | 5 |   |   | 2 |   |
| 1 |   |   |   |   | 5 |   | 8 | 7 |
|   |   | 5 |   |   |   | 2 |   |   |
| 6 | 8 |   | 7 |   |   |   |   | 3 |
|   | 3 |   |   | 1 |   |   |   | 6 |
| 4 |   |   |   | 9 | 3 |   |   |   |
|   |   |   |   |   | 2 | 7 |   |   |

*Time* _____

217

| 2 |   |   | 8 |   | 4 |   |   | 6 |
|---|---|---|---|---|---|---|---|---|
| 6 |   |   |   | 3 |   |   |   | 9 |
|   | 5 |   |   |   |   |   | 1 |   |
|   |   | 7 |   |   |   | 8 |   |   |
|   |   |   | 2 |   | 9 |   |   |   |
|   |   | 3 |   |   |   | 2 |   |   |
|   | 6 |   |   |   |   |   | 5 |   |
| 1 |   |   |   | 8 |   |   |   | 7 |
| 8 |   |   | 7 |   | 1 |   |   | 4 |

*Time* _____

|   |   | 2 |   | 1 |   |   | 7 |   |
|---|---|---|---|---|---|---|---|---|
|   |   | 7 |   |   | 9 | 1 |   | 5 |
|   | 6 |   |   |   |   | 4 |   |   |
|   | 1 |   |   | 4 |   | 9 |   |   |
|   |   |   | 7 |   | 3 |   |   |   |
|   |   | 6 |   | 8 |   |   | 5 |   |
|   |   | 8 |   |   |   |   | 6 |   |
| 2 |   | 9 | 6 |   |   | 5 |   |   |
|   | 4 |   |   | 5 |   | 2 |   |   |

*Time* _____

| 1 |   |   |   |   |   |   | 2 |   |
|---|---|---|---|---|---|---|---|---|
|   | 7 |   | 8 |   |   | 9 |   |   |
|   |   |   | 7 |   | 6 | 4 |   |   |
| 5 |   | 8 |   | 1 |   |   |   |   |
|   |   | 9 |   |   |   | 6 |   |   |
|   |   |   |   | 8 |   | 2 |   | 9 |
|   |   | 5 | 3 |   | 7 |   |   |   |
|   |   | 7 |   |   | 5 |   | 8 |   |
|   | 9 |   |   |   |   |   |   | 4 |

*Time* _____

# Puzzle 218 Hard

|   | 5 |   |   | 9 |   |   |   |   |
|---|---|---|---|---|---|---|---|---|
| 1 |   |   |   |   |   | 7 |   |   |
|   |   |   | 2 |   |   |   | 4 |   |
|   |   | 8 |   |   | 5 |   |   | 2 |
| 9 |   |   |   |   |   |   |   | 1 |
| 4 |   |   | 6 |   |   | 9 |   |   |
|   | 2 |   |   |   | 7 |   |   |   |
|   |   | 9 |   |   |   |   |   | 8 |
|   |   |   | 1 |   |   |   | 3 |   |

*Time* _____

221

|   |   |   |   |   |   |   | 5 |   |
|---|---|---|---|---|---|---|---|---|
| 7 | 1 | 9 |   |   | 3 |   | 2 |   |
|   |   |   |   |   | 6 |   | 8 |   |
|   | 4 | 6 | 2 |   | 9 |   |   |   |
|   |   |   |   |   |   |   |   |   |
|   |   |   | 7 |   | 1 | 5 | 9 |   |
|   | 9 |   | 5 |   |   |   |   |   |
|   | 5 |   | 1 |   |   | 7 | 6 | 3 |
|   | 2 |   |   |   |   |   |   |   |

*Time* _____

# Puzzle 220 Hard

| 4 |   |   |   |   |   | 8 |   |   |
|---|---|---|---|---|---|---|---|---|
| 2 |   | 6 | 7 |   |   |   |   |   |
|   |   |   | 3 |   |   |   | 1 |   |
|   | 8 |   |   |   | 4 |   |   |   |
| 7 |   |   |   |   |   |   |   | 6 |
|   |   |   | 5 |   |   |   | 3 |   |
|   | 5 |   |   |   | 8 |   |   |   |
|   |   |   |   |   | 1 | 4 |   | 2 |
|   |   | 3 |   |   |   |   |   | 1 |

*Time* _____

223

| 8 | 4 |   | 1 |   |   |   |   | 6 |
|   |   | 3 |   |   |   | 2 |   |   |
|   |   |   | 6 |   | 5 |   | 4 |   |
| 1 |   |   |   |   |   |   |   | 5 |
|   | 9 |   | 4 |   | 8 |   | 6 |   |
| 3 |   |   |   |   |   |   |   | 9 |
|   | 1 |   | 7 |   | 3 |   |   |   |
|   |   | 6 |   |   |   | 9 |   |   |
| 4 |   |   |   |   | 6 |   | 5 | 3 |

Time _____

# Puzzle 222 Hard 🏠

| | 7 | | | | 1 | | | |
|---|---|---|---|---|---|---|---|---|
| 6 | | | 5 | | | | 7 | |
| 5 | | | 6 | | 4 | | 8 | 2 |
| | | | | | | 8 | 3 | |
| | | 6 | | | | 7 | | |
| | 3 | 1 | | | | | | |
| 4 | 2 | | 8 | | 5 | | | 7 |
| | 6 | | | | 9 | | | 5 |
| | | | 1 | | | | 2 | |

*Time* _____

225

|   | 6 | 7 |   |   | 4 | 9 |   |   |
|---|---|---|---|---|---|---|---|---|
|   |   |   | 5 | 6 |   |   |   | 3 |
|   |   | 3 |   |   |   |   |   | 7 |
|   |   | 1 |   |   |   |   | 8 |   |
|   | 5 |   |   |   |   |   | 2 |   |
|   | 9 |   |   |   |   | 7 |   |   |
| 7 |   |   |   |   |   | 4 |   |   |
| 2 |   |   |   | 3 | 8 |   |   |   |
|   |   | 8 | 9 |   |   | 2 | 7 |   |

Time _____

# Puzzle 224 Hard 🏠

| 1 |   |   |   |   |   |   | 9 |   |
|---|---|---|---|---|---|---|---|---|
|   |   |   | 7 |   |   | 2 |   | 5 |
|   |   | 4 |   | 5 |   |   | 8 |   |
|   |   |   | 1 |   |   | 6 |   | 9 |
|   | 5 |   |   |   |   |   | 4 |   |
| 8 |   | 2 |   |   | 3 |   |   |   |
|   | 3 |   |   | 9 |   | 7 |   |   |
| 5 |   | 8 |   |   | 2 |   |   |   |
|   | 9 |   |   |   |   |   |   | 6 |

*Time* _____

227

# Puzzle 225 Hard

| 2 |   |   |   |   |   |   |   |   |
|---|---|---|---|---|---|---|---|---|
|   |   |   |   |   | 8 | 9 | 5 | 1 |
|   |   |   | 4 | 6 | 3 |   |   |   |
| 3 | 2 | 1 | 8 |   |   |   |   |   |
|   |   |   |   |   | 6 | 2 | 9 | 4 |
|   |   |   | 2 | 8 | 9 |   |   |   |
| 4 | 5 | 6 | 1 |   |   |   |   |   |
|   |   |   |   |   |   |   |   | 3 |

*Time* _____

228

# Puzzle 226 Hard 🏠

| 4 |   |   |   |   | 1 |   |   |   |
|---|---|---|---|---|---|---|---|---|
|   |   | 9 |   | 5 |   | 6 |   |   |
|   |   | 7 |   |   | 6 |   |   | 8 |
|   | 9 |   | 4 |   |   |   | 5 | 6 |
|   |   |   |   |   |   |   |   |   |
| 6 | 3 |   |   |   | 9 |   | 1 |   |
| 7 |   |   | 8 |   |   | 3 |   |   |
|   |   | 6 |   | 2 |   | 5 |   |   |
|   |   |   | 5 |   |   |   |   | 7 |

*Time* _____

|   |   | 2 | 3 |   |   |   |   |   |
|---|---|---|---|---|---|---|---|---|
|   |   |   |   | 7 |   |   |   | 4 |
|   | 6 |   |   | 9 |   | 5 |   |   |
| 1 |   |   |   |   |   |   | 7 |   |
|   | 9 |   |   |   |   |   | 2 |   |
|   | 8 |   |   |   |   |   |   | 3 |
|   |   | 7 |   | 1 |   |   | 6 |   |
| 4 |   |   |   | 5 |   |   |   |   |
|   |   |   |   | 8 | 9 |   |   |   |

*Time* _____

# Puzzle 228 Hard

| | | | | | 1 | | |
|---|---|---|---|---|---|---|---|---|
| | 3 | 2 | 6 | | | 9 | | |
| | | 6 | 8 | | | | 7 | |
| 3 | | | 1 | | | | 8 | |
| 6 | | | | | | | | 9 |
| | 5 | | | | 3 | | | 4 |
| | 1 | | | | 8 | 5 | | |
| | | 7 | | | 4 | 6 | 2 | |
| | | 5 | | | | | | |

*Time* _____

231

| 1 | 2 | 4 | 7 | 8 | 3 | 5 | 9 | 6 |
|---|---|---|---|---|---|---|---|---|
| 7 | 5 | 6 | 2 | 4 | 9 | 3 | 1 | 8 |
| 8 | 3 | 9 | 5 | 1 | 6 | 7 | 2 | 4 |
| 2 | 7 | 3 | 8 | 6 | 4 | 9 | 5 | 1 |
| 4 | 8 | 1 | 3 | 9 | 5 | 6 | 7 | 2 |
| 9 | 6 | 5 | 1 | 2 | 7 | 8 | 4 | 3 |
| 5 | 4 | 8 | 9 | 3 | 1 | 2 | 6 | 7 |
| 3 | 2 | 7 | 6 | 5 | 8 | 4 | 2 | 9 |
| 6 | 8 | 9 | 4 | 7 | 2 | 1 | 3 | 5 |

*Time* _____

232

*Time* _____

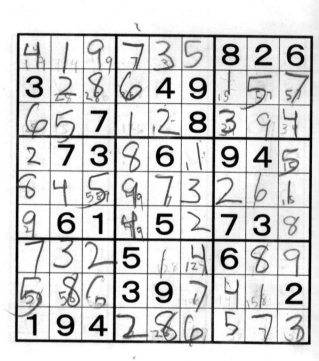

| 4 | 1 | 9 | 7 | 3 | 5 | 8 | 2 | 6 |
| 3 | 2 | 8 | 6 | 4 | 9 | 1 | 5 | 7 |
| 6 | 5 | 7 | 1 | 2 | 8 | 3 | 9 | 4 |
| 2 | 7 | 3 | 8 | 6 | 1 | 9 | 4 | 5 |
| 8 | 4 | 5 | 9 | 7 | 3 | 2 | 6 | 1 |
| 9 | 6 | 1 | 4 | 5 | 2 | 7 | 3 | 8 |
| 7 | 3 | 2 | 5 | 1 | 4 | 6 | 8 | 9 |
| 5 | 8 | 6 | 3 | 9 | 7 | 4 | 1 | 2 |
| 1 | 9 | 4 | 2 | 8 | 6 | 5 | 7 | 3 |

Time _____

| 6 | 9 | 7 | 2 | 5 | 1 | 8 | 4 | 3 |
|---|---|---|---|---|---|---|---|---|
| 2 | 1 | 8 | 4 | 9 | 3 | 5 | 6 | 7 |
| 5 | 3 | 4 | 8 | 7 | 6 | 9 | 1 | 2 |
| 4 | 6 | 9 | 3 | 2 | 5 | 1 | 7 | 8 |
| 1 | 2 | 3 | 9 | 8 | 7 | 6 | 5 | 4 |
| 7 | 8 | 5 | 1 | 6 | 4 | 2 | 3 | 9 |
| 9 | 5 | 6 | 7 | 4 | 8 | 3 | 2 | 1 |
| 3 | 4 | 2 | 5 | 1 | 9 | 7 | 8 | 6 |
| 8 | 7 | 1 | 6 | 3 | 2 | 4 | 9 | 5 |

*Time* _____

235

|   |   |   |   | 3 |   |   |   | 1 |
|---|---|---|---|---|---|---|---|---|
|   |   | 4 | 6 |   |   |   |   |   |
|   | 7 |   | 2 |   |   |   | 8 |   |
|   |   | 5 |   |   | 8 |   |   |   |
| 2 |   |   |   |   |   |   |   | 3 |
|   |   |   | 7 |   |   | 9 |   |   |
|   | 8 |   |   |   | 5 |   | 7 |   |
|   |   |   |   |   | 1 | 4 |   |   |
| 6 |   |   | 9 |   |   |   |   |   |

*Time* _____

236

|   |   |   |   |   |   | 5 |   | 9 |
|---|---|---|---|---|---|---|---|---|
| 4 |   |   |   |   |   |   | 6 |   |
|   | 3 |   | 9 | 7 |   |   |   |   |
|   | 1 |   | 8 |   |   |   |   | 3 |
|   |   |   |   |   |   |   |   |   |
| 2 |   |   |   |   | 5 |   | 4 |   |
|   |   |   |   | 4 | 6 |   | 2 |   |
|   | 9 |   |   |   |   |   |   | 7 |
| 1 |   | 5 |   |   |   |   |   |   |

*Time* _____

237

| 1 | 4 |   |   |   |   |   | 3 | 7 |
|---|---|---|---|---|---|---|---|---|
|   |   | 6 | 8 |   |   |   |   |   |
|   |   |   | 2 |   |   |   |   |   |
|   |   |   | 3 |   |   |   | 9 | 2 |
|   |   | 7 | 1 |   | 2 | 6 |   |   |
| 9 | 5 |   |   | 8 |   |   |   |   |
|   |   |   | 5 |   |   |   |   |   |
|   |   |   |   |   | 7 | 4 |   |   |
| 5 | 8 |   |   |   |   |   | 2 | 3 |

Time _____

| | | 5 | | | 2 | | | |
|---|---|---|---|---|---|---|---|---|
| | 7 | | | | | | 3 | |
| | | | | 6 | | | | 9 |
| | 4 | 9 | 8 | | | | | |
| 2 | | | | | | | | 7 |
| | | | | | 5 | 1 | 6 | |
| 6 | | | | 3 | | | | |
| | 9 | | | | | | 5 | |
| | | | 1 | | | 8 | | |

*Time* _____

| 5 |   | 2 |   | 3 | 6 |   | 7 |   |
|---|---|---|---|---|---|---|---|---|
|   |   |   | 1 |   |   |   |   | 3 |
| 9 |   |   |   |   |   |   | 8 |   |
|   | 4 | 9 | 6 |   |   |   |   | 5 |
|   |   |   |   |   |   |   |   |   |
| 1 |   |   |   |   | 2 | 7 | 4 |   |
|   | 9 |   |   |   |   |   |   | 7 |
| 8 |   |   |   |   | 3 |   |   |   |
|   | 5 |   | 4 | 2 |   | 9 |   | 1 |

*Time* _____

# Puzzle 238 Hard

|   |   |   | 6 |   | 9 |   |   |   |
|---|---|---|---|---|---|---|---|---|
|   |   | 3 |   | 7 |   | 2 |   |   |
|   |   | 5 |   |   |   | 6 |   |   |
| 9 |   |   | 2 |   | 5 |   |   | 7 |
|   | 3 |   |   |   |   |   | 8 |   |
| 1 |   |   | 3 |   | 8 |   |   | 2 |
|   |   | 1 |   |   |   | 5 |   |   |
|   |   | 6 |   | 2 |   | 9 |   |   |
|   |   |   | 8 |   | 4 |   |   |   |

Time _____

| 8 |   |   |   |   | 5 |   |   |   |
|---|---|---|---|---|---|---|---|---|
|   |   | 1 | 7 | 6 |   |   |   |   |
| 3 | 7 |   |   |   |   | 8 |   | 9 |
| 2 | 1 | 7 | 9 |   |   |   |   |   |
|   |   |   |   |   |   |   |   |   |
|   |   |   |   | 4 | 7 | 9 | 2 |
| 6 |   | 8 |   |   |   |   | 5 | 7 |
|   |   |   | 5 | 7 | 4 |   |   |   |
|   |   |   | 4 |   |   |   |   | 8 |

*Time* _____

| 9 |   |   |   |   |   | 3 |   |   |
|---|---|---|---|---|---|---|---|---|
|   |   | 4 | 2 |   | 6 |   |   |   |
|   |   |   |   | 7 |   |   | 8 |   |
|   | 2 |   |   |   |   |   |   | 6 |
|   | 3 |   |   |   |   |   | 5 |   |
| 7 |   |   |   |   |   |   | 1 |   |
|   | 8 |   |   | 3 |   |   |   |   |
|   |   |   | 6 |   | 9 | 4 |   |   |
|   |   | 5 |   |   |   |   |   | 2 |

*Time* _____

|   |   |   | 2 | 7 |   |   |   |   |
|---|---|---|---|---|---|---|---|---|
|   |   | 1 |   |   | 3 | 7 | 6 |   |
|   |   | 8 |   |   |   |   |   | 9 |
|   | 4 |   |   |   | 5 | 8 |   |   |
|   | 2 |   |   |   |   |   | 1 |   |
|   |   | 9 | 3 |   |   |   | 7 |   |
| 8 |   |   |   |   |   | 5 |   |   |
|   | 5 | 7 | 8 |   |   | 9 |   |   |
|   |   |   | 4 | 1 |   |   |   |   |

*Time* _____

|   |   | 7 |   |   |   |   |   |   |
|---|---|---|---|---|---|---|---|---|
|   | 3 |   | 9 |   |   | 7 |   |   |
| 2 |   | 6 |   |   | 4 |   | 8 |   |
|   | 1 |   |   | 6 |   | 5 |   |   |
|   |   |   | 4 |   | 2 |   |   |   |
|   |   | 5 |   | 8 |   |   | 2 |   |
|   | 2 |   | 3 |   |   | 9 |   | 4 |
|   |   | 4 |   |   | 5 |   | 7 |   |
|   |   |   |   |   |   | 3 |   |   |

Time _____

| 4 |   |   |   | 6 |   |   |   | 5 |
|---|---|---|---|---|---|---|---|---|
|   | 9 |   |   |   |   |   | 8 |   |
|   |   | 3 |   |   |   | 7 |   |   |
| 9 |   |   | 2 |   | 8 |   |   | 4 |
|   |   | 7 |   |   |   | 5 |   |   |
| 8 |   |   | 4 |   | 9 |   |   | 7 |
|   |   | 1 |   |   |   | 4 |   |   |
|   | 6 |   |   |   |   |   | 2 |   |
| 7 |   |   |   | 8 |   |   |   | 6 |

*Time* _____

| 1 |   | 5 |   | 3 |   |   |   |   |
|---|---|---|---|---|---|---|---|---|
| 4 |   |   |   |   |   | 6 |   | 7 |
|   |   |   | 9 |   |   | 8 |   |   |
|   |   | 3 | 1 |   |   |   | 8 |   |
|   | 6 |   |   |   |   |   | 1 |   |
|   | 1 |   |   |   | 9 | 7 |   |   |
|   |   | 4 |   |   | 2 |   |   |   |
| 9 |   | 6 |   |   |   |   |   | 2 |
|   |   |   | 6 |   |   | 3 |   | 5 |

*Time* _____

| | | | | | 2 | 8 | | |
|---|---|---|---|---|---|---|---|---|
| | 7 | | | 6 | | | 5 | |
| 3 | | | 8 | | | | | |
| 6 | | | 1 | | 3 | 7 | | |
| | 2 | | | | | | 1 | |
| | | 9 | 2 | | 4 | | | 8 |
| | | | | | 6 | | | 9 |
| | 4 | | | 5 | | | 2 | |
| | | 2 | 9 | | | | | |

*Time* _____

# Puzzle 246 Hard

|   |   |   |   |   |   |   |   | 7 |
|---|---|---|---|---|---|---|---|---|
|   |   | 1 |   |   | 2 |   | 5 |   |
|   | 8 |   | 9 | 3 |   |   |   |   |
|   |   | 5 |   |   | 4 |   |   |   |
|   |   | 3 |   |   |   | 8 |   |   |
|   |   |   | 7 |   |   | 6 |   |   |
|   |   |   |   | 4 | 1 |   | 3 |   |
|   | 6 |   | 8 |   |   | 9 |   |   |
| 7 |   |   |   |   |   |   |   |   |

*Time* _____

|   |   |   | 2 |   |   |   |   |   |
|---|---|---|---|---|---|---|---|---|
|   |   | 2 | 1 |   | 5 | 3 |   |   |
|   | 9 | 5 |   |   |   | 4 | 2 |   |
|   | 4 |   |   |   |   |   | 5 | 2 |
|   |   |   |   |   |   |   |   |   |
| 8 | 1 |   |   |   |   |   | 7 |   |
|   | 3 | 6 |   |   |   | 1 | 4 |   |
|   |   | 1 | 8 |   | 7 | 5 |   |   |
|   |   |   |   | 6 |   |   |   |   |

*Time* _____

# Puzzle 248 Hard

|   |   | 5 |   |   | 3 |   |   |   |
|---|---|---|---|---|---|---|---|---|
|   | 9 |   |   | 5 |   |   |   | 7 |
| 4 |   |   | 6 |   |   |   |   | 2 |
|   |   |   |   |   |   | 4 | 6 |   |
|   |   |   | 2 |   | 9 |   |   |   |
|   | 8 | 3 |   |   |   |   |   |   |
| 9 |   |   |   |   | 8 |   |   | 5 |
| 7 |   |   |   | 6 |   |   | 4 |   |
|   |   |   | 1 |   |   | 3 |   |   |

*Time _____*

251

| | 2 | | | | 3 | | | |
|---|---|---|---|---|---|---|---|---|
| 3 | | | | 7 | | 9 | | 1 |
| | 9 | | 5 | | | | 8 | |
| | | 5 | | | | | | 4 |
| | | | 4 | | 1 | | | |
| 6 | | | | | | 7 | | |
| | 8 | | | | 6 | | 3 | |
| 9 | | 4 | | 3 | | | | 8 |
| | | | 7 | | | | 1 | |

Time _____

# Puzzle 250 Hard

| | 6 | | | | | | | 3 |
|---|---|---|---|---|---|---|---|---|
| | | | | 2 | | | 4 | |
| | | 7 | | | 1 | | | |
| | | | 5 | | | | 7 | 9 |
| | | 2 | | | | 8 | | |
| 1 | 3 | | | | 4 | | | |
| | | | 6 | | | 9 | | |
| | 5 | | | 7 | | | | |
| 8 | | | | | | | 1 | |

*Time* _____

253

| 1 |   |   | 8 |   | 5 |   |   | 2 |
|---|---|---|---|---|---|---|---|---|
| 4 |   |   |   | 2 |   |   |   | 3 |
|   | 5 |   |   |   |   |   | 4 |   |
|   |   | 5 |   |   |   | 1 |   |   |
|   |   |   | 9 |   | 2 |   |   |   |
|   |   | 6 |   |   |   | 7 |   |   |
|   | 1 |   |   |   |   |   | 3 |   |
| 5 |   |   |   | 1 |   |   |   | 6 |
| 2 |   |   | 4 |   | 9 |   |   | 1 |

Time _____

# Puzzle 252 Hard 🏠

|   | 1 |   |   |   |   | 5 |   |   |
|---|---|---|---|---|---|---|---|---|
| 6 |   |   |   | 2 |   |   |   |   |
|   |   |   |   |   | 3 |   |   | 9 |
|   | 7 |   |   |   |   | 6 |   |   |
| 8 |   |   | 1 |   | 4 |   |   | 3 |
|   |   | 3 |   |   |   |   | 5 |   |
| 5 |   |   | 6 |   |   |   |   |   |
|   |   |   |   | 7 |   |   |   | 8 |
|   |   | 9 |   |   |   | 2 |   |   |

*Time* _____

255

| 4 |   |   | 5 |   | 9 |   |   | 3 |
|---|---|---|---|---|---|---|---|---|
|   |   | 6 |   |   |   | 9 |   |   |
|   | 2 |   |   |   |   |   | 8 |   |
| 8 |   |   | 1 |   | 6 |   |   | 4 |
|   |   |   |   |   |   |   |   |   |
| 9 |   |   | 4 |   | 2 |   |   | 7 |
|   | 3 |   |   |   |   |   | 4 |   |
|   |   | 4 |   |   |   | 1 |   |   |
| 2 |   |   | 8 |   | 1 |   |   | 5 |

Time _____

|   |   | 9 |   |   |   |   | 4 |   |
|---|---|---|---|---|---|---|---|---|
|   |   |   |   | 1 | 2 |   |   | 7 |
| 4 |   |   | 9 |   |   | 3 |   |   |
|   |   | 6 |   |   | 8 |   | 3 |   |
|   | 1 |   |   |   |   |   | 8 |   |
|   | 9 |   | 6 |   |   | 2 |   |   |
|   |   | 5 |   |   | 6 |   |   | 9 |
| 8 |   |   | 2 | 7 |   |   |   |   |
|   | 3 |   |   |   |   | 4 |   |   |

*Time* _____

257

|   |   |   |   |   | 9 |   |   | 5 |
|---|---|---|---|---|---|---|---|---|
| 6 |   | 1 |   |   |   |   | 7 |   |
| 5 |   |   | 2 |   |   |   |   |   |
|   |   |   |   | 4 |   |   | 1 |   |
|   |   | 3 |   |   |   | 2 |   |   |
|   | 5 |   |   | 8 |   |   |   |   |
|   |   |   |   |   | 3 |   |   | 7 |
|   | 9 |   |   |   |   | 6 |   | 8 |
| 4 |   |   | 1 |   |   |   |   |   |

*Time* _____

# Puzzle 256 Hard

|   |   | 3 |   |   |   |   |   | 4 |
|---|---|---|---|---|---|---|---|---|
|   |   |   | 7 |   |   | 6 |   |   |
|   | 1 |   | 2 |   |   |   |   |   |
|   | 7 |   |   |   | 4 |   |   | 5 |
|   | 8 |   |   |   |   |   | 3 |   |
| 6 |   |   | 9 |   |   |   | 8 |   |
|   |   |   |   |   | 1 |   | 2 |   |
|   |   | 5 |   |   | 3 |   |   |   |
| 7 |   |   |   |   |   | 9 |   |   |

*Time* _____

# Puzzle 257 Hard 🏠

| | | 8 | | | | | 5 | |
|---|---|---|---|---|---|---|---|---|
| | | | 3 | | | 2 | | |
| | | 9 | | 2 | 4 | | 8 | |
| 8 | 5 | | | | | | | 3 |
| 1 | | | | | | | | 9 |
| 4 | | | | | | | 6 | 5 |
| | 7 | | 4 | 3 | | 5 | | |
| | | 2 | | | 1 | | | |
| | 8 | | | | | 7 | | |

*Time* _____

|   | 1 | 5 |   |   |   |   | 2 |   |
|---|---|---|---|---|---|---|---|---|
| 8 |   |   | 4 |   |   |   |   | 5 |
|   |   |   |   | 6 |   |   |   | 3 |
|   |   |   | 3 |   | 8 |   | 1 |   |
|   |   | 8 |   |   |   | 6 |   |   |
|   | 4 |   | 1 |   | 6 |   |   |   |
| 2 |   |   |   | 9 |   |   |   |   |
| 9 |   |   |   |   | 3 |   |   | 8 |
|   | 7 |   |   |   |   | 4 | 5 |   |

*Time* _____

| | 2 | | | 7 | | | | |
|---|---|---|---|---|---|---|---|---|
| | | | | | 3 | | | 9 |
| 6 | | | 8 | | | 1 | | |
| | | 9 | | | | 7 | | |
| | 5 | | | | | | 6 | |
| | | 4 | | | | 8 | | |
| | | 3 | | | 9 | | | 4 |
| 8 | | | 5 | | | | | |
| | | | | 6 | | | 2 | |

Time _____

|   |   |   |   | 2 |   |   |   | 7 |
|---|---|---|---|---|---|---|---|---|
|   | 3 |   | 5 |   |   |   |   |   |
|   |   | 8 | 1 |   |   | 4 |   |   |
|   | 2 |   | 6 |   |   |   |   | 1 |
|   |   |   |   |   |   |   |   |   |
| 7 |   |   |   |   | 3 |   | 5 |   |
|   |   | 6 |   |   | 9 | 8 |   |   |
|   |   |   |   |   | 7 |   | 2 |   |
| 3 |   |   |   | 4 |   |   |   |   |

*Time* _____

|   |   |   | 5 | 3 |   |   |   | 6 |
|---|---|---|---|---|---|---|---|---|
|   |   | 4 |   |   | 7 |   |   |   |
|   | 6 |   |   |   |   | 8 |   |   |
| 8 |   |   | 1 |   |   | 5 | 4 |   |
| 4 |   |   |   |   |   |   |   | 2 |
|   | 7 | 6 |   |   | 3 |   |   | 8 |
|   |   | 3 |   |   |   |   | 9 |   |
|   |   |   | 7 |   |   | 4 |   |   |
| 7 |   |   |   | 2 | 5 |   |   |   |

*Time* _____

| 5 |   |   |   |   |   | 9 |   |   |
|---|---|---|---|---|---|---|---|---|
|   |   | 1 | 5 | 6 |   |   | 7 |   |
| 9 |   |   |   |   | 1 |   |   | 4 |
|   | 3 |   | 8 |   |   | 2 |   |   |
|   |   |   |   |   |   |   |   |   |
|   |   | 5 |   |   | 7 |   | 1 |   |
| 7 |   |   | 9 |   |   |   |   | 6 |
|   | 2 |   |   | 4 | 3 | 5 |   |   |
|   |   | 3 |   |   |   |   |   | 8 |

*Time* _____

|   | 3 |   |   | 5 |   |   |   |   |
|---|---|---|---|---|---|---|---|---|
| 6 |   |   | 1 |   |   | 4 |   |   |
|   |   | 2 |   |   |   | 9 | 5 |   |
|   | 8 |   |   |   | 2 |   |   |   |
| 7 |   |   |   |   |   |   |   | 4 |
|   |   |   | 9 |   |   |   | 3 |   |
|   | 5 | 1 |   |   |   | 8 |   |   |
|   |   | 8 |   |   | 3 |   |   | 6 |
|   |   |   | 4 |   |   |   | 7 |   |

*Time* _____

|   | 9 |   |   | 5 |   |   |   |   |
|---|---|---|---|---|---|---|---|---|
|   |   |   |   |   | 4 |   |   | 2 |
| 6 |   |   |   |   |   | 3 |   |   |
|   |   | 2 |   |   | 9 |   |   |   |
| 1 | 3 |   |   |   |   |   | 5 | 6 |
|   |   |   | 8 |   |   | 7 |   |   |
|   |   | 8 |   |   |   |   |   | 4 |
| 7 |   |   | 1 |   |   |   |   |   |
|   |   |   | 3 |   |   | 9 |   |   |

*Time* _____

|   |   |   |   | 9 |   |   | 7 |   |
|---|---|---|---|---|---|---|---|---|
|   |   |   |   | 6 |   |   | 9 |   |
|   | 8 | 7 |   |   | 3 | 4 |   |   |
| 2 |   |   | 7 |   |   |   |   |   |
| 6 |   |   | 1 |   | 9 |   |   | 5 |
|   |   |   |   |   | 5 |   |   | 8 |
|   |   | 9 | 5 |   |   | 3 | 4 |   |
|   | 4 |   |   | 8 |   |   |   |   |
|   | 2 |   |   | 1 |   |   |   |   |

*Time* _____

|   |   | 5 |   |   | 7 | 9 |   |   |
|---|---|---|---|---|---|---|---|---|
|   |   | 8 | 1 |   |   |   |   |   |
| 6 |   |   | 8 |   |   | 7 | 4 |   |
| 1 |   |   |   |   | 9 | 8 |   |   |
|   |   |   |   |   |   |   |   |   |
|   |   | 4 | 2 |   |   |   |   | 3 |
|   | 4 | 6 |   |   | 1 |   |   | 8 |
|   |   |   |   |   | 5 | 3 |   |   |
|   |   | 1 | 6 |   |   | 5 |   |   |

Time _____

| | | | | | 9 | 3 | 8 | |
|---|---|---|---|---|---|---|---|---|
| | | 4 | | | | | | 9 |
| | | | 5 | 6 | | | | 7 |
| | | | | | | | | 3 |
| | 9 | 3 | 8 | | 7 | 1 | 4 | |
| 2 | | | | | | | | |
| 7 | | | | 4 | 1 | | | |
| 5 | | | | | | 6 | | |
| | 4 | 2 | 3 | | | | | |

*Time* _____

| 8 | 3 |   |   |   |   |   |   | 7 |
|---|---|---|---|---|---|---|---|---|
|   |   | 6 | 3 |   |   |   |   | 9 |
|   |   |   |   | 5 | 4 |   |   |   |
| 2 | 6 |   |   |   |   | 5 |   |   |
|   |   | 8 |   |   |   | 1 |   |   |
|   |   | 7 |   |   |   |   | 6 | 2 |
|   |   |   | 4 | 8 |   |   |   |   |
| 9 |   |   |   |   | 7 | 4 |   |   |
| 3 |   |   |   |   |   |   | 9 | 5 |

*Time* _____

| 3 |   |   |   | 5 |   |   |   | 2 |
|---|---|---|---|---|---|---|---|---|
|   | 9 |   | 4 |   |   |   | 5 |   |
|   |   | 8 |   |   |   | 1 |   |   |
|   | 5 |   |   | 4 |   |   |   |   |
| 1 |   |   | 7 |   | 3 |   |   | 9 |
|   |   |   |   | 6 |   |   | 7 |   |
|   |   | 1 |   |   |   | 3 |   |   |
|   | 8 |   |   |   | 4 |   | 2 |   |
| 9 |   |   |   | 8 |   |   |   | 1 |

*Time* _____

|   | 3 |   |   |   |   |   | 6 |   |   |
|---|---|---|---|---|---|---|---|---|---|
| 6 |   |   |   |   | 2 |   |   | 7 |
|   |   | 4 |   | 7 |   |   | 9 |   |
|   | 8 |   | 7 |   |   | 2 |   |   |
| 2 |   |   |   |   |   |   |   | 9 |
|   |   | 5 |   |   | 4 |   | 7 |   |
|   | 1 |   |   | 3 |   | 4 |   |   |
| 8 |   |   | 1 |   |   |   |   | 5 |
|   |   | 9 |   |   |   |   | 8 |   |

*Time* _____

273

# SUDOKU

## PART 4

# Very Hard

| 2 | 3 |   |   |   |   |   |   |   |
|---|---|---|---|---|---|---|---|---|
|   |   | 6 | 7 |   |   |   |   | 9 |
|   |   |   |   | 4 | 3 |   |   | 5 |
|   |   | 5 |   |   |   |   | 2 |   |
|   | 1 |   |   | 8 |   |   | 7 |   |
|   | 4 |   |   |   |   | 8 |   |   |
| 7 |   |   | 5 | 9 |   |   |   |   |
| 3 |   |   |   |   | 2 | 9 |   |   |
|   |   |   |   |   |   |   | 5 | 1 |

Time _____

| 6 | 2 |   |   |   |   | 3 |   |   |
|---|---|---|---|---|---|---|---|---|
|   |   |   |   | 1 |   | 2 |   | 6 |
|   | 5 |   |   |   | 4 |   | 9 |   |
| 7 |   |   |   |   | 2 |   | 6 |   |
|   |   |   |   |   |   |   |   |   |
|   | 1 |   | 8 |   |   |   |   | 5 |
|   | 6 |   | 9 |   |   |   | 8 |   |
| 5 |   | 1 |   | 7 |   |   |   |   |
|   |   | 8 |   |   |   |   | 2 | 4 |

*Time* _____

|   | 3 | 2 | 8 |   | 6 |   |   |   |
| 6 |   |   |   |   | 4 |   |   |   |
| 1 |   |   |   |   | 7 |   |   |   |
| 4 |   |   |   |   |   | 1 | 2 | 9 |
|   |   |   |   |   |   |   |   |   |
| 7 | 6 | 8 |   |   |   |   |   | 3 |
|   |   |   | 7 |   |   |   |   | 1 |
|   |   |   | 2 |   |   |   |   | 7 |
|   |   |   | 3 |   | 9 | 8 | 5 |   |

*Time* _____

| | 4 | 9 | 8 | | | | | |
|---|---|---|---|---|---|---|---|---|
| 1 | | | | 2 | 6 | | | |
| | | | | | | 3 | 7 | 2 |
| | 2 | 7 | 4 | | | | | |
| | | | | | | | | |
| | | | | | 5 | 6 | 9 | |
| 3 | 8 | 5 | | | | | | |
| | | | 3 | 6 | | | | 5 |
| | | | | 4 | 1 | 8 | | |

*Time* _____

# Puzzle 275 Very Hard 🎇

|   |   |   |   |   | 6 | 5 |   |   |
|---|---|---|---|---|---|---|---|---|
|   | 9 | 6 |   |   |   |   | 7 |   |
| 3 |   |   | 8 |   |   |   | 9 |   |
| 5 |   |   |   |   | 3 | 6 |   |   |
|   | 2 |   |   |   |   |   | 1 |   |
|   |   | 7 | 4 |   |   |   |   | 8 |
|   | 1 |   |   |   | 2 |   |   | 7 |
|   | 8 |   |   |   |   | 2 | 4 |   |
|   |   | 4 | 9 |   |   |   |   |   |

Time _____

|   |   | 9 |   |   | 3 |   |   |   |
|---|---|---|---|---|---|---|---|---|
|   |   |   | 8 | 4 |   | 6 |   |   |
|   | 4 | 5 |   |   |   |   |   | 2 |
| 4 |   | 3 | 7 | 8 |   |   |   |   |
| 1 |   |   |   |   |   |   |   | 6 |
|   |   |   |   | 9 | 1 | 5 |   | 4 |
| 5 |   |   |   |   |   | 8 | 7 |   |
|   |   | 1 |   | 5 | 8 |   |   |   |
|   |   |   | 9 |   |   | 1 |   |   |

*Time* _____

|   |   |   |   |   |   | 2 | 5 |   |
|---|---|---|---|---|---|---|---|---|
|   | 2 |   |   |   | 5 |   | 7 |   |
|   | 1 |   | 9 | 4 |   |   |   |   |
| 6 |   |   | 5 |   |   |   |   |   |
| 9 |   | 7 |   |   |   | 4 |   | 5 |
|   |   |   |   |   | 6 |   |   | 3 |
|   |   |   |   | 2 | 8 |   | 3 |   |
|   |   | 2 |   | 3 |   |   | 7 |   |
|   | 9 | 3 |   |   |   |   |   |   |

*Time* _____

|   |   |   |   |   | 6 |   | 9 | 1 |
|---|---|---|---|---|---|---|---|---|
|   | 4 |   |   |   | 1 |   |   | 3 |
|   | 1 |   | 2 |   |   |   |   |   |
|   | 6 | 9 | 8 |   | 4 |   |   |   |
|   |   | 8 |   |   |   | 3 |   |   |
|   |   |   | 5 |   | 9 | 8 | 4 |   |
|   |   |   |   |   | 3 |   | 2 |   |
| 3 |   |   | 7 |   |   |   | 6 |   |
| 7 | 8 |   | 6 |   |   |   |   |   |

*Time* _____

| 6 |   |   | 4 |   |   |   |   |   |
|---|---|---|---|---|---|---|---|---|
|   |   |   | 8 |   |   |   | 2 |   |
|   |   | 1 | 9 |   |   | 3 |   |   |
|   | 8 |   |   |   | 2 |   |   | 6 |
|   |   |   |   |   |   |   |   |   |
| 9 |   |   | 5 |   |   |   | 4 |   |
|   |   | 3 |   |   | 7 | 5 |   |   |
|   | 4 |   |   |   | 6 |   |   |   |
|   |   |   | 1 |   |   |   |   | 2 |

*Time* _____

| 3 | 1 |   |   |   |   |   | 5 | 2 |
|---|---|---|---|---|---|---|---|---|
|   |   | 2 |   |   | 9 | 3 |   |   |
|   |   |   | 6 | 3 |   |   |   |   |
|   |   | 1 |   |   |   |   | 2 |   |
|   | 8 |   |   |   |   |   | 6 |   |
|   | 7 |   |   |   |   | 9 |   |   |
|   |   |   |   | 8 | 1 |   |   |   |
|   |   | 4 | 5 |   |   | 2 |   |   |
| 5 | 6 |   |   |   |   |   | 7 | 1 |

*Time* _____

| | | | 3 | | | | | 4 |
|---|---|---|---|---|---|---|---|---|
| | 7 | | | | | | 1 | |
| | | 9 | | 2 | | | | |
| 4 | 3 | | | | | 1 | | |
| | | 8 | | | | 2 | | |
| | | | 5 | | | | 9 | 6 |
| | | | | 8 | | 7 | | |
| | 5 | | | | | | 3 | |
| 1 | | | | | 7 | | | |

*Time* _____

# Puzzle 282 Very Hard

|   |   |   | 1 |   |   |   |   |   |
|---|---|---|---|---|---|---|---|---|
|   |   | 8 |   |   |   | 4 |   | 3 |
|   | 6 |   |   | 5 |   |   | 2 |   |
|   | 2 |   | 3 |   |   | 5 |   |   |
| 3 |   |   | 4 |   | 2 |   |   | 8 |
|   | 7 |   | 5 |   |   |   | 6 |   |
|   | 8 |   | 6 |   |   | 2 |   |   |
| 1 |   | 9 |   |   | 7 |   |   |   |
|   |   |   | 9 |   |   |   |   |   |

Time _____

286

# Puzzle 283 Very Hard

| 2 | 3 |   |   |   | 8 |   |   | 6 |
|---|---|---|---|---|---|---|---|---|
|   |   | 5 |   |   | 6 |   |   |   |
|   |   |   | 5 |   |   | 4 |   |   |
| 4 |   |   |   |   | 5 |   | 1 |   |
| 6 |   |   |   |   |   |   |   | 9 |
|   | 2 |   | 7 |   |   |   |   | 3 |
|   |   | 7 |   |   | 3 |   |   |   |
|   |   |   | 9 |   |   | 7 |   |   |
| 3 |   |   | 1 |   |   |   | 2 | 8 |

*Time* _____

287

|   |   | 3 |   |   | 6 |   |   | 7 |
|---|---|---|---|---|---|---|---|---|
|   |   |   |   | 1 |   |   | 6 |   |
| 4 |   |   |   |   |   |   | 9 |   |
|   |   | 5 | 7 |   |   |   |   |   |
|   | 1 |   |   |   |   |   | 2 |   |
|   |   |   |   |   | 3 | 4 |   |   |
|   | 6 |   |   |   |   |   |   | 3 |
|   | 8 |   |   | 5 |   |   |   |   |
| 2 |   |   | 9 |   |   | 1 |   |   |

*Time* _____

| | | 8 | | 3 | | | 2 | |
|---|---|---|---|---|---|---|---|---|
| 7 | | | 1 | | | 3 | | |
| | 1 | | | | 5 | | | |
| | | 2 | | 8 | | | | 6 |
| | | | 3 | | 9 | | | |
| 6 | | | | 5 | | 9 | | |
| | | | 4 | | | | 7 | |
| | | 1 | | | 7 | | | 4 |
| | 6 | | | 1 | | 2 | | |

*Time* _____

289

| 8 |   |   | 4 |   | 9 |   |   | 2 |
|---|---|---|---|---|---|---|---|---|
| 3 |   |   |   |   |   |   |   | 5 |
|   | 5 |   |   |   |   |   | 4 |   |
|   |   | 4 | 6 |   | 3 | 9 |   |   |
|   |   |   |   |   |   |   |   |   |
|   |   | 6 | 2 |   | 7 | 5 |   |   |
|   | 3 |   |   |   |   |   | 1 |   |
| 9 |   |   |   |   |   |   |   | 8 |
| 4 |   |   | 1 |   | 5 |   |   | 7 |

Time _____

# Puzzle 287 Very Hard 🏠

|   |   |   |   |   |   |   |   | 2 |
|---|---|---|---|---|---|---|---|---|
|   | 5 | 6 |   |   |   |   | 1 |   |
|   |   |   |   | 3 | 4 |   |   |   |
|   | 2 |   | 1 |   |   |   |   | 6 |
|   | 8 |   |   |   |   |   | 7 |   |
| 7 |   |   |   |   | 9 |   | 3 |   |
|   |   |   | 2 | 8 |   |   |   |   |
|   |   | 9 |   |   |   | 5 | 4 |   |
| 3 |   |   |   |   |   |   |   |   |

*Time* _____

| | | 8 | 4 | | | | | |
|---|---|---|---|---|---|---|---|---|
| | 1 | | | 6 | | | | |
| | 6 | | | | 5 | 3 | 8 | |
| 5 | | | 9 | | | | | 2 |
| 9 | | | | | | | | 7 |
| 6 | | | | | 7 | | | 1 |
| | 9 | 4 | 1 | | | | 2 | |
| | | | | 3 | | | 4 | |
| | | | | 8 | 1 | | | |

*Time* _____

# Puzzle 289 Very Hard 🏠

| | | 2 | | | | | | 6 |
|---|---|---|---|---|---|---|---|---|
| | 7 | | | 6 | | | 4 | |
| 3 | | | 7 | | | 8 | | |
| | | 1 | | | 5 | | | |
| | 4 | | | | | | 5 | |
| | | | 8 | | | 9 | | |
| | | 4 | | | 6 | | | 5 |
| | 6 | | | 3 | | | 7 | |
| 8 | | | | | | 3 | | |

*Time* _____

293

| 1 | 2 |   |   |   |   | 6 |   |   |
|---|---|---|---|---|---|---|---|---|
|   |   | 4 |   |   |   |   |   |   |
|   |   | 3 |   | 5 |   |   |   | 7 |
|   |   |   |   |   | 1 | 8 |   |   |
|   | 3 |   |   |   |   |   | 4 |   |
|   |   | 5 | 9 |   |   |   |   |   |
| 8 |   |   |   | 3 |   | 7 |   |   |
|   |   |   |   | 2 |   |   |   |   |
|   |   | 2 |   |   |   |   | 5 | 9 |

*Time* _____

# Puzzle **291** Very Hard

| | 7 | | | 1 | | | | |
|---|---|---|---|---|---|---|---|---|
| | 5 | 2 | | | | 8 | | |
| 1 | | | 4 | | | | 6 | |
| | | | | | 9 | 5 | 7 | |
| | | 5 | 8 | | 1 | 6 | | |
| | 2 | 1 | 7 | | | | | |
| | 3 | | | | 7 | | | 8 |
| | | 6 | | | | 9 | 5 | |
| | | | 8 | | | | 4 | |

*Time* _____

| | | 8 | | | | | | 2 |
|---|---|---|---|---|---|---|---|---|
| | 4 | | | | 1 | | | |
| 5 | | | | 2 | | 9 | | |
| | 6 | | | | 4 | | | |
| 9 | | | | | | | | 3 |
| | | | 8 | | | | 1 | |
| | | 7 | | 3 | | | | 5 |
| | | | 9 | | | | 6 | |
| 2 | | | | | | 4 | | |

*Time* _____

# Puzzle 293 Very Hard

|   |   | 9 |   | 1 |   |   |   | 7 |
|---|---|---|---|---|---|---|---|---|
|   |   |   | 8 |   |   |   |   |   |
| 2 |   |   |   |   |   | 4 | 5 |   |
| 6 |   |   |   |   | 4 |   |   |   |
|   | 8 |   |   |   |   |   | 7 |   |
|   |   |   | 3 |   |   |   |   | 1 |
|   | 1 | 3 |   |   |   |   |   | 5 |
|   |   |   |   |   | 5 |   |   |   |
| 4 |   |   | 7 |   | 6 |   |   |   |

*Time* _____

| | 5 | | | | 9 | | 1 | |
|---|---|---|---|---|---|---|---|---|
| 8 | | 3 | | 5 | | | | 6 |
| | | | | | 1 | | 7 | |
| 3 | | 4 | | | | | | |
| | 7 | | | | | | 9 | |
| | | | | | | 5 | | 2 |
| | 6 | | 4 | | | | | |
| 1 | | | | 8 | | 2 | | 4 |
| | 2 | | 1 | | | | 8 | |

*Time* _____

| 8 |   |   | 5 |   |   |   |   | 3 |
|---|---|---|---|---|---|---|---|---|
| 2 |   |   | 6 |   | 7 |   |   | 8 |
|   | 1 |   |   |   | 4 |   |   |   |
|   | 9 |   |   |   |   | 6 |   |   |
|   |   | 8 |   |   |   | 1 |   |   |
|   |   | 4 |   |   |   |   | 9 |   |
|   |   |   | 8 |   |   |   | 5 |   |
| 4 |   |   | 7 |   | 9 |   |   | 2 |
| 7 |   |   |   |   | 1 |   |   | 6 |

*Time* _____

# Puzzle 296 Very Hard

| 3 | 2 |   |   |   |   |   |   |   |
|---|---|---|---|---|---|---|---|---|
|   |   | 5 | 8 |   |   |   | 7 |   |
|   |   |   |   | 9 | 2 |   |   |   |
|   |   |   | 4 | 7 |   |   | 3 | 8 |
|   |   | 8 |   |   |   | 1 |   |   |
| 5 | 9 |   |   | 2 | 8 |   |   |   |
|   |   | 7 | 2 |   |   |   |   |   |
|   | 1 |   |   |   | 6 | 3 |   |   |
|   |   |   |   |   |   |   | 8 | 1 |

*Time* _____

|   |   | 1 |   |   | 4 |   |   | 9 |
|---|---|---|---|---|---|---|---|---|
| 8 |   |   | 9 |   |   | 7 |   |   |
|   | 2 |   |   | 6 |   |   | 5 |   |
|   |   | 3 |   |   |   |   |   | 1 |
|   |   |   | 6 |   | 9 |   |   |   |
| 5 |   |   |   |   |   | 3 |   |   |
|   | 8 |   |   | 2 |   |   | 4 |   |
|   |   | 2 |   |   | 8 |   |   | 6 |
| 3 |   |   | 4 |   |   | 5 |   |   |

*Time* _____

# Puzzle 298 Very Hard

|   |   |   |   | 3 | 7 |   |   |   |
|---|---|---|---|---|---|---|---|---|
|   |   | 3 | 9 |   |   |   |   |   |
|   |   | 4 | 5 |   |   | 2 | 6 |   |
| 6 |   |   |   |   |   | 5 | 4 |   |
| 5 |   |   |   |   |   |   |   | 2 |
|   | 3 | 1 |   |   |   |   |   | 7 |
|   | 5 | 9 |   |   | 3 | 8 |   |   |
|   |   |   |   |   | 6 | 7 |   |   |
|   |   |   | 2 | 1 |   |   |   |   |

Time _____

# Puzzle 299 Very Hard

|   |   | 7 |   |   |   |   | 9 | 1 |
|---|---|---|---|---|---|---|---|---|
| 5 | 3 |   |   |   | 7 | 8 |   |   |
|   |   |   | 6 |   |   |   |   |   |
| 7 | 2 |   |   |   |   |   |   |   |
|   |   | 4 | 1 |   | 2 | 3 |   |   |
|   |   |   |   |   |   |   | 6 | 8 |
|   |   |   | 3 |   |   |   |   |   |
|   |   | 2 | 9 |   |   |   | 8 | 7 |
| 1 | 5 |   |   |   | 4 |   |   |   |

*Time* _____

| | 4 | 8 | | | | 3 | | |
|---|---|---|---|---|---|---|---|---|
| 1 | | | 9 | | 7 | | | |
| 3 | | | | | 4 | | | 6 |
| | 8 | | | | | 2 | 9 | |
| | | | | | | | | |
| | 7 | 1 | | | | | 4 | |
| 8 | | | 5 | | | | | 9 |
| | | | 1 | | 2 | | | 5 |
| | | 4 | | | | 7 | 6 | |

*Time* _____

# Puzzle 301 Very Hard

|   |   | 1 |   | 6 |   |   | 8 |   |
|---|---|---|---|---|---|---|---|---|
|   | 8 |   |   |   | 5 |   |   | 7 |
| 5 |   |   | 4 |   |   | 2 |   |   |
|   |   | 4 |   |   |   |   | 1 |   |
| 8 |   |   |   |   |   |   |   | 3 |
|   | 2 |   |   |   |   | 6 |   |   |
|   |   | 5 |   |   | 3 |   |   | 2 |
| 7 |   |   | 9 |   |   |   | 6 |   |
|   | 3 |   |   | 1 |   | 5 |   |   |

*Time* _____

305

|   |   |   |   |   |   |   | 1 | 7 |
|---|---|---|---|---|---|---|---|---|
|   |   |   | 7 | 1 |   |   | 8 |   |
| 1 | 3 |   | 2 |   |   |   | 5 |   |
| 8 |   |   | 3 |   |   |   |   |   |
| 9 |   |   |   |   |   |   |   | 2 |
|   |   |   |   |   | 6 |   |   | 5 |
|   | 1 |   |   |   | 9 |   | 3 | 4 |
|   | 9 |   |   | 2 | 5 |   |   |   |
|   | 5 | 4 |   |   |   |   |   |   |

Time _____

# Puzzle 303 Very Hard 🏠

| | 5 | | | | | | 8 | |
|---|---|---|---|---|---|---|---|---|
| | | 7 | | 9 | | 3 | | 5 |
| | 1 | | 4 | | | | | |
| 8 | | | | | | 9 | | |
| | 9 | | 5 | | 1 | | 4 | |
| | | 5 | | | | | | 3 |
| | | | | | 3 | | 6 | |
| 2 | | 1 | | 4 | | 7 | | |
| | 4 | | | | | | 3 | |

*Time* _____

307

| 7 |   |   |   |   |   | 4 |   |   |
|---|---|---|---|---|---|---|---|---|
|   |   |   |   |   | 1 |   |   | 8 |
|   |   | 4 | 9 | 7 |   |   | 2 |   |
|   | 2 |   |   |   |   | 3 |   |   |
| 9 |   |   | 8 |   | 3 |   |   | 6 |
|   |   | 1 |   |   |   |   | 5 |   |
|   | 5 |   |   | 2 | 6 | 9 |   |   |
| 1 |   |   | 4 |   |   |   |   |   |
|   |   | 8 |   |   |   |   |   | 3 |

Time _____

# Puzzle 305 Very Hard

| 1 | 8 |   |   |   |   |   | 6 | 5 |
|---|---|---|---|---|---|---|---|---|
|   |   |   |   |   | 2 | 7 |   |   |
|   |   |   | 3 | 8 |   |   |   |   |
|   | 5 | 1 |   |   |   |   | 2 | 6 |
|   |   |   |   |   |   |   |   |   |
| 8 | 7 |   |   |   |   | 4 | 3 |   |
|   |   |   |   | 9 | 4 |   |   |   |
|   |   | 9 | 8 |   |   |   |   |   |
| 3 | 6 |   |   |   |   |   | 5 | 9 |

*Time* _____

309

| 9 |   |   |   |   |   | 3 | 6 |   |
|---|---|---|---|---|---|---|---|---|
|   | 2 |   |   |   | 6 |   |   | 9 |
|   |   | 1 |   |   | 2 |   |   | 7 |
|   |   |   | 8 |   |   | 4 | 2 |   |
|   |   |   |   |   |   |   |   |   |
|   | 4 | 9 |   |   | 1 |   |   |   |
| 3 |   |   | 7 |   |   | 8 |   |   |
| 1 |   |   | 3 |   |   |   | 5 |   |
|   | 9 | 5 |   |   |   |   |   | 4 |

Time _____

# Puzzle 307 Very Hard

| 8 | 4 | 5 |   |   |   |   |   |   |
|---|---|---|---|---|---|---|---|---|
|   |   |   | 8 | 7 |   |   |   | 5 |
|   |   |   |   |   | 4 |   |   | 1 |
|   |   | 4 | 6 |   |   |   | 7 |   |
|   | 6 |   |   |   |   |   | 9 |   |
|   | 7 |   |   |   | 3 | 4 |   |   |
| 3 |   |   | 7 |   |   |   |   |   |
| 9 |   |   |   | 5 | 6 |   |   |   |
|   |   |   |   |   |   | 7 | 2 | 3 |

*Time* _____

311

|   |   |   |   |   | 6 | 3 |   |   |
|---|---|---|---|---|---|---|---|---|
|   | 3 | 9 |   |   |   |   | 1 |   |
| 8 |   |   | 2 | 3 |   |   |   |   |
| 3 |   |   |   | 9 | 4 |   |   |   |
|   | 9 |   |   |   |   |   | 7 |   |
|   |   | 5 | 8 |   |   |   |   | 2 |
|   |   |   | 8 | 4 |   |   |   | 7 |
|   | 4 |   |   |   |   | 2 | 9 |   |
|   |   | 6 | 9 |   |   |   |   |   |

*Time* _____

# Puzzle 309 Very Hard

| | | 1 | | | | 9 | | |
|---|---|---|---|---|---|---|---|---|
| 5 | | | 4 | | 6 | | | |
| | 2 | | | 5 | | | | 6 |
| 3 | | | 6 | | | | 1 | |
| | | 5 | | | | 4 | | |
| | 7 | | | | 3 | | | 2 |
| 7 | | | | 8 | | | 6 | |
| | | | 5 | | 7 | | | 3 |
| | | 2 | | | | 8 | | |

*Time* _____

313

| | | | 9 | 8 | | | |
|---|---|---|---|---|---|---|---|---|
| | | 7 | 3 | | | 4 | | |
| | 8 | | | 6 | | | 2 | |
| 1 | | | | | 9 | | | 8 |
| | | 6 | | | | 5 | | |
| 8 | | | 2 | | | | | 1 |
| | 7 | | | 2 | | | 9 | |
| | | 2 | | | 3 | 6 | | |
| | | | 1 | 5 | | | | |

*Time* _____

# Puzzle 311 Very Hard 🏠

| 4 | 5 |   | 8 |   |   |   |   |   |
|---|---|---|---|---|---|---|---|---|
|   |   |   | 6 |   |   | 2 | 9 |   |
|   |   | 9 |   |   | 4 |   |   |   |
| 7 |   |   |   |   |   |   | 5 |   |
| 9 |   |   | 4 |   | 3 |   |   | 6 |
|   | 1 |   |   |   |   |   |   | 3 |
|   |   |   | 2 |   |   | 8 |   |   |
|   | 6 | 4 |   |   | 5 |   |   |   |
|   |   |   |   |   | 7 |   | 4 | 1 |

*Time* _____

315

| 9 |   |   | 6 |   |   | 1 |   |   |
|---|---|---|---|---|---|---|---|---|
|   |   |   | 8 |   |   | 2 |   |   |
|   |   | 2 |   |   | 1 |   |   | 6 |
|   |   | 1 |   |   | 9 |   | 5 |   |
|   | 5 |   |   |   |   |   | 4 |   |
|   | 9 |   | 1 |   |   | 7 |   |   |
| 2 |   |   | 5 |   |   | 6 |   |   |
|   |   | 3 |   |   | 6 |   |   |   |
|   |   | 8 |   |   | 7 |   |   | 4 |

*Time* _____

| 6 |   |   |   |   | 1 |   |   |   |
|---|---|---|---|---|---|---|---|---|
| 1 |   |   |   |   | 3 |   |   | 6 |
|   |   | 9 |   | 6 |   |   |   | 8 |
|   |   | 5 |   | 8 |   |   | 2 |   |
|   | 3 |   |   |   |   |   | 5 |   |
|   | 1 |   |   | 9 |   | 6 |   |   |
| 4 |   |   |   | 5 |   | 8 |   |   |
| 8 |   |   | 1 |   |   |   |   | 5 |
|   |   |   | 7 |   |   |   |   | 3 |

Time _____

| | | | | | 6 | | | |
|---|---|---|---|---|---|---|---|---|
| | 4 | | | | | 5 | | 2 |
| 3 | | | 8 | | | | | |
| | | | | 7 | | | 8 | |
| | 6 | 5 | | 4 | 9 | | | |
| | 1 | | | 2 | | | | |
| | | | | | 3 | | | 1 |
| 7 | | 8 | | | | | 4 | |
| | | 9 | | | | | | |

*Time* _____

# Puzzle 315 Very Hard

|   |   |   |   |   |   | 2 | 5 |   |
|---|---|---|---|---|---|---|---|---|
|   | 4 | 6 |   |   | 7 |   |   | 3 |
| 2 |   |   | 5 | 8 |   |   |   |   |
| 4 |   |   |   |   |   |   | 8 |   |
|   | 5 |   |   |   |   |   | 9 |   |
|   | 3 |   |   |   |   |   |   | 7 |
|   |   |   |   | 3 | 8 |   |   | 4 |
| 7 |   |   | 9 |   |   | 6 | 3 |   |
|   | 6 | 8 |   |   |   |   |   |   |

*Time* _____

319

| | 3 | | | | 5 | | | 9 |
|---|---|---|---|---|---|---|---|---|
| 4 | | | | 6 | | | 5 | |
| | | | 8 | | | 2 | | |
| | | 7 | | | 3 | | | 4 |
| | 4 | | | | | | 2 | |
| 5 | | | 9 | | | 8 | | |
| | | 8 | | | 9 | | | |
| | 2 | | | 7 | | | | 1 |
| 6 | | | 1 | | | | 8 | |

*Time* _____

|   |   | 5 |   | 9 |   |   |   |   |
|---|---|---|---|---|---|---|---|---|
| 8 | 6 |   |   | 5 |   | 1 |   |   |
|   |   |   | 1 |   |   | 5 |   |   |
|   | 2 | 1 |   |   | 6 |   |   |   |
| 3 |   |   |   |   |   |   |   | 5 |
|   |   |   | 4 |   |   | 7 | 8 |   |
|   |   | 7 |   |   | 3 |   |   |   |
|   |   | 9 |   | 7 |   |   | 6 | 2 |
|   |   |   | 4 |   |   | 3 |   |   |

*Time* _____

321

|   |   |   |   | 4 | 8 | 3 |   |   |
|---|---|---|---|---|---|---|---|---|
|   | 4 | 9 | 2 |   |   |   | 7 |   |
| 7 |   |   |   |   |   |   | 1 |   |
| 1 |   |   |   |   |   | 8 |   |   |
| 2 |   |   |   | 9 |   |   |   | 5 |
|   | 7 |   |   |   |   |   |   | 3 |
|   | 2 |   |   |   |   |   |   | 1 |
|   | 8 |   |   |   | 9 | 6 | 2 |   |
|   |   | 5 | 4 | 2 |   |   |   |   |

*Time _____*

| 6 |   |   |   | 8 |   |   |   | 9 |
|---|---|---|---|---|---|---|---|---|
|   |   | 2 |   |   |   |   |   |   |
|   |   | 7 | 6 |   | 4 | 3 |   |   |
|   | 7 |   | 3 |   |   | 5 |   |   |
|   | 6 |   |   |   |   |   | 9 |   |
|   |   | 1 |   |   | 2 |   | 4 |   |
|   |   | 5 | 4 |   | 7 | 6 |   |   |
|   |   |   |   |   |   | 2 |   |   |
| 1 |   |   |   | 2 |   |   |   | 8 |

*Time* _____

# Puzzle 320 Very Hard

|   | 7 |   |   |   | 9 |   |   | 4 |
|---|---|---|---|---|---|---|---|---|
| 6 |   |   |   |   | 4 |   | 8 |   |
| 8 |   |   |   | 3 |   |   | 9 |   |
|   |   |   | 8 |   |   |   | 7 |   |
|   |   | 1 |   |   |   | 4 |   |   |
|   | 3 |   |   |   | 5 |   |   |   |
|   | 5 |   |   | 2 |   |   |   | 1 |
|   | 2 |   | 1 |   |   |   |   | 5 |
| 3 |   |   | 7 |   |   |   | 6 |   |

Time _____

# Solutions

**1**

| 2 | 5 | 1 | 9 | 3 | 8 | 6 | 4 | 7 |
|---|---|---|---|---|---|---|---|---|
| 9 | 7 | 3 | 4 | 6 | 2 | 1 | 8 | 5 |
| 6 | 8 | 4 | 1 | 5 | 7 | 9 | 2 | 3 |
| 5 | 4 | 8 | 7 | 9 | 6 | 2 | 3 | 1 |
| 3 | 6 | 9 | 2 | 8 | 1 | 5 | 7 | 4 |
| 7 | 1 | 2 | 3 | 4 | 5 | 8 | 6 | 9 |
| 1 | 2 | 6 | 5 | 7 | 4 | 3 | 9 | 8 |
| 4 | 9 | 5 | 8 | 2 | 3 | 7 | 1 | 6 |
| 8 | 3 | 7 | 6 | 1 | 9 | 4 | 5 | 2 |

**2**

| 8 | 5 | 3 | 2 | 7 | 6 | 4 | 9 | 1 |
|---|---|---|---|---|---|---|---|---|
| 6 | 7 | 2 | 4 | 1 | 9 | 3 | 5 | 8 |
| 4 | 9 | 1 | 8 | 5 | 3 | 7 | 2 | 6 |
| 9 | 3 | 4 | 1 | 6 | 8 | 5 | 7 | 2 |
| 7 | 1 | 6 | 5 | 4 | 2 | 8 | 3 | 9 |
| 5 | 2 | 8 | 3 | 9 | 7 | 6 | 1 | 4 |
| 3 | 8 | 7 | 9 | 2 | 4 | 1 | 6 | 5 |
| 2 | 6 | 5 | 7 | 8 | 1 | 9 | 4 | 3 |
| 1 | 4 | 9 | 6 | 3 | 5 | 2 | 8 | 7 |

**3**

| 8 | 9 | 3 | 7 | 5 | 1 | 4 | 2 | 6 |
|---|---|---|---|---|---|---|---|---|
| 5 | 2 | 7 | 4 | 6 | 8 | 1 | 3 | 9 |
| 4 | 6 | 1 | 9 | 2 | 3 | 7 | 8 | 5 |
| 2 | 1 | 8 | 5 | 9 | 6 | 3 | 7 | 4 |
| 6 | 3 | 9 | 8 | 4 | 7 | 5 | 1 | 2 |
| 7 | 4 | 5 | 3 | 1 | 2 | 6 | 9 | 8 |
| 3 | 7 | 4 | 2 | 8 | 5 | 9 | 6 | 1 |
| 9 | 8 | 6 | 1 | 7 | 4 | 2 | 5 | 3 |
| 1 | 5 | 2 | 6 | 3 | 9 | 8 | 4 | 7 |

**4**

| 9 | 2 | 3 | 6 | 4 | 8 | 7 | 1 | 5 |
|---|---|---|---|---|---|---|---|---|
| 4 | 5 | 6 | 7 | 1 | 2 | 8 | 9 | 3 |
| 8 | 7 | 1 | 3 | 5 | 9 | 4 | 6 | 2 |
| 5 | 9 | 4 | 8 | 6 | 1 | 2 | 3 | 7 |
| 3 | 1 | 8 | 4 | 2 | 7 | 9 | 5 | 6 |
| 7 | 6 | 2 | 9 | 3 | 5 | 1 | 8 | 4 |
| 1 | 4 | 7 | 5 | 9 | 6 | 3 | 2 | 8 |
| 2 | 8 | 5 | 1 | 7 | 3 | 6 | 4 | 9 |
| 6 | 3 | 9 | 2 | 8 | 4 | 5 | 7 | 1 |

## 5

| 5 | 6 | 2 | 3 | 9 | 8 | 4 | 1 | 7 |
| 9 | 7 | 1 | 2 | 6 | 4 | 8 | 5 | 3 |
| 8 | 3 | 4 | 5 | 7 | 1 | 9 | 6 | 2 |
| 3 | 5 | 8 | 7 | 4 | 6 | 2 | 9 | 1 |
| 1 | 2 | 7 | 8 | 5 | 9 | 6 | 3 | 4 |
| 6 | 4 | 9 | 1 | 3 | 2 | 5 | 7 | 8 |
| 2 | 8 | 5 | 9 | 1 | 3 | 7 | 4 | 6 |
| 4 | 9 | 3 | 6 | 8 | 7 | 1 | 2 | 5 |
| 7 | 1 | 6 | 4 | 2 | 5 | 3 | 8 | 9 |

## 6

| 3 | 8 | 4 | 1 | 9 | 5 | 6 | 2 | 7 |
| 7 | 5 | 1 | 6 | 2 | 4 | 8 | 3 | 9 |
| 2 | 6 | 9 | 7 | 8 | 3 | 5 | 4 | 1 |
| 5 | 3 | 8 | 9 | 7 | 2 | 4 | 1 | 6 |
| 1 | 4 | 2 | 3 | 6 | 8 | 9 | 7 | 5 |
| 6 | 9 | 7 | 4 | 5 | 1 | 2 | 8 | 3 |
| 4 | 7 | 5 | 8 | 1 | 9 | 3 | 6 | 2 |
| 8 | 2 | 6 | 5 | 3 | 7 | 1 | 9 | 4 |
| 9 | 1 | 3 | 2 | 4 | 6 | 7 | 5 | 8 |

## 7

| 2 | 5 | 3 | 8 | 6 | 9 | 4 | 7 | 1 |
| 7 | 1 | 4 | 2 | 5 | 3 | 9 | 6 | 8 |
| 8 | 6 | 9 | 1 | 7 | 4 | 2 | 5 | 3 |
| 4 | 2 | 6 | 9 | 3 | 5 | 8 | 1 | 7 |
| 9 | 7 | 1 | 6 | 8 | 2 | 3 | 4 | 5 |
| 3 | 8 | 5 | 7 | 4 | 1 | 6 | 9 | 2 |
| 5 | 9 | 2 | 4 | 1 | 8 | 7 | 3 | 6 |
| 1 | 4 | 7 | 3 | 2 | 6 | 5 | 8 | 9 |
| 6 | 3 | 8 | 5 | 9 | 7 | 1 | 2 | 4 |

## 8

| 1 | 3 | 8 | 6 | 7 | 2 | 4 | 5 | 9 |
| 4 | 2 | 7 | 5 | 3 | 9 | 1 | 8 | 6 |
| 9 | 6 | 5 | 8 | 1 | 4 | 3 | 7 | 2 |
| 3 | 8 | 1 | 4 | 9 | 5 | 6 | 2 | 7 |
| 5 | 4 | 6 | 2 | 8 | 7 | 9 | 1 | 3 |
| 7 | 9 | 2 | 3 | 6 | 1 | 5 | 4 | 8 |
| 6 | 7 | 4 | 1 | 2 | 3 | 8 | 9 | 5 |
| 8 | 5 | 9 | 7 | 4 | 6 | 2 | 3 | 1 |
| 2 | 1 | 3 | 9 | 5 | 8 | 7 | 6 | 4 |

**9**

| 7 | 9 | 4 | 5 | 3 | 1 | 8 | 6 | 2 |
|---|---|---|---|---|---|---|---|---|
| 8 | 6 | 5 | 9 | 7 | 2 | 3 | 1 | 4 |
| 2 | 3 | 1 | 8 | 6 | 4 | 5 | 9 | 7 |
| 4 | 1 | 7 | 3 | 8 | 6 | 2 | 5 | 9 |
| 9 | 5 | 6 | 4 | 2 | 7 | 1 | 8 | 3 |
| 3 | 2 | 8 | 1 | 5 | 9 | 4 | 7 | 6 |
| 5 | 4 | 9 | 7 | 1 | 3 | 6 | 2 | 8 |
| 1 | 7 | 2 | 6 | 4 | 8 | 9 | 3 | 5 |
| 6 | 8 | 3 | 2 | 9 | 5 | 7 | 4 | 1 |

**10**

| 8 | 6 | 7 | 9 | 3 | 2 | 5 | 1 | 4 |
|---|---|---|---|---|---|---|---|---|
| 3 | 2 | 4 | 5 | 1 | 6 | 9 | 7 | 8 |
| 9 | 1 | 5 | 7 | 4 | 8 | 6 | 3 | 2 |
| 7 | 3 | 8 | 1 | 6 | 4 | 2 | 5 | 9 |
| 4 | 5 | 2 | 8 | 9 | 3 | 1 | 6 | 7 |
| 1 | 9 | 6 | 2 | 7 | 5 | 4 | 8 | 3 |
| 2 | 7 | 1 | 6 | 8 | 9 | 3 | 4 | 5 |
| 6 | 4 | 9 | 3 | 5 | 7 | 8 | 2 | 1 |
| 5 | 8 | 3 | 4 | 2 | 1 | 7 | 9 | 6 |

**11**

| 6 | 5 | 7 | 3 | 2 | 9 | 4 | 8 | 1 |
|---|---|---|---|---|---|---|---|---|
| 4 | 9 | 8 | 7 | 6 | 1 | 3 | 5 | 2 |
| 3 | 2 | 1 | 8 | 4 | 5 | 7 | 9 | 6 |
| 7 | 6 | 4 | 1 | 8 | 2 | 9 | 3 | 5 |
| 8 | 1 | 9 | 4 | 5 | 3 | 2 | 6 | 7 |
| 5 | 3 | 2 | 9 | 7 | 6 | 8 | 1 | 4 |
| 1 | 4 | 3 | 6 | 9 | 7 | 5 | 2 | 8 |
| 9 | 8 | 5 | 2 | 1 | 4 | 6 | 7 | 3 |
| 2 | 7 | 6 | 5 | 3 | 8 | 1 | 4 | 9 |

**12**

| 7 | 4 | 5 | 9 | 8 | 2 | 3 | 1 | 6 |
|---|---|---|---|---|---|---|---|---|
| 3 | 8 | 9 | 7 | 6 | 1 | 2 | 4 | 5 |
| 2 | 1 | 6 | 3 | 4 | 5 | 8 | 7 | 9 |
| 6 | 3 | 8 | 4 | 2 | 9 | 1 | 5 | 7 |
| 9 | 7 | 4 | 1 | 5 | 8 | 6 | 2 | 3 |
| 1 | 5 | 2 | 6 | 7 | 3 | 9 | 8 | 4 |
| 4 | 2 | 3 | 8 | 9 | 7 | 5 | 6 | 1 |
| 5 | 9 | 7 | 2 | 1 | 6 | 4 | 3 | 8 |
| 8 | 6 | 1 | 5 | 3 | 4 | 7 | 9 | 2 |

## 13

| | | | | | | | | |
|---|---|---|---|---|---|---|---|---|
| 1 | 7 | 3 | 2 | 9 | 5 | 4 | 6 | 8 |
| 9 | 8 | 4 | 6 | 3 | 7 | 5 | 1 | 2 |
| 5 | 6 | 2 | 1 | 4 | 8 | 3 | 9 | 7 |
| 6 | 3 | 5 | 7 | 2 | 9 | 1 | 8 | 4 |
| 7 | 1 | 8 | 4 | 5 | 3 | 9 | 2 | 6 |
| 2 | 4 | 9 | 8 | 1 | 6 | 7 | 3 | 5 |
| 8 | 5 | 1 | 3 | 7 | 2 | 6 | 4 | 9 |
| 4 | 9 | 6 | 5 | 8 | 1 | 2 | 7 | 3 |
| 3 | 2 | 7 | 9 | 6 | 4 | 8 | 5 | 1 |

## 14

| | | | | | | | | |
|---|---|---|---|---|---|---|---|---|
| 5 | 9 | 1 | 8 | 7 | 3 | 6 | 4 | 2 |
| 4 | 2 | 3 | 1 | 6 | 5 | 8 | 9 | 7 |
| 7 | 6 | 8 | 4 | 2 | 9 | 1 | 5 | 3 |
| 2 | 7 | 9 | 6 | 1 | 8 | 5 | 3 | 4 |
| 1 | 4 | 6 | 3 | 5 | 7 | 2 | 8 | 9 |
| 8 | 3 | 5 | 2 | 9 | 4 | 7 | 6 | 1 |
| 9 | 8 | 7 | 5 | 3 | 2 | 4 | 1 | 6 |
| 3 | 1 | 4 | 7 | 8 | 6 | 9 | 2 | 5 |
| 6 | 5 | 2 | 9 | 4 | 1 | 3 | 7 | 8 |

## 15

| | | | | | | | | |
|---|---|---|---|---|---|---|---|---|
| 7 | 1 | 4 | 2 | 5 | 6 | 3 | 8 | 9 |
| 8 | 6 | 9 | 3 | 4 | 7 | 1 | 5 | 2 |
| 5 | 3 | 2 | 9 | 8 | 1 | 7 | 6 | 4 |
| 6 | 8 | 1 | 4 | 7 | 3 | 9 | 2 | 5 |
| 3 | 9 | 5 | 1 | 6 | 2 | 8 | 4 | 7 |
| 2 | 4 | 7 | 5 | 9 | 8 | 6 | 3 | 1 |
| 9 | 5 | 3 | 6 | 1 | 4 | 2 | 7 | 8 |
| 4 | 7 | 6 | 8 | 2 | 9 | 5 | 1 | 3 |
| 1 | 2 | 8 | 7 | 3 | 5 | 4 | 9 | 6 |

## 16

| | | | | | | | | |
|---|---|---|---|---|---|---|---|---|
| 3 | 5 | 7 | 6 | 4 | 8 | 2 | 1 | 9 |
| 2 | 4 | 6 | 9 | 3 | 1 | 8 | 7 | 5 |
| 9 | 1 | 8 | 7 | 2 | 5 | 3 | 6 | 4 |
| 4 | 7 | 1 | 2 | 5 | 9 | 6 | 3 | 8 |
| 8 | 3 | 9 | 1 | 6 | 7 | 5 | 4 | 2 |
| 5 | 6 | 2 | 4 | 8 | 3 | 7 | 9 | 1 |
| 7 | 8 | 4 | 5 | 9 | 6 | 1 | 2 | 3 |
| 6 | 9 | 5 | 3 | 1 | 2 | 4 | 8 | 7 |
| 1 | 2 | 3 | 8 | 7 | 4 | 9 | 5 | 6 |

## 17

| 8 | 5 | 9 | 4 | 1 | 2 | 7 | 3 | 6 |
|---|---|---|---|---|---|---|---|---|
| 4 | 1 | 6 | 5 | 7 | 3 | 2 | 9 | 8 |
| 7 | 2 | 3 | 9 | 6 | 8 | 4 | 5 | 1 |
| 6 | 9 | 1 | 2 | 8 | 5 | 3 | 4 | 7 |
| 2 | 8 | 7 | 3 | 4 | 6 | 9 | 1 | 5 |
| 5 | 3 | 4 | 1 | 9 | 7 | 6 | 8 | 2 |
| 9 | 4 | 5 | 6 | 2 | 1 | 8 | 7 | 3 |
| 3 | 7 | 2 | 8 | 5 | 9 | 1 | 6 | 4 |
| 1 | 6 | 8 | 7 | 3 | 4 | 5 | 2 | 9 |

## 18

| 7 | 2 | 9 | 3 | 4 | 8 | 5 | 1 | 6 |
|---|---|---|---|---|---|---|---|---|
| 8 | 6 | 5 | 1 | 2 | 7 | 4 | 9 | 3 |
| 1 | 4 | 3 | 6 | 5 | 9 | 2 | 8 | 7 |
| 5 | 8 | 6 | 2 | 9 | 4 | 3 | 7 | 1 |
| 4 | 1 | 2 | 7 | 3 | 6 | 9 | 5 | 8 |
| 9 | 3 | 7 | 5 | 8 | 1 | 6 | 4 | 2 |
| 3 | 7 | 4 | 8 | 6 | 5 | 1 | 2 | 9 |
| 6 | 9 | 8 | 4 | 1 | 2 | 7 | 3 | 5 |
| 2 | 5 | 1 | 9 | 7 | 3 | 8 | 6 | 4 |

## 19

| 1 | 4 | 9 | 6 | 5 | 3 | 2 | 8 | 7 |
|---|---|---|---|---|---|---|---|---|
| 7 | 5 | 8 | 2 | 4 | 9 | 6 | 1 | 3 |
| 3 | 2 | 6 | 8 | 1 | 7 | 9 | 5 | 4 |
| 9 | 1 | 5 | 7 | 3 | 8 | 4 | 2 | 6 |
| 6 | 3 | 4 | 9 | 2 | 5 | 1 | 7 | 8 |
| 2 | 8 | 7 | 1 | 6 | 4 | 3 | 9 | 5 |
| 5 | 6 | 1 | 3 | 8 | 2 | 7 | 4 | 9 |
| 8 | 9 | 2 | 4 | 7 | 6 | 5 | 3 | 1 |
| 4 | 7 | 3 | 5 | 9 | 1 | 8 | 6 | 2 |

## 20

| 4 | 6 | 9 | 7 | 2 | 5 | 8 | 1 | 3 |
|---|---|---|---|---|---|---|---|---|
| 5 | 3 | 1 | 8 | 4 | 9 | 6 | 7 | 2 |
| 8 | 7 | 2 | 6 | 1 | 3 | 5 | 4 | 9 |
| 3 | 1 | 8 | 2 | 5 | 7 | 9 | 6 | 4 |
| 2 | 5 | 6 | 9 | 3 | 4 | 7 | 8 | 1 |
| 9 | 4 | 7 | 1 | 8 | 6 | 3 | 2 | 5 |
| 7 | 8 | 4 | 5 | 9 | 1 | 2 | 3 | 6 |
| 6 | 9 | 3 | 4 | 7 | 2 | 1 | 5 | 8 |
| 1 | 2 | 5 | 3 | 6 | 8 | 4 | 9 | 7 |

## 21

| 6 | 1 | 9 | 5 | 7 | 2 | 3 | 8 | 4 |
|---|---|---|---|---|---|---|---|---|
| 8 | 7 | 5 | 3 | 1 | 4 | 9 | 2 | 6 |
| 4 | 3 | 2 | 6 | 8 | 9 | 7 | 5 | 1 |
| 2 | 8 | 6 | 4 | 3 | 7 | 5 | 1 | 9 |
| 7 | 9 | 4 | 1 | 5 | 8 | 2 | 6 | 3 |
| 1 | 5 | 3 | 9 | 2 | 6 | 4 | 7 | 8 |
| 5 | 4 | 8 | 2 | 6 | 3 | 1 | 9 | 7 |
| 9 | 2 | 7 | 8 | 4 | 1 | 6 | 3 | 5 |
| 3 | 6 | 1 | 7 | 9 | 5 | 8 | 4 | 2 |

## 22

| 2 | 6 | 1 | 8 | 5 | 9 | 7 | 3 | 4 |
|---|---|---|---|---|---|---|---|---|
| 3 | 4 | 9 | 1 | 6 | 7 | 8 | 2 | 5 |
| 8 | 5 | 7 | 3 | 2 | 4 | 6 | 9 | 1 |
| 1 | 3 | 4 | 5 | 9 | 8 | 2 | 6 | 7 |
| 7 | 2 | 5 | 6 | 4 | 3 | 1 | 8 | 9 |
| 9 | 8 | 6 | 2 | 7 | 1 | 5 | 4 | 3 |
| 6 | 1 | 2 | 9 | 3 | 5 | 4 | 7 | 8 |
| 5 | 7 | 3 | 4 | 8 | 6 | 9 | 1 | 2 |
| 4 | 9 | 8 | 7 | 1 | 2 | 3 | 5 | 6 |

## 23

| 8 | 5 | 3 | 9 | 4 | 1 | 6 | 2 | 7 |
|---|---|---|---|---|---|---|---|---|
| 7 | 6 | 1 | 5 | 2 | 8 | 4 | 9 | 3 |
| 4 | 2 | 9 | 3 | 6 | 7 | 8 | 1 | 5 |
| 9 | 3 | 5 | 1 | 8 | 6 | 7 | 4 | 2 |
| 2 | 4 | 8 | 7 | 5 | 9 | 1 | 3 | 6 |
| 6 | 1 | 7 | 4 | 3 | 2 | 9 | 5 | 8 |
| 3 | 8 | 2 | 6 | 1 | 4 | 5 | 7 | 9 |
| 1 | 9 | 6 | 2 | 7 | 5 | 3 | 8 | 4 |
| 5 | 7 | 4 | 8 | 9 | 3 | 2 | 6 | 1 |

## 24

| 3 | 9 | 1 | 4 | 7 | 2 | 5 | 8 | 6 |
|---|---|---|---|---|---|---|---|---|
| 2 | 6 | 4 | 8 | 9 | 5 | 1 | 7 | 3 |
| 7 | 5 | 8 | 1 | 3 | 6 | 2 | 9 | 4 |
| 6 | 1 | 3 | 9 | 2 | 4 | 7 | 5 | 8 |
| 9 | 8 | 7 | 5 | 1 | 3 | 6 | 4 | 2 |
| 5 | 4 | 2 | 7 | 6 | 8 | 9 | 3 | 1 |
| 4 | 2 | 6 | 3 | 5 | 9 | 8 | 1 | 7 |
| 1 | 3 | 9 | 2 | 8 | 7 | 4 | 6 | 5 |
| 8 | 7 | 5 | 6 | 4 | 1 | 3 | 2 | 9 |

### 25

| 1 | 7 | 2 | 4 | 9 | 5 | 3 | 8 | 6 |
| 6 | 9 | 8 | 3 | 2 | 1 | 7 | 5 | 4 |
| 3 | 4 | 5 | 6 | 8 | 7 | 9 | 1 | 2 |
| 8 | 5 | 6 | 7 | 4 | 9 | 2 | 3 | 1 |
| 2 | 1 | 7 | 5 | 3 | 8 | 4 | 6 | 9 |
| 9 | 3 | 4 | 1 | 6 | 2 | 8 | 7 | 5 |
| 7 | 6 | 3 | 9 | 5 | 4 | 1 | 2 | 8 |
| 5 | 8 | 9 | 2 | 1 | 3 | 6 | 4 | 7 |
| 4 | 2 | 1 | 8 | 7 | 6 | 5 | 9 | 3 |

### 26

| 3 | 6 | 7 | 2 | 5 | 9 | 1 | 4 | 8 |
| 1 | 2 | 5 | 7 | 4 | 8 | 6 | 3 | 9 |
| 8 | 4 | 9 | 1 | 3 | 6 | 5 | 2 | 7 |
| 6 | 9 | 3 | 5 | 7 | 4 | 2 | 8 | 1 |
| 4 | 5 | 1 | 8 | 6 | 2 | 7 | 9 | 3 |
| 2 | 7 | 8 | 3 | 9 | 1 | 4 | 5 | 6 |
| 7 | 1 | 2 | 9 | 8 | 5 | 3 | 6 | 4 |
| 9 | 3 | 6 | 4 | 2 | 7 | 8 | 1 | 5 |
| 5 | 8 | 4 | 6 | 1 | 3 | 9 | 7 | 2 |

### 27

| 5 | 8 | 4 | 9 | 1 | 3 | 2 | 6 | 7 |
| 1 | 9 | 7 | 2 | 6 | 8 | 4 | 5 | 3 |
| 6 | 2 | 3 | 4 | 7 | 5 | 8 | 9 | 1 |
| 7 | 6 | 9 | 8 | 3 | 2 | 1 | 4 | 5 |
| 4 | 1 | 8 | 6 | 5 | 7 | 3 | 2 | 9 |
| 3 | 5 | 2 | 1 | 4 | 9 | 6 | 7 | 8 |
| 9 | 3 | 6 | 7 | 2 | 1 | 5 | 8 | 4 |
| 2 | 7 | 1 | 5 | 8 | 4 | 9 | 3 | 6 |
| 8 | 4 | 5 | 3 | 9 | 6 | 7 | 1 | 2 |

### 28

| 9 | 4 | 3 | 7 | 2 | 1 | 6 | 8 | 5 |
| 1 | 8 | 7 | 9 | 6 | 5 | 4 | 2 | 3 |
| 2 | 6 | 5 | 3 | 8 | 4 | 9 | 7 | 1 |
| 7 | 2 | 9 | 8 | 5 | 3 | 1 | 6 | 4 |
| 3 | 1 | 8 | 6 | 4 | 7 | 5 | 9 | 2 |
| 6 | 5 | 4 | 2 | 1 | 9 | 7 | 3 | 8 |
| 4 | 3 | 6 | 1 | 7 | 2 | 8 | 5 | 9 |
| 8 | 9 | 1 | 5 | 3 | 6 | 2 | 4 | 7 |
| 5 | 7 | 2 | 4 | 9 | 8 | 3 | 1 | 6 |

### 29

| 3 | 2 | 5 | 7 | 4 | 1 | 8 | 9 | 6 |
| 9 | 7 | 6 | 8 | 3 | 5 | 4 | 1 | 2 |
| 4 | 1 | 8 | 9 | 6 | 2 | 5 | 7 | 3 |
| 1 | 3 | 4 | 2 | 9 | 7 | 6 | 8 | 5 |
| 7 | 6 | 9 | 3 | 5 | 8 | 1 | 2 | 4 |
| 8 | 5 | 2 | 4 | 1 | 6 | 9 | 3 | 7 |
| 5 | 8 | 3 | 1 | 2 | 4 | 7 | 6 | 9 |
| 2 | 4 | 7 | 6 | 8 | 9 | 3 | 5 | 1 |
| 6 | 9 | 1 | 5 | 7 | 3 | 2 | 4 | 8 |

### 30

| 3 | 1 | 4 | 9 | 6 | 8 | 5 | 2 | 7 |
| 9 | 6 | 2 | 7 | 3 | 5 | 1 | 8 | 4 |
| 5 | 8 | 7 | 4 | 2 | 1 | 9 | 3 | 6 |
| 2 | 7 | 5 | 3 | 8 | 9 | 4 | 6 | 1 |
| 6 | 3 | 9 | 1 | 4 | 7 | 2 | 5 | 8 |
| 8 | 4 | 1 | 2 | 5 | 6 | 3 | 7 | 9 |
| 4 | 2 | 8 | 6 | 9 | 3 | 7 | 1 | 5 |
| 7 | 5 | 3 | 8 | 1 | 4 | 6 | 9 | 2 |
| 1 | 9 | 6 | 5 | 7 | 2 | 8 | 4 | 3 |

### 31

| 5 | 7 | 2 | 3 | 4 | 6 | 1 | 9 | 8 |
| 4 | 3 | 1 | 8 | 9 | 7 | 2 | 6 | 5 |
| 8 | 6 | 9 | 5 | 2 | 1 | 4 | 3 | 7 |
| 1 | 5 | 4 | 7 | 8 | 3 | 9 | 2 | 6 |
| 7 | 2 | 6 | 9 | 1 | 5 | 3 | 8 | 4 |
| 3 | 9 | 8 | 2 | 6 | 4 | 7 | 5 | 1 |
| 2 | 4 | 7 | 6 | 3 | 8 | 5 | 1 | 9 |
| 6 | 1 | 3 | 4 | 5 | 9 | 8 | 7 | 2 |
| 9 | 8 | 5 | 1 | 7 | 2 | 6 | 4 | 3 |

### 32

| 2 | 3 | 7 | 9 | 6 | 1 | 4 | 8 | 5 |
| 8 | 4 | 5 | 3 | 7 | 2 | 9 | 6 | 1 |
| 6 | 9 | 1 | 4 | 5 | 8 | 2 | 7 | 3 |
| 4 | 8 | 2 | 7 | 1 | 6 | 3 | 5 | 9 |
| 5 | 1 | 3 | 8 | 9 | 4 | 6 | 2 | 7 |
| 7 | 6 | 9 | 2 | 3 | 5 | 8 | 1 | 4 |
| 3 | 2 | 4 | 5 | 8 | 7 | 1 | 9 | 6 |
| 1 | 7 | 8 | 6 | 4 | 9 | 5 | 3 | 2 |
| 9 | 5 | 6 | 1 | 2 | 3 | 7 | 4 | 8 |

## 33

| 6 | 4 | 5 | 1 | 8 | 2 | 3 | 9 | 7 |
|---|---|---|---|---|---|---|---|---|
| 2 | 1 | 8 | 9 | 7 | 3 | 5 | 4 | 6 |
| 3 | 9 | 7 | 5 | 6 | 4 | 8 | 2 | 1 |
| 7 | 5 | 4 | 8 | 2 | 6 | 9 | 1 | 3 |
| 1 | 8 | 6 | 3 | 5 | 9 | 4 | 7 | 2 |
| 9 | 3 | 2 | 7 | 4 | 1 | 6 | 8 | 5 |
| 5 | 7 | 9 | 6 | 1 | 8 | 2 | 3 | 4 |
| 8 | 2 | 1 | 4 | 3 | 5 | 7 | 6 | 9 |
| 4 | 6 | 3 | 2 | 9 | 7 | 1 | 5 | 8 |

## 34

| 2 | 5 | 3 | 4 | 1 | 6 | 7 | 8 | 9 |
|---|---|---|---|---|---|---|---|---|
| 1 | 4 | 8 | 7 | 3 | 9 | 5 | 6 | 2 |
| 6 | 9 | 7 | 5 | 2 | 8 | 3 | 1 | 4 |
| 3 | 8 | 4 | 2 | 7 | 5 | 1 | 9 | 6 |
| 5 | 1 | 9 | 6 | 8 | 4 | 2 | 3 | 7 |
| 7 | 6 | 2 | 3 | 9 | 1 | 8 | 4 | 5 |
| 8 | 2 | 6 | 1 | 4 | 7 | 9 | 5 | 3 |
| 4 | 3 | 1 | 9 | 5 | 2 | 6 | 7 | 8 |
| 9 | 7 | 5 | 8 | 6 | 3 | 4 | 2 | 1 |

## 35

| 9 | 5 | 1 | 6 | 3 | 8 | 4 | 7 | 2 |
|---|---|---|---|---|---|---|---|---|
| 2 | 7 | 4 | 5 | 9 | 1 | 3 | 8 | 6 |
| 8 | 6 | 3 | 7 | 4 | 2 | 9 | 1 | 5 |
| 3 | 1 | 6 | 8 | 7 | 4 | 2 | 5 | 9 |
| 4 | 8 | 5 | 3 | 2 | 9 | 7 | 6 | 1 |
| 7 | 9 | 2 | 1 | 5 | 6 | 8 | 4 | 3 |
| 5 | 2 | 7 | 4 | 1 | 3 | 6 | 9 | 8 |
| 1 | 3 | 8 | 9 | 6 | 7 | 5 | 2 | 4 |
| 6 | 4 | 9 | 2 | 8 | 5 | 1 | 3 | 7 |

## 36

| 5 | 3 | 1 | 6 | 7 | 4 | 9 | 8 | 2 |
|---|---|---|---|---|---|---|---|---|
| 9 | 4 | 2 | 1 | 5 | 8 | 7 | 3 | 6 |
| 6 | 7 | 8 | 2 | 3 | 9 | 5 | 1 | 4 |
| 2 | 1 | 9 | 8 | 6 | 5 | 4 | 7 | 3 |
| 3 | 6 | 4 | 9 | 1 | 7 | 2 | 5 | 8 |
| 8 | 5 | 7 | 4 | 2 | 3 | 6 | 9 | 1 |
| 7 | 2 | 6 | 5 | 8 | 1 | 3 | 4 | 9 |
| 4 | 8 | 5 | 3 | 9 | 2 | 1 | 6 | 7 |
| 1 | 9 | 3 | 7 | 4 | 6 | 8 | 2 | 5 |

## 37

| 1 | 5 | 3 | 8 | 6 | 2 | 9 | 7 | 4 |
|---|---|---|---|---|---|---|---|---|
| 2 | 6 | 8 | 4 | 9 | 7 | 3 | 1 | 5 |
| 4 | 7 | 9 | 1 | 3 | 5 | 2 | 6 | 8 |
| 7 | 8 | 4 | 3 | 2 | 9 | 1 | 5 | 6 |
| 5 | 9 | 2 | 6 | 1 | 4 | 8 | 3 | 7 |
| 3 | 1 | 6 | 5 | 7 | 8 | 4 | 2 | 9 |
| 6 | 4 | 1 | 9 | 5 | 3 | 7 | 8 | 2 |
| 8 | 2 | 5 | 7 | 4 | 1 | 6 | 9 | 3 |
| 9 | 3 | 7 | 2 | 8 | 6 | 5 | 4 | 1 |

## 38

| 4 | 5 | 8 | 2 | 6 | 9 | 7 | 1 | 3 |
|---|---|---|---|---|---|---|---|---|
| 3 | 7 | 9 | 1 | 5 | 4 | 8 | 6 | 2 |
| 6 | 2 | 1 | 3 | 7 | 8 | 9 | 5 | 4 |
| 8 | 1 | 3 | 9 | 2 | 6 | 4 | 7 | 5 |
| 9 | 4 | 7 | 5 | 8 | 1 | 3 | 2 | 6 |
| 5 | 6 | 2 | 7 | 4 | 3 | 1 | 9 | 8 |
| 1 | 8 | 4 | 6 | 9 | 5 | 2 | 3 | 7 |
| 7 | 9 | 5 | 8 | 3 | 2 | 6 | 4 | 1 |
| 2 | 3 | 6 | 4 | 1 | 7 | 5 | 8 | 9 |

## 39

| 4 | 5 | 1 | 3 | 6 | 9 | 8 | 7 | 2 |
|---|---|---|---|---|---|---|---|---|
| 6 | 2 | 3 | 4 | 7 | 8 | 5 | 9 | 1 |
| 8 | 7 | 9 | 5 | 2 | 1 | 4 | 6 | 3 |
| 3 | 8 | 5 | 9 | 1 | 7 | 6 | 2 | 4 |
| 7 | 1 | 2 | 6 | 4 | 3 | 9 | 8 | 5 |
| 9 | 6 | 4 | 8 | 5 | 2 | 1 | 3 | 7 |
| 5 | 3 | 8 | 2 | 9 | 4 | 7 | 1 | 6 |
| 1 | 9 | 6 | 7 | 3 | 5 | 2 | 4 | 8 |
| 2 | 4 | 7 | 1 | 8 | 6 | 3 | 5 | 9 |

## 40

| 1 | 6 | 5 | 9 | 4 | 2 | 3 | 8 | 7 |
|---|---|---|---|---|---|---|---|---|
| 9 | 3 | 4 | 7 | 1 | 8 | 2 | 6 | 5 |
| 2 | 8 | 7 | 6 | 5 | 3 | 1 | 4 | 9 |
| 7 | 9 | 1 | 5 | 6 | 4 | 8 | 3 | 2 |
| 6 | 5 | 2 | 3 | 8 | 7 | 4 | 9 | 1 |
| 3 | 4 | 8 | 1 | 2 | 9 | 7 | 5 | 6 |
| 4 | 7 | 6 | 8 | 9 | 1 | 5 | 2 | 3 |
| 8 | 1 | 9 | 2 | 3 | 5 | 6 | 7 | 4 |
| 5 | 2 | 3 | 4 | 7 | 6 | 9 | 1 | 8 |

## 41

| | | | | | | | | |
|---|---|---|---|---|---|---|---|---|
| 4 | 7 | 6 | 3 | 8 | 2 | 1 | 9 | 5 |
| 9 | 3 | 1 | 4 | 5 | 7 | 2 | 6 | 8 |
| 8 | 2 | 5 | 6 | 9 | 1 | 7 | 3 | 4 |
| 1 | 8 | 4 | 5 | 6 | 3 | 9 | 7 | 2 |
| 3 | 5 | 7 | 2 | 4 | 9 | 8 | 1 | 6 |
| 6 | 9 | 2 | 7 | 1 | 8 | 4 | 5 | 3 |
| 2 | 4 | 9 | 1 | 3 | 6 | 5 | 8 | 7 |
| 7 | 1 | 3 | 8 | 2 | 5 | 6 | 4 | 9 |
| 5 | 6 | 8 | 9 | 7 | 4 | 3 | 2 | 1 |

## 42

| | | | | | | | | |
|---|---|---|---|---|---|---|---|---|
| 4 | 8 | 6 | 1 | 5 | 9 | 3 | 7 | 2 |
| 2 | 5 | 7 | 8 | 4 | 3 | 6 | 9 | 1 |
| 1 | 9 | 3 | 7 | 6 | 2 | 5 | 4 | 8 |
| 7 | 1 | 8 | 3 | 9 | 6 | 4 | 2 | 5 |
| 6 | 2 | 9 | 4 | 1 | 5 | 7 | 8 | 3 |
| 3 | 4 | 5 | 2 | 7 | 8 | 9 | 1 | 6 |
| 8 | 7 | 4 | 5 | 3 | 1 | 2 | 6 | 9 |
| 5 | 6 | 1 | 9 | 2 | 7 | 8 | 3 | 4 |
| 9 | 3 | 2 | 6 | 8 | 4 | 1 | 5 | 7 |

## 43

| | | | | | | | | |
|---|---|---|---|---|---|---|---|---|
| 1 | 4 | 9 | 2 | 7 | 5 | 8 | 6 | 3 |
| 8 | 2 | 7 | 6 | 3 | 1 | 9 | 4 | 5 |
| 5 | 3 | 6 | 8 | 4 | 9 | 2 | 1 | 7 |
| 9 | 6 | 8 | 1 | 5 | 7 | 4 | 3 | 2 |
| 2 | 1 | 4 | 3 | 8 | 6 | 7 | 5 | 9 |
| 3 | 7 | 5 | 9 | 2 | 4 | 6 | 8 | 1 |
| 7 | 5 | 2 | 4 | 1 | 8 | 3 | 9 | 6 |
| 4 | 9 | 3 | 5 | 6 | 2 | 1 | 7 | 8 |
| 6 | 8 | 1 | 7 | 9 | 3 | 5 | 2 | 4 |

## 44

| | | | | | | | | |
|---|---|---|---|---|---|---|---|---|
| 6 | 8 | 4 | 5 | 1 | 3 | 9 | 2 | 7 |
| 2 | 9 | 5 | 4 | 7 | 8 | 1 | 6 | 3 |
| 1 | 3 | 7 | 2 | 9 | 6 | 4 | 8 | 5 |
| 7 | 1 | 9 | 8 | 2 | 4 | 5 | 3 | 6 |
| 3 | 6 | 2 | 7 | 5 | 9 | 8 | 1 | 4 |
| 4 | 5 | 8 | 3 | 6 | 1 | 2 | 7 | 9 |
| 8 | 4 | 6 | 1 | 3 | 5 | 7 | 9 | 2 |
| 9 | 2 | 1 | 6 | 4 | 7 | 3 | 5 | 8 |
| 5 | 7 | 3 | 9 | 8 | 2 | 6 | 4 | 1 |

## 45

| 6 | 1 | 9 | 2 | 5 | 7 | 8 | 3 | 4 |
| 4 | 5 | 2 | 8 | 3 | 9 | 1 | 7 | 6 |
| 3 | 7 | 8 | 1 | 6 | 4 | 9 | 5 | 2 |
| 8 | 9 | 5 | 4 | 2 | 3 | 6 | 1 | 7 |
| 7 | 6 | 3 | 9 | 1 | 8 | 2 | 4 | 5 |
| 2 | 4 | 1 | 6 | 7 | 5 | 3 | 8 | 9 |
| 9 | 3 | 7 | 5 | 8 | 6 | 4 | 2 | 1 |
| 1 | 8 | 4 | 7 | 9 | 2 | 5 | 6 | 3 |
| 5 | 2 | 6 | 3 | 4 | 1 | 7 | 9 | 8 |

## 46

| 3 | 7 | 6 | 9 | 2 | 8 | 4 | 5 | 1 |
| 8 | 9 | 1 | 4 | 5 | 7 | 6 | 3 | 2 |
| 4 | 5 | 2 | 6 | 1 | 3 | 7 | 9 | 8 |
| 1 | 3 | 4 | 8 | 6 | 5 | 2 | 7 | 9 |
| 9 | 8 | 5 | 7 | 4 | 2 | 3 | 1 | 6 |
| 2 | 6 | 7 | 3 | 9 | 1 | 8 | 4 | 5 |
| 6 | 4 | 3 | 5 | 8 | 9 | 1 | 2 | 7 |
| 7 | 1 | 9 | 2 | 3 | 6 | 5 | 8 | 4 |
| 5 | 2 | 8 | 1 | 7 | 4 | 9 | 6 | 3 |

## 47

| 4 | 7 | 5 | 1 | 2 | 9 | 6 | 8 | 3 |
| 2 | 1 | 3 | 4 | 8 | 6 | 5 | 9 | 7 |
| 9 | 8 | 6 | 5 | 7 | 3 | 2 | 1 | 4 |
| 3 | 9 | 2 | 7 | 1 | 8 | 4 | 6 | 5 |
| 6 | 5 | 1 | 9 | 4 | 2 | 3 | 7 | 8 |
| 8 | 4 | 7 | 3 | 6 | 5 | 1 | 2 | 9 |
| 7 | 6 | 4 | 8 | 5 | 1 | 9 | 3 | 2 |
| 5 | 2 | 9 | 6 | 3 | 7 | 8 | 4 | 1 |
| 1 | 3 | 8 | 2 | 9 | 4 | 7 | 5 | 6 |

## 48

| 2 | 1 | 3 | 7 | 6 | 9 | 8 | 4 | 5 |
| 4 | 9 | 6 | 3 | 8 | 5 | 2 | 7 | 1 |
| 8 | 7 | 5 | 4 | 1 | 2 | 3 | 6 | 9 |
| 1 | 6 | 9 | 2 | 7 | 3 | 5 | 8 | 4 |
| 7 | 8 | 2 | 5 | 4 | 1 | 6 | 9 | 3 |
| 5 | 3 | 4 | 8 | 9 | 6 | 7 | 1 | 2 |
| 3 | 4 | 8 | 1 | 5 | 7 | 9 | 2 | 6 |
| 6 | 5 | 1 | 9 | 2 | 8 | 4 | 3 | 7 |
| 9 | 2 | 7 | 6 | 3 | 4 | 1 | 5 | 8 |

## 49

| 2 | 7 | 6 | 5 | 8 | 9 | 1 | 4 | 3 |
| 5 | 3 | 8 | 1 | 4 | 7 | 9 | 2 | 6 |
| 1 | 9 | 4 | 2 | 6 | 3 | 8 | 5 | 7 |
| 8 | 6 | 7 | 4 | 1 | 5 | 2 | 3 | 9 |
| 4 | 2 | 9 | 3 | 7 | 6 | 5 | 1 | 8 |
| 3 | 5 | 1 | 9 | 2 | 8 | 6 | 7 | 4 |
| 6 | 8 | 3 | 7 | 5 | 1 | 4 | 9 | 2 |
| 7 | 4 | 5 | 6 | 9 | 2 | 3 | 8 | 1 |
| 9 | 1 | 2 | 8 | 3 | 4 | 7 | 6 | 5 |

## 50

| 7 | 1 | 9 | 2 | 4 | 6 | 3 | 5 | 8 |
| 6 | 5 | 3 | 9 | 8 | 7 | 2 | 1 | 4 |
| 4 | 8 | 2 | 3 | 5 | 1 | 6 | 9 | 7 |
| 1 | 7 | 6 | 8 | 9 | 2 | 4 | 3 | 5 |
| 2 | 4 | 5 | 6 | 7 | 3 | 1 | 8 | 9 |
| 3 | 9 | 8 | 5 | 1 | 4 | 7 | 2 | 6 |
| 5 | 6 | 1 | 4 | 3 | 9 | 8 | 7 | 2 |
| 9 | 2 | 7 | 1 | 6 | 8 | 5 | 4 | 3 |
| 8 | 3 | 4 | 7 | 2 | 5 | 9 | 6 | 1 |

## 51

| 3 | 5 | 2 | 8 | 6 | 9 | 1 | 7 | 4 |
| 4 | 1 | 8 | 7 | 5 | 2 | 3 | 9 | 6 |
| 7 | 9 | 6 | 1 | 3 | 4 | 2 | 5 | 8 |
| 5 | 4 | 9 | 3 | 7 | 1 | 8 | 6 | 2 |
| 6 | 8 | 1 | 9 | 2 | 5 | 4 | 3 | 7 |
| 2 | 3 | 7 | 4 | 8 | 6 | 5 | 1 | 9 |
| 8 | 2 | 5 | 6 | 9 | 3 | 7 | 4 | 1 |
| 9 | 7 | 4 | 5 | 1 | 8 | 6 | 2 | 3 |
| 1 | 6 | 3 | 2 | 4 | 7 | 9 | 8 | 5 |

## 52

| 2 | 1 | 6 | 7 | 5 | 4 | 3 | 9 | 8 |
| 7 | 5 | 9 | 8 | 6 | 3 | 4 | 2 | 1 |
| 4 | 3 | 8 | 1 | 2 | 9 | 7 | 6 | 5 |
| 1 | 9 | 3 | 2 | 4 | 5 | 6 | 8 | 7 |
| 8 | 7 | 4 | 6 | 3 | 1 | 2 | 5 | 9 |
| 6 | 2 | 5 | 9 | 8 | 7 | 1 | 3 | 4 |
| 9 | 8 | 1 | 3 | 7 | 6 | 5 | 4 | 2 |
| 5 | 6 | 2 | 4 | 1 | 8 | 9 | 7 | 3 |
| 3 | 4 | 7 | 5 | 9 | 2 | 8 | 1 | 6 |

## 53

| 6 | 2 | 1 | 9 | 3 | 5 | 8 | 7 | 4 |
|---|---|---|---|---|---|---|---|---|
| 3 | 4 | 8 | 7 | 1 | 2 | 5 | 9 | 6 |
| 7 | 9 | 5 | 6 | 8 | 4 | 1 | 2 | 3 |
| 4 | 1 | 2 | 8 | 7 | 3 | 6 | 5 | 9 |
| 5 | 8 | 3 | 2 | 9 | 6 | 4 | 1 | 7 |
| 9 | 6 | 7 | 4 | 5 | 1 | 2 | 3 | 8 |
| 2 | 5 | 6 | 3 | 4 | 7 | 9 | 8 | 1 |
| 1 | 7 | 9 | 5 | 6 | 8 | 3 | 4 | 2 |
| 8 | 3 | 4 | 1 | 2 | 9 | 7 | 6 | 5 |

## 54

| 1 | 5 | 2 | 9 | 6 | 7 | 3 | 8 | 4 |
|---|---|---|---|---|---|---|---|---|
| 7 | 4 | 6 | 8 | 1 | 3 | 5 | 9 | 2 |
| 9 | 8 | 3 | 4 | 2 | 5 | 6 | 7 | 1 |
| 6 | 9 | 7 | 5 | 8 | 4 | 1 | 2 | 3 |
| 5 | 3 | 4 | 2 | 9 | 1 | 7 | 6 | 8 |
| 2 | 1 | 8 | 7 | 3 | 6 | 4 | 5 | 9 |
| 3 | 2 | 1 | 6 | 7 | 8 | 9 | 4 | 5 |
| 4 | 6 | 9 | 3 | 5 | 2 | 8 | 1 | 7 |
| 8 | 7 | 5 | 1 | 4 | 9 | 2 | 3 | 6 |

## 55

| 8 | 4 | 1 | 6 | 2 | 9 | 3 | 5 | 7 |
|---|---|---|---|---|---|---|---|---|
| 3 | 5 | 2 | 4 | 7 | 8 | 9 | 1 | 6 |
| 9 | 7 | 6 | 5 | 1 | 3 | 8 | 2 | 4 |
| 7 | 1 | 9 | 2 | 3 | 5 | 6 | 4 | 8 |
| 4 | 6 | 3 | 1 | 8 | 7 | 5 | 9 | 2 |
| 5 | 2 | 8 | 9 | 6 | 4 | 7 | 3 | 1 |
| 1 | 3 | 5 | 7 | 4 | 6 | 2 | 8 | 9 |
| 2 | 9 | 7 | 8 | 5 | 1 | 4 | 6 | 3 |
| 6 | 8 | 4 | 3 | 9 | 2 | 1 | 7 | 5 |

## 56

| 5 | 4 | 2 | 9 | 3 | 7 | 6 | 1 | 8 |
|---|---|---|---|---|---|---|---|---|
| 7 | 3 | 8 | 1 | 5 | 6 | 2 | 4 | 9 |
| 1 | 6 | 9 | 2 | 4 | 8 | 7 | 3 | 5 |
| 9 | 2 | 5 | 3 | 7 | 4 | 1 | 8 | 6 |
| 3 | 1 | 6 | 5 | 8 | 9 | 4 | 2 | 7 |
| 4 | 8 | 7 | 6 | 2 | 1 | 9 | 5 | 3 |
| 2 | 5 | 1 | 7 | 6 | 3 | 8 | 9 | 4 |
| 8 | 7 | 3 | 4 | 9 | 2 | 5 | 6 | 1 |
| 6 | 9 | 4 | 8 | 1 | 5 | 3 | 7 | 2 |

**57**

| 9 | 1 | 5 | 8 | 2 | 6 | 4 | 7 | 3 |
|---|---|---|---|---|---|---|---|---|
| 4 | 6 | 2 | 9 | 7 | 3 | 5 | 8 | 1 |
| 8 | 3 | 7 | 4 | 5 | 1 | 2 | 9 | 6 |
| 3 | 8 | 4 | 6 | 9 | 5 | 7 | 1 | 2 |
| 5 | 9 | 1 | 2 | 8 | 7 | 3 | 6 | 4 |
| 7 | 2 | 6 | 1 | 3 | 4 | 8 | 5 | 9 |
| 2 | 4 | 9 | 5 | 6 | 8 | 1 | 3 | 7 |
| 1 | 5 | 3 | 7 | 4 | 9 | 6 | 2 | 8 |
| 6 | 7 | 8 | 3 | 1 | 2 | 9 | 4 | 5 |

**58**

| 1 | 4 | 9 | 5 | 8 | 2 | 6 | 3 | 7 |
|---|---|---|---|---|---|---|---|---|
| 6 | 2 | 7 | 9 | 4 | 3 | 1 | 5 | 8 |
| 3 | 8 | 5 | 1 | 6 | 7 | 9 | 4 | 2 |
| 2 | 7 | 1 | 6 | 9 | 4 | 3 | 8 | 5 |
| 8 | 9 | 4 | 7 | 3 | 5 | 2 | 1 | 6 |
| 5 | 6 | 3 | 2 | 1 | 8 | 7 | 9 | 4 |
| 7 | 1 | 8 | 4 | 2 | 9 | 5 | 6 | 3 |
| 9 | 3 | 2 | 8 | 5 | 6 | 4 | 7 | 1 |
| 4 | 5 | 6 | 3 | 7 | 1 | 8 | 2 | 9 |

**59**

| 4 | 9 | 8 | 7 | 6 | 2 | 3 | 5 | 1 |
|---|---|---|---|---|---|---|---|---|
| 2 | 3 | 6 | 4 | 5 | 1 | 7 | 8 | 9 |
| 7 | 1 | 5 | 9 | 8 | 3 | 4 | 2 | 6 |
| 9 | 8 | 3 | 2 | 7 | 5 | 6 | 1 | 4 |
| 6 | 5 | 4 | 3 | 1 | 9 | 2 | 7 | 8 |
| 1 | 7 | 2 | 6 | 4 | 8 | 5 | 9 | 3 |
| 5 | 6 | 9 | 1 | 2 | 4 | 8 | 3 | 7 |
| 3 | 2 | 7 | 8 | 9 | 6 | 1 | 4 | 5 |
| 8 | 4 | 1 | 5 | 3 | 7 | 9 | 6 | 2 |

**60**

| 5 | 3 | 9 | 8 | 1 | 7 | 2 | 4 | 6 |
|---|---|---|---|---|---|---|---|---|
| 1 | 2 | 6 | 9 | 5 | 4 | 7 | 8 | 3 |
| 8 | 4 | 7 | 6 | 3 | 2 | 9 | 1 | 5 |
| 3 | 9 | 8 | 2 | 4 | 1 | 5 | 6 | 7 |
| 4 | 7 | 2 | 5 | 6 | 8 | 3 | 9 | 1 |
| 6 | 5 | 1 | 7 | 9 | 3 | 8 | 2 | 4 |
| 7 | 6 | 5 | 1 | 8 | 9 | 4 | 3 | 2 |
| 9 | 1 | 4 | 3 | 2 | 5 | 6 | 7 | 8 |
| 2 | 8 | 3 | 4 | 7 | 6 | 1 | 5 | 9 |

## 61

| | | | | | | | | |
|---|---|---|---|---|---|---|---|---|
| 2 | 7 | 8 | 5 | 4 | 1 | 9 | 3 | 6 |
| 3 | 6 | 1 | 9 | 7 | 8 | 4 | 5 | 2 |
| 4 | 9 | 5 | 2 | 3 | 6 | 7 | 8 | 1 |
| 8 | 5 | 7 | 1 | 6 | 9 | 3 | 2 | 4 |
| 9 | 2 | 3 | 4 | 8 | 5 | 6 | 1 | 7 |
| 1 | 4 | 6 | 7 | 2 | 3 | 8 | 9 | 5 |
| 7 | 1 | 9 | 3 | 5 | 4 | 2 | 6 | 8 |
| 5 | 8 | 4 | 6 | 9 | 2 | 1 | 7 | 3 |
| 6 | 3 | 2 | 8 | 1 | 7 | 5 | 4 | 9 |

## 62

| | | | | | | | | |
|---|---|---|---|---|---|---|---|---|
| 3 | 2 | 8 | 5 | 9 | 7 | 4 | 1 | 6 |
| 7 | 4 | 1 | 2 | 6 | 8 | 9 | 5 | 3 |
| 5 | 9 | 6 | 3 | 4 | 1 | 7 | 2 | 8 |
| 4 | 3 | 9 | 8 | 2 | 6 | 1 | 7 | 5 |
| 8 | 5 | 7 | 1 | 3 | 9 | 2 | 6 | 4 |
| 1 | 6 | 2 | 7 | 5 | 4 | 3 | 8 | 9 |
| 2 | 7 | 3 | 4 | 8 | 5 | 6 | 9 | 1 |
| 6 | 1 | 5 | 9 | 7 | 3 | 8 | 4 | 2 |
| 9 | 8 | 4 | 6 | 1 | 2 | 5 | 3 | 7 |

## 63

| | | | | | | | | |
|---|---|---|---|---|---|---|---|---|
| 2 | 1 | 3 | 4 | 7 | 9 | 6 | 5 | 8 |
| 9 | 4 | 8 | 5 | 1 | 6 | 2 | 3 | 7 |
| 6 | 5 | 7 | 3 | 8 | 2 | 1 | 9 | 4 |
| 7 | 2 | 4 | 1 | 9 | 3 | 8 | 6 | 5 |
| 1 | 3 | 6 | 8 | 5 | 4 | 7 | 2 | 9 |
| 5 | 8 | 9 | 2 | 6 | 7 | 4 | 1 | 3 |
| 3 | 9 | 1 | 7 | 2 | 8 | 5 | 4 | 6 |
| 8 | 6 | 2 | 9 | 4 | 5 | 3 | 7 | 1 |
| 4 | 7 | 5 | 6 | 3 | 1 | 9 | 8 | 2 |

## 64

| | | | | | | | | |
|---|---|---|---|---|---|---|---|---|
| 7 | 8 | 3 | 1 | 4 | 9 | 6 | 5 | 2 |
| 9 | 6 | 4 | 2 | 5 | 7 | 8 | 3 | 1 |
| 5 | 1 | 2 | 6 | 8 | 3 | 9 | 4 | 7 |
| 4 | 7 | 9 | 8 | 2 | 5 | 1 | 6 | 3 |
| 1 | 5 | 8 | 3 | 6 | 4 | 2 | 7 | 9 |
| 2 | 3 | 6 | 9 | 7 | 1 | 4 | 8 | 5 |
| 8 | 4 | 7 | 5 | 1 | 2 | 3 | 9 | 6 |
| 6 | 9 | 1 | 7 | 3 | 8 | 5 | 2 | 4 |
| 3 | 2 | 5 | 4 | 9 | 6 | 7 | 1 | 8 |

## 65

| 2 | 3 | 6 | 4 | 9 | 5 | 1 | 7 | 8 |
| 1 | 8 | 9 | 2 | 6 | 7 | 4 | 5 | 3 |
| 7 | 4 | 5 | 1 | 3 | 8 | 6 | 9 | 2 |
| 3 | 9 | 2 | 5 | 4 | 1 | 7 | 8 | 6 |
| 8 | 6 | 7 | 3 | 2 | 9 | 5 | 1 | 4 |
| 4 | 5 | 1 | 7 | 8 | 6 | 2 | 3 | 9 |
| 9 | 7 | 3 | 6 | 5 | 2 | 8 | 4 | 1 |
| 6 | 1 | 8 | 9 | 7 | 4 | 3 | 2 | 5 |
| 5 | 2 | 4 | 8 | 1 | 3 | 9 | 6 | 7 |

## 66

| 7 | 1 | 4 | 5 | 2 | 6 | 3 | 9 | 8 |
| 6 | 8 | 9 | 1 | 7 | 3 | 4 | 2 | 5 |
| 5 | 2 | 3 | 9 | 8 | 4 | 6 | 1 | 7 |
| 9 | 4 | 8 | 7 | 6 | 5 | 1 | 3 | 2 |
| 2 | 7 | 6 | 4 | 3 | 1 | 8 | 5 | 9 |
| 3 | 5 | 1 | 8 | 9 | 2 | 7 | 6 | 4 |
| 4 | 9 | 2 | 3 | 1 | 8 | 5 | 7 | 6 |
| 8 | 3 | 7 | 6 | 5 | 9 | 2 | 4 | 1 |
| 1 | 6 | 5 | 2 | 4 | 7 | 9 | 8 | 3 |

## 67

| 7 | 4 | 5 | 1 | 2 | 3 | 6 | 8 | 9 |
| 9 | 1 | 8 | 7 | 4 | 6 | 3 | 2 | 5 |
| 2 | 3 | 6 | 8 | 5 | 9 | 4 | 1 | 7 |
| 6 | 2 | 9 | 3 | 7 | 1 | 8 | 5 | 4 |
| 4 | 8 | 7 | 2 | 9 | 5 | 1 | 6 | 3 |
| 3 | 5 | 1 | 6 | 8 | 4 | 7 | 9 | 2 |
| 5 | 7 | 4 | 9 | 6 | 8 | 2 | 3 | 1 |
| 8 | 9 | 3 | 4 | 1 | 2 | 5 | 7 | 6 |
| 1 | 6 | 2 | 5 | 3 | 7 | 9 | 4 | 8 |

## 68

| 9 | 1 | 6 | 7 | 4 | 8 | 5 | 3 | 2 |
| 3 | 2 | 8 | 5 | 6 | 9 | 7 | 1 | 4 |
| 7 | 4 | 5 | 1 | 2 | 3 | 8 | 6 | 9 |
| 8 | 6 | 4 | 2 | 9 | 7 | 3 | 5 | 1 |
| 1 | 5 | 7 | 4 | 3 | 6 | 9 | 2 | 8 |
| 2 | 9 | 3 | 8 | 5 | 1 | 6 | 4 | 7 |
| 6 | 3 | 2 | 9 | 7 | 4 | 1 | 8 | 5 |
| 4 | 8 | 9 | 6 | 1 | 5 | 2 | 7 | 3 |
| 5 | 7 | 1 | 3 | 8 | 2 | 4 | 9 | 6 |

## 69

| 1 | 6 | 8 | 7 | 9 | 3 | 5 | 2 | 4 |
| 4 | 2 | 7 | 8 | 5 | 6 | 3 | 1 | 9 |
| 5 | 3 | 9 | 2 | 1 | 4 | 8 | 7 | 6 |
| 8 | 5 | 2 | 4 | 7 | 9 | 6 | 3 | 1 |
| 7 | 1 | 6 | 3 | 8 | 5 | 9 | 4 | 2 |
| 9 | 4 | 3 | 6 | 2 | 1 | 7 | 5 | 8 |
| 6 | 9 | 1 | 5 | 4 | 7 | 2 | 8 | 3 |
| 3 | 8 | 5 | 1 | 6 | 2 | 4 | 9 | 7 |
| 2 | 7 | 4 | 9 | 3 | 8 | 1 | 6 | 5 |

## 70

| 4 | 3 | 7 | 9 | 5 | 1 | 8 | 6 | 2 |
| 5 | 9 | 8 | 6 | 2 | 4 | 3 | 7 | 1 |
| 6 | 2 | 1 | 7 | 8 | 3 | 5 | 9 | 4 |
| 7 | 1 | 3 | 4 | 6 | 9 | 2 | 5 | 8 |
| 8 | 4 | 5 | 3 | 7 | 2 | 6 | 1 | 9 |
| 2 | 6 | 9 | 5 | 1 | 8 | 7 | 4 | 3 |
| 1 | 8 | 6 | 2 | 9 | 7 | 4 | 3 | 5 |
| 3 | 5 | 2 | 1 | 4 | 6 | 9 | 8 | 7 |
| 9 | 7 | 4 | 8 | 3 | 5 | 1 | 2 | 6 |

## 71

| 3 | 8 | 2 | 6 | 5 | 4 | 1 | 7 | 9 |
| 9 | 6 | 7 | 1 | 2 | 8 | 5 | 3 | 4 |
| 4 | 5 | 1 | 3 | 7 | 9 | 6 | 2 | 8 |
| 1 | 3 | 8 | 7 | 4 | 5 | 9 | 6 | 2 |
| 7 | 4 | 5 | 9 | 6 | 2 | 3 | 8 | 1 |
| 2 | 9 | 6 | 8 | 3 | 1 | 7 | 4 | 5 |
| 5 | 2 | 3 | 4 | 1 | 6 | 8 | 9 | 7 |
| 8 | 7 | 4 | 5 | 9 | 3 | 2 | 1 | 6 |
| 6 | 1 | 9 | 2 | 8 | 7 | 4 | 5 | 3 |

## 72

| 8 | 4 | 9 | 6 | 2 | 3 | 5 | 1 | 7 |
| 6 | 1 | 3 | 7 | 5 | 9 | 4 | 2 | 8 |
| 5 | 2 | 7 | 1 | 8 | 4 | 3 | 6 | 9 |
| 3 | 9 | 2 | 5 | 6 | 1 | 8 | 7 | 4 |
| 4 | 8 | 1 | 9 | 7 | 2 | 6 | 3 | 5 |
| 7 | 5 | 6 | 3 | 4 | 8 | 1 | 9 | 2 |
| 9 | 7 | 5 | 8 | 3 | 6 | 2 | 4 | 1 |
| 2 | 3 | 8 | 4 | 1 | 7 | 9 | 5 | 6 |
| 1 | 6 | 4 | 2 | 9 | 5 | 7 | 8 | 3 |

## 73

| 2 | 5 | 9 | 7 | 8 | 1 | 6 | 3 | 4 |
| 4 | 8 | 1 | 6 | 5 | 3 | 2 | 7 | 9 |
| 3 | 7 | 6 | 4 | 2 | 9 | 5 | 8 | 1 |
| 9 | 1 | 3 | 2 | 6 | 8 | 7 | 4 | 5 |
| 6 | 4 | 7 | 1 | 3 | 5 | 9 | 2 | 8 |
| 8 | 2 | 5 | 9 | 7 | 4 | 1 | 6 | 3 |
| 5 | 6 | 4 | 3 | 1 | 2 | 8 | 9 | 7 |
| 1 | 3 | 2 | 8 | 9 | 7 | 4 | 5 | 6 |
| 7 | 9 | 8 | 5 | 4 | 6 | 3 | 1 | 2 |

## 74

| 6 | 4 | 5 | 3 | 1 | 8 | 7 | 2 | 9 |
| 9 | 8 | 1 | 7 | 2 | 6 | 3 | 5 | 4 |
| 3 | 2 | 7 | 4 | 5 | 9 | 1 | 8 | 6 |
| 5 | 3 | 4 | 9 | 8 | 7 | 6 | 1 | 2 |
| 1 | 9 | 8 | 5 | 6 | 2 | 4 | 3 | 7 |
| 7 | 6 | 2 | 1 | 4 | 3 | 5 | 9 | 8 |
| 4 | 7 | 3 | 8 | 9 | 5 | 2 | 6 | 1 |
| 8 | 5 | 6 | 2 | 7 | 1 | 9 | 4 | 3 |
| 2 | 1 | 9 | 6 | 3 | 4 | 8 | 7 | 5 |

## 75

| 7 | 5 | 3 | 8 | 9 | 2 | 4 | 6 | 1 |
| 9 | 2 | 4 | 3 | 1 | 6 | 5 | 7 | 8 |
| 8 | 6 | 1 | 7 | 4 | 5 | 2 | 3 | 9 |
| 4 | 3 | 9 | 6 | 8 | 7 | 1 | 2 | 5 |
| 5 | 7 | 8 | 9 | 2 | 1 | 6 | 4 | 3 |
| 6 | 1 | 2 | 4 | 5 | 3 | 8 | 9 | 7 |
| 1 | 9 | 5 | 2 | 3 | 4 | 7 | 8 | 6 |
| 3 | 4 | 6 | 5 | 7 | 8 | 9 | 1 | 2 |
| 2 | 8 | 7 | 1 | 6 | 9 | 3 | 5 | 4 |

## 76

| 1 | 9 | 7 | 8 | 3 | 2 | 6 | 5 | 4 |
| 2 | 5 | 3 | 4 | 6 | 1 | 7 | 9 | 8 |
| 4 | 8 | 6 | 5 | 9 | 7 | 2 | 1 | 3 |
| 9 | 2 | 1 | 6 | 7 | 3 | 8 | 4 | 5 |
| 3 | 6 | 4 | 9 | 8 | 5 | 1 | 2 | 7 |
| 8 | 7 | 5 | 1 | 2 | 4 | 9 | 3 | 6 |
| 7 | 4 | 8 | 2 | 5 | 9 | 3 | 6 | 1 |
| 6 | 1 | 9 | 3 | 4 | 8 | 5 | 7 | 2 |
| 5 | 3 | 2 | 7 | 1 | 6 | 4 | 8 | 9 |

## 77

| 5 | 1 | 2 | 6 | 4 | 7 | 9 | 8 | 3 |
|---|---|---|---|---|---|---|---|---|
| 3 | 7 | 8 | 5 | 9 | 2 | 1 | 4 | 6 |
| 9 | 4 | 6 | 8 | 3 | 1 | 7 | 5 | 2 |
| 6 | 5 | 4 | 3 | 1 | 8 | 2 | 7 | 9 |
| 8 | 3 | 7 | 9 | 2 | 5 | 6 | 1 | 4 |
| 1 | 2 | 9 | 7 | 6 | 4 | 5 | 3 | 8 |
| 7 | 9 | 1 | 4 | 8 | 6 | 3 | 2 | 5 |
| 4 | 6 | 5 | 2 | 7 | 3 | 8 | 9 | 1 |
| 2 | 8 | 3 | 1 | 5 | 9 | 4 | 6 | 7 |

## 78

| 1 | 2 | 7 | 5 | 9 | 8 | 6 | 3 | 4 |
|---|---|---|---|---|---|---|---|---|
| 9 | 6 | 8 | 3 | 7 | 4 | 5 | 2 | 1 |
| 4 | 3 | 5 | 6 | 2 | 1 | 8 | 7 | 9 |
| 7 | 5 | 3 | 4 | 1 | 6 | 2 | 9 | 8 |
| 2 | 1 | 9 | 8 | 3 | 7 | 4 | 5 | 6 |
| 6 | 8 | 4 | 9 | 5 | 2 | 3 | 1 | 7 |
| 3 | 9 | 6 | 7 | 8 | 5 | 1 | 4 | 2 |
| 5 | 4 | 1 | 2 | 6 | 9 | 7 | 8 | 3 |
| 8 | 7 | 2 | 1 | 4 | 3 | 9 | 6 | 5 |

## 79

| 3 | 9 | 5 | 1 | 4 | 2 | 7 | 6 | 8 |
|---|---|---|---|---|---|---|---|---|
| 8 | 4 | 1 | 7 | 5 | 6 | 9 | 3 | 2 |
| 6 | 2 | 7 | 8 | 9 | 3 | 1 | 4 | 5 |
| 5 | 1 | 6 | 3 | 2 | 4 | 8 | 7 | 9 |
| 7 | 8 | 4 | 5 | 1 | 9 | 6 | 2 | 3 |
| 2 | 3 | 9 | 6 | 8 | 7 | 4 | 5 | 1 |
| 1 | 6 | 8 | 2 | 7 | 5 | 3 | 9 | 4 |
| 4 | 7 | 2 | 9 | 3 | 1 | 5 | 8 | 6 |
| 9 | 5 | 3 | 4 | 6 | 8 | 2 | 1 | 7 |

## 80

| 9 | 6 | 3 | 2 | 5 | 1 | 7 | 8 | 4 |
|---|---|---|---|---|---|---|---|---|
| 4 | 7 | 5 | 9 | 8 | 6 | 1 | 3 | 2 |
| 2 | 1 | 8 | 3 | 4 | 7 | 9 | 6 | 5 |
| 6 | 5 | 4 | 7 | 2 | 8 | 3 | 1 | 9 |
| 1 | 8 | 9 | 5 | 3 | 4 | 2 | 7 | 6 |
| 3 | 2 | 7 | 1 | 6 | 9 | 5 | 4 | 8 |
| 8 | 9 | 1 | 4 | 7 | 2 | 6 | 5 | 3 |
| 7 | 3 | 6 | 8 | 9 | 5 | 4 | 2 | 1 |
| 5 | 4 | 2 | 6 | 1 | 3 | 8 | 9 | 7 |

## 81

| 8 | 9 | 1 | 7 | 3 | 6 | 5 | 4 | 2 |
|---|---|---|---|---|---|---|---|---|
| 6 | 5 | 4 | 2 | 1 | 8 | 7 | 3 | 9 |
| 7 | 2 | 3 | 5 | 9 | 4 | 6 | 8 | 1 |
| 2 | 6 | 5 | 9 | 4 | 1 | 3 | 7 | 8 |
| 4 | 7 | 9 | 8 | 5 | 3 | 1 | 2 | 6 |
| 3 | 1 | 8 | 6 | 7 | 2 | 9 | 5 | 4 |
| 9 | 3 | 2 | 1 | 8 | 7 | 4 | 6 | 5 |
| 1 | 4 | 6 | 3 | 2 | 5 | 8 | 9 | 7 |
| 5 | 8 | 7 | 4 | 6 | 9 | 2 | 1 | 3 |

## 82

| 2 | 5 | 1 | 7 | 9 | 3 | 6 | 4 | 8 |
|---|---|---|---|---|---|---|---|---|
| 3 | 4 | 8 | 5 | 6 | 1 | 7 | 9 | 2 |
| 6 | 7 | 9 | 4 | 8 | 2 | 3 | 5 | 1 |
| 7 | 6 | 5 | 9 | 2 | 4 | 8 | 1 | 3 |
| 8 | 2 | 4 | 3 | 1 | 6 | 5 | 7 | 9 |
| 1 | 9 | 3 | 8 | 7 | 5 | 2 | 6 | 4 |
| 9 | 3 | 2 | 6 | 4 | 7 | 1 | 8 | 5 |
| 4 | 1 | 6 | 2 | 5 | 8 | 9 | 3 | 7 |
| 5 | 8 | 7 | 1 | 3 | 9 | 4 | 2 | 6 |

## 83

| 3 | 5 | 9 | 7 | 6 | 4 | 8 | 1 | 2 |
|---|---|---|---|---|---|---|---|---|
| 7 | 1 | 4 | 8 | 5 | 2 | 6 | 9 | 3 |
| 8 | 2 | 6 | 9 | 1 | 3 | 7 | 5 | 4 |
| 4 | 3 | 1 | 6 | 8 | 5 | 2 | 7 | 9 |
| 5 | 6 | 7 | 2 | 4 | 9 | 1 | 3 | 8 |
| 2 | 9 | 8 | 1 | 3 | 7 | 4 | 6 | 5 |
| 9 | 4 | 2 | 5 | 7 | 1 | 3 | 8 | 6 |
| 6 | 7 | 3 | 4 | 9 | 8 | 5 | 2 | 1 |
| 1 | 8 | 5 | 3 | 2 | 6 | 9 | 4 | 7 |

## 84

| 9 | 1 | 7 | 8 | 2 | 3 | 5 | 4 | 6 |
|---|---|---|---|---|---|---|---|---|
| 2 | 6 | 8 | 4 | 1 | 5 | 7 | 3 | 9 |
| 3 | 5 | 4 | 6 | 7 | 9 | 8 | 2 | 1 |
| 1 | 9 | 5 | 3 | 8 | 4 | 2 | 6 | 7 |
| 4 | 7 | 3 | 9 | 6 | 2 | 1 | 5 | 8 |
| 6 | 8 | 2 | 7 | 5 | 1 | 3 | 9 | 4 |
| 7 | 2 | 1 | 5 | 9 | 6 | 4 | 8 | 3 |
| 8 | 4 | 6 | 2 | 3 | 7 | 9 | 1 | 5 |
| 5 | 3 | 9 | 1 | 4 | 8 | 6 | 7 | 2 |

## 85

| 4 | 1 | 5 | 9 | 3 | 2 | 6 | 7 | 8 |
|---|---|---|---|---|---|---|---|---|
| 6 | 2 | 8 | 7 | 4 | 5 | 1 | 9 | 3 |
| 9 | 7 | 3 | 8 | 1 | 6 | 5 | 4 | 2 |
| 7 | 8 | 4 | 5 | 9 | 3 | 2 | 1 | 6 |
| 1 | 3 | 2 | 6 | 7 | 8 | 4 | 5 | 9 |
| 5 | 9 | 6 | 4 | 2 | 1 | 8 | 3 | 7 |
| 3 | 5 | 9 | 2 | 6 | 4 | 7 | 8 | 1 |
| 2 | 4 | 1 | 3 | 8 | 7 | 9 | 6 | 5 |
| 8 | 6 | 7 | 1 | 5 | 9 | 3 | 2 | 4 |

## 86

| 8 | 7 | 6 | 1 | 2 | 9 | 5 | 3 | 4 |
|---|---|---|---|---|---|---|---|---|
| 2 | 3 | 9 | 5 | 4 | 7 | 6 | 8 | 1 |
| 5 | 4 | 1 | 3 | 8 | 6 | 7 | 9 | 2 |
| 3 | 2 | 7 | 9 | 1 | 4 | 8 | 6 | 5 |
| 9 | 6 | 4 | 8 | 5 | 2 | 1 | 7 | 3 |
| 1 | 5 | 8 | 6 | 7 | 3 | 2 | 4 | 9 |
| 7 | 9 | 2 | 4 | 6 | 1 | 3 | 5 | 8 |
| 6 | 8 | 3 | 2 | 9 | 5 | 4 | 1 | 7 |
| 4 | 1 | 5 | 7 | 3 | 8 | 9 | 2 | 6 |

## 87

| 1 | 3 | 2 | 5 | 8 | 4 | 6 | 9 | 7 |
|---|---|---|---|---|---|---|---|---|
| 9 | 5 | 8 | 7 | 2 | 6 | 3 | 1 | 4 |
| 7 | 4 | 6 | 3 | 9 | 1 | 5 | 2 | 8 |
| 5 | 7 | 4 | 2 | 6 | 8 | 9 | 3 | 1 |
| 2 | 1 | 3 | 9 | 7 | 5 | 4 | 8 | 6 |
| 6 | 8 | 9 | 1 | 4 | 3 | 7 | 5 | 2 |
| 8 | 9 | 7 | 4 | 5 | 2 | 1 | 6 | 3 |
| 4 | 6 | 1 | 8 | 3 | 9 | 2 | 7 | 5 |
| 3 | 2 | 5 | 6 | 1 | 7 | 8 | 4 | 9 |

## 88

| 9 | 3 | 5 | 4 | 8 | 1 | 7 | 6 | 2 |
|---|---|---|---|---|---|---|---|---|
| 2 | 8 | 6 | 3 | 7 | 5 | 4 | 1 | 9 |
| 7 | 4 | 1 | 9 | 6 | 2 | 3 | 5 | 8 |
| 3 | 5 | 7 | 6 | 9 | 8 | 2 | 4 | 1 |
| 4 | 6 | 9 | 1 | 2 | 7 | 5 | 8 | 3 |
| 1 | 2 | 8 | 5 | 3 | 4 | 6 | 9 | 7 |
| 5 | 9 | 4 | 7 | 1 | 3 | 8 | 2 | 6 |
| 6 | 7 | 2 | 8 | 4 | 9 | 1 | 3 | 5 |
| 8 | 1 | 3 | 2 | 5 | 6 | 9 | 7 | 4 |

## 89

| 3 | 9 | 4 | 2 | 5 | 1 | 7 | 8 | 6 |
|---|---|---|---|---|---|---|---|---|
| 7 | 5 | 8 | 4 | 6 | 9 | 2 | 1 | 3 |
| 2 | 6 | 1 | 7 | 3 | 8 | 4 | 9 | 5 |
| 8 | 4 | 6 | 9 | 2 | 7 | 3 | 5 | 1 |
| 1 | 3 | 2 | 5 | 4 | 6 | 9 | 7 | 8 |
| 5 | 7 | 9 | 1 | 8 | 3 | 6 | 2 | 4 |
| 6 | 8 | 7 | 3 | 9 | 5 | 1 | 4 | 2 |
| 4 | 1 | 3 | 8 | 7 | 2 | 5 | 6 | 9 |
| 9 | 2 | 5 | 6 | 1 | 4 | 8 | 3 | 7 |

## 90

| 3 | 8 | 9 | 2 | 4 | 6 | 5 | 7 | 1 |
|---|---|---|---|---|---|---|---|---|
| 1 | 4 | 7 | 3 | 8 | 5 | 9 | 2 | 6 |
| 6 | 5 | 2 | 9 | 7 | 1 | 4 | 8 | 3 |
| 5 | 9 | 4 | 7 | 1 | 2 | 6 | 3 | 8 |
| 2 | 1 | 8 | 6 | 3 | 9 | 7 | 4 | 5 |
| 7 | 3 | 6 | 4 | 5 | 8 | 2 | 1 | 9 |
| 8 | 6 | 1 | 5 | 2 | 7 | 3 | 9 | 4 |
| 9 | 2 | 3 | 1 | 6 | 4 | 8 | 5 | 7 |
| 4 | 7 | 5 | 8 | 9 | 3 | 1 | 6 | 2 |

## 91

| 6 | 7 | 9 | 5 | 1 | 2 | 3 | 8 | 4 |
|---|---|---|---|---|---|---|---|---|
| 3 | 2 | 1 | 9 | 4 | 8 | 6 | 5 | 7 |
| 5 | 4 | 8 | 6 | 3 | 7 | 2 | 1 | 9 |
| 4 | 1 | 7 | 8 | 2 | 6 | 5 | 9 | 3 |
| 9 | 3 | 6 | 4 | 7 | 5 | 8 | 2 | 1 |
| 8 | 5 | 2 | 1 | 9 | 3 | 7 | 4 | 6 |
| 1 | 8 | 3 | 7 | 5 | 9 | 4 | 6 | 2 |
| 7 | 9 | 5 | 2 | 6 | 4 | 1 | 3 | 8 |
| 2 | 6 | 4 | 3 | 8 | 1 | 9 | 7 | 5 |

## 92

| 8 | 1 | 7 | 4 | 3 | 5 | 9 | 2 | 6 |
|---|---|---|---|---|---|---|---|---|
| 6 | 5 | 4 | 9 | 2 | 1 | 3 | 8 | 7 |
| 9 | 3 | 2 | 8 | 6 | 7 | 5 | 4 | 1 |
| 2 | 7 | 5 | 3 | 9 | 4 | 1 | 6 | 8 |
| 3 | 4 | 8 | 2 | 1 | 6 | 7 | 9 | 5 |
| 1 | 6 | 9 | 7 | 5 | 8 | 2 | 3 | 4 |
| 7 | 8 | 3 | 1 | 4 | 9 | 6 | 5 | 2 |
| 5 | 2 | 1 | 6 | 8 | 3 | 4 | 7 | 9 |
| 4 | 9 | 6 | 5 | 7 | 2 | 8 | 1 | 3 |

## 93

| 5 | 7 | 2 | 4 | 6 | 8 | 9 | 1 | 3 |
| 4 | 3 | 8 | 5 | 1 | 9 | 6 | 2 | 7 |
| 6 | 1 | 9 | 7 | 2 | 3 | 4 | 8 | 5 |
| 2 | 6 | 1 | 8 | 5 | 4 | 7 | 3 | 9 |
| 9 | 4 | 5 | 3 | 7 | 2 | 1 | 6 | 8 |
| 7 | 8 | 3 | 6 | 9 | 1 | 2 | 5 | 4 |
| 3 | 9 | 4 | 2 | 8 | 6 | 5 | 7 | 1 |
| 8 | 5 | 6 | 1 | 4 | 7 | 3 | 9 | 2 |
| 1 | 2 | 7 | 9 | 3 | 5 | 8 | 4 | 6 |

## 94

| 8 | 4 | 3 | 5 | 9 | 7 | 1 | 6 | 2 |
| 2 | 6 | 1 | 8 | 4 | 3 | 5 | 9 | 7 |
| 5 | 9 | 7 | 6 | 2 | 1 | 8 | 4 | 3 |
| 3 | 1 | 5 | 9 | 6 | 2 | 4 | 7 | 8 |
| 4 | 8 | 2 | 7 | 3 | 5 | 9 | 1 | 6 |
| 9 | 7 | 6 | 4 | 1 | 8 | 2 | 3 | 5 |
| 1 | 5 | 9 | 2 | 7 | 6 | 3 | 8 | 4 |
| 6 | 3 | 8 | 1 | 5 | 4 | 7 | 2 | 9 |
| 7 | 2 | 4 | 3 | 8 | 9 | 6 | 5 | 1 |

## 95

| 4 | 5 | 1 | 8 | 9 | 6 | 2 | 3 | 7 |
| 2 | 3 | 6 | 7 | 4 | 5 | 8 | 1 | 9 |
| 9 | 8 | 7 | 3 | 2 | 1 | 6 | 4 | 5 |
| 3 | 6 | 5 | 4 | 1 | 7 | 9 | 2 | 8 |
| 7 | 9 | 4 | 2 | 5 | 8 | 3 | 6 | 1 |
| 8 | 1 | 2 | 9 | 6 | 3 | 7 | 5 | 4 |
| 1 | 7 | 9 | 5 | 3 | 2 | 4 | 8 | 6 |
| 6 | 4 | 3 | 1 | 8 | 9 | 5 | 7 | 2 |
| 5 | 2 | 8 | 6 | 7 | 4 | 1 | 9 | 3 |

## 96

| 2 | 4 | 5 | 3 | 6 | 1 | 8 | 9 | 7 |
| 7 | 8 | 6 | 9 | 5 | 4 | 1 | 2 | 3 |
| 3 | 1 | 9 | 7 | 8 | 2 | 6 | 4 | 5 |
| 9 | 6 | 1 | 2 | 4 | 3 | 5 | 7 | 8 |
| 5 | 3 | 2 | 6 | 7 | 8 | 4 | 1 | 9 |
| 8 | 7 | 4 | 5 | 1 | 9 | 3 | 6 | 2 |
| 4 | 9 | 8 | 1 | 3 | 7 | 2 | 5 | 6 |
| 1 | 5 | 7 | 8 | 2 | 6 | 9 | 3 | 4 |
| 6 | 2 | 3 | 4 | 9 | 5 | 7 | 8 | 1 |

## 97

| 1 | 4 | 2 | 7 | 3 | 6 | 8 | 5 | 9 |
|---|---|---|---|---|---|---|---|---|
| 5 | 7 | 8 | 1 | 9 | 4 | 3 | 6 | 2 |
| 9 | 6 | 3 | 2 | 5 | 8 | 7 | 1 | 4 |
| 8 | 1 | 7 | 5 | 6 | 2 | 4 | 9 | 3 |
| 4 | 3 | 6 | 9 | 1 | 7 | 5 | 2 | 8 |
| 2 | 5 | 9 | 8 | 4 | 3 | 6 | 7 | 1 |
| 3 | 9 | 4 | 6 | 2 | 5 | 1 | 8 | 7 |
| 6 | 8 | 1 | 4 | 7 | 9 | 2 | 3 | 5 |
| 7 | 2 | 5 | 3 | 8 | 1 | 9 | 4 | 6 |

## 98

| 1 | 4 | 8 | 2 | 3 | 9 | 7 | 5 | 6 |
|---|---|---|---|---|---|---|---|---|
| 3 | 2 | 9 | 5 | 7 | 6 | 1 | 4 | 8 |
| 6 | 5 | 7 | 1 | 8 | 4 | 3 | 2 | 9 |
| 7 | 6 | 2 | 8 | 5 | 3 | 9 | 1 | 4 |
| 5 | 3 | 4 | 9 | 6 | 1 | 2 | 8 | 7 |
| 9 | 8 | 1 | 4 | 2 | 7 | 6 | 3 | 5 |
| 2 | 7 | 3 | 6 | 4 | 8 | 5 | 9 | 1 |
| 4 | 1 | 5 | 7 | 9 | 2 | 8 | 6 | 3 |
| 8 | 9 | 6 | 3 | 1 | 5 | 4 | 7 | 2 |

## 99

| 8 | 3 | 5 | 7 | 1 | 4 | 6 | 2 | 9 |
|---|---|---|---|---|---|---|---|---|
| 1 | 7 | 4 | 6 | 2 | 9 | 8 | 5 | 3 |
| 9 | 6 | 2 | 5 | 3 | 8 | 7 | 4 | 1 |
| 7 | 5 | 8 | 4 | 9 | 3 | 1 | 6 | 2 |
| 3 | 4 | 9 | 2 | 6 | 1 | 5 | 8 | 7 |
| 6 | 2 | 1 | 8 | 7 | 5 | 9 | 3 | 4 |
| 2 | 9 | 3 | 1 | 8 | 6 | 4 | 7 | 5 |
| 5 | 1 | 6 | 3 | 4 | 7 | 2 | 9 | 8 |
| 4 | 8 | 7 | 9 | 5 | 2 | 3 | 1 | 6 |

## 100

| 3 | 6 | 8 | 1 | 9 | 2 | 4 | 7 | 5 |
|---|---|---|---|---|---|---|---|---|
| 1 | 4 | 7 | 5 | 6 | 3 | 2 | 9 | 8 |
| 2 | 5 | 9 | 4 | 7 | 8 | 1 | 3 | 6 |
| 5 | 2 | 4 | 9 | 3 | 1 | 6 | 8 | 7 |
| 9 | 8 | 6 | 7 | 4 | 5 | 3 | 2 | 1 |
| 7 | 1 | 3 | 8 | 2 | 6 | 9 | 5 | 4 |
| 6 | 7 | 2 | 3 | 5 | 4 | 8 | 1 | 9 |
| 4 | 9 | 1 | 2 | 8 | 7 | 5 | 6 | 3 |
| 8 | 3 | 5 | 6 | 1 | 9 | 7 | 4 | 2 |

## 101

| | | | | | | | | |
|---|---|---|---|---|---|---|---|---|
| 5 | 3 | 4 | 2 | 6 | 1 | 9 | 7 | 8 |
| 2 | 6 | 8 | 9 | 7 | 4 | 3 | 5 | 1 |
| 9 | 7 | 1 | 3 | 5 | 8 | 2 | 4 | 6 |
| 1 | 9 | 3 | 4 | 8 | 6 | 7 | 2 | 5 |
| 4 | 2 | 5 | 7 | 1 | 3 | 6 | 8 | 9 |
| 6 | 8 | 7 | 5 | 2 | 9 | 1 | 3 | 4 |
| 7 | 1 | 2 | 6 | 4 | 5 | 8 | 9 | 3 |
| 8 | 4 | 9 | 1 | 3 | 7 | 5 | 6 | 2 |
| 3 | 5 | 6 | 8 | 9 | 2 | 4 | 1 | 7 |

## 102

| | | | | | | | | |
|---|---|---|---|---|---|---|---|---|
| 5 | 6 | 9 | 1 | 2 | 4 | 7 | 3 | 8 |
| 2 | 4 | 8 | 3 | 7 | 5 | 9 | 1 | 6 |
| 1 | 3 | 7 | 6 | 9 | 8 | 2 | 4 | 5 |
| 6 | 1 | 5 | 8 | 4 | 9 | 3 | 2 | 7 |
| 7 | 9 | 3 | 2 | 5 | 6 | 1 | 8 | 4 |
| 8 | 2 | 4 | 7 | 3 | 1 | 5 | 6 | 9 |
| 9 | 8 | 1 | 5 | 6 | 2 | 4 | 7 | 3 |
| 4 | 7 | 6 | 9 | 1 | 3 | 8 | 5 | 2 |
| 3 | 5 | 2 | 4 | 8 | 7 | 6 | 9 | 1 |

## 103

| | | | | | | | | |
|---|---|---|---|---|---|---|---|---|
| 3 | 4 | 6 | 9 | 7 | 5 | 1 | 8 | 2 |
| 1 | 9 | 2 | 6 | 8 | 3 | 5 | 7 | 4 |
| 5 | 7 | 8 | 2 | 1 | 4 | 6 | 9 | 3 |
| 8 | 5 | 7 | 3 | 2 | 1 | 9 | 4 | 6 |
| 2 | 1 | 4 | 8 | 9 | 6 | 3 | 5 | 7 |
| 6 | 3 | 9 | 4 | 5 | 7 | 8 | 2 | 1 |
| 7 | 6 | 3 | 5 | 4 | 8 | 2 | 1 | 9 |
| 9 | 8 | 1 | 7 | 6 | 2 | 4 | 3 | 5 |
| 4 | 2 | 5 | 1 | 3 | 9 | 7 | 6 | 8 |

## 104

| | | | | | | | | |
|---|---|---|---|---|---|---|---|---|
| 5 | 4 | 2 | 8 | 6 | 3 | 7 | 1 | 9 |
| 9 | 8 | 6 | 1 | 2 | 7 | 5 | 3 | 4 |
| 7 | 3 | 1 | 5 | 4 | 9 | 6 | 8 | 2 |
| 1 | 6 | 5 | 3 | 7 | 2 | 9 | 4 | 8 |
| 4 | 7 | 3 | 9 | 8 | 5 | 2 | 6 | 1 |
| 8 | 2 | 9 | 4 | 1 | 6 | 3 | 5 | 7 |
| 2 | 5 | 8 | 6 | 9 | 1 | 4 | 7 | 3 |
| 3 | 9 | 4 | 7 | 5 | 8 | 1 | 2 | 6 |
| 6 | 1 | 7 | 2 | 3 | 4 | 8 | 9 | 5 |

## 105

| 1 | 8 | 6 | 2 | 5 | 7 | 4 | 3 | 9 |
| 9 | 4 | 2 | 8 | 3 | 1 | 7 | 6 | 5 |
| 3 | 5 | 7 | 4 | 6 | 9 | 8 | 2 | 1 |
| 7 | 9 | 5 | 6 | 4 | 2 | 1 | 8 | 3 |
| 6 | 2 | 3 | 5 | 1 | 8 | 9 | 7 | 4 |
| 8 | 1 | 4 | 7 | 9 | 3 | 2 | 5 | 6 |
| 2 | 6 | 9 | 1 | 7 | 5 | 3 | 4 | 8 |
| 4 | 3 | 8 | 9 | 2 | 6 | 5 | 1 | 7 |
| 5 | 7 | 1 | 3 | 8 | 4 | 6 | 9 | 2 |

## 106

| 7 | 5 | 1 | 8 | 4 | 2 | 6 | 3 | 9 |
| 9 | 2 | 4 | 3 | 7 | 6 | 5 | 8 | 1 |
| 8 | 3 | 6 | 1 | 5 | 9 | 7 | 2 | 4 |
| 6 | 7 | 2 | 4 | 8 | 3 | 9 | 1 | 5 |
| 1 | 4 | 9 | 5 | 2 | 7 | 3 | 6 | 8 |
| 5 | 8 | 3 | 6 | 9 | 1 | 2 | 4 | 7 |
| 4 | 9 | 7 | 2 | 6 | 8 | 1 | 5 | 3 |
| 2 | 1 | 8 | 9 | 3 | 5 | 4 | 7 | 6 |
| 3 | 6 | 5 | 7 | 1 | 4 | 8 | 9 | 2 |

## 107

| 9 | 2 | 8 | 1 | 5 | 3 | 7 | 4 | 6 |
| 1 | 6 | 3 | 7 | 4 | 2 | 8 | 5 | 9 |
| 4 | 7 | 5 | 8 | 9 | 6 | 2 | 1 | 3 |
| 8 | 5 | 9 | 3 | 2 | 4 | 1 | 6 | 7 |
| 3 | 1 | 6 | 5 | 7 | 8 | 9 | 2 | 4 |
| 2 | 4 | 7 | 9 | 6 | 1 | 3 | 8 | 5 |
| 5 | 3 | 2 | 4 | 1 | 7 | 6 | 9 | 8 |
| 6 | 8 | 4 | 2 | 3 | 9 | 5 | 7 | 1 |
| 7 | 9 | 1 | 6 | 8 | 5 | 4 | 3 | 2 |

## 108

| 7 | 5 | 1 | 4 | 2 | 9 | 3 | 8 | 6 |
| 4 | 2 | 9 | 3 | 8 | 6 | 7 | 5 | 1 |
| 3 | 8 | 6 | 5 | 1 | 7 | 9 | 4 | 2 |
| 5 | 1 | 7 | 6 | 9 | 3 | 8 | 2 | 4 |
| 2 | 9 | 4 | 8 | 7 | 1 | 5 | 6 | 3 |
| 8 | 6 | 3 | 2 | 5 | 4 | 1 | 9 | 7 |
| 1 | 4 | 8 | 7 | 6 | 5 | 2 | 3 | 9 |
| 9 | 3 | 5 | 1 | 4 | 2 | 6 | 7 | 8 |
| 6 | 7 | 2 | 9 | 3 | 8 | 4 | 1 | 5 |

## 109

| 7 | 9 | 3 | 6 | 2 | 8 | 4 | 1 | 5 |
|---|---|---|---|---|---|---|---|---|
| 6 | 1 | 4 | 7 | 5 | 9 | 8 | 3 | 2 |
| 8 | 5 | 2 | 1 | 4 | 3 | 6 | 7 | 9 |
| 3 | 7 | 5 | 4 | 8 | 1 | 9 | 2 | 6 |
| 9 | 2 | 6 | 3 | 7 | 5 | 1 | 4 | 8 |
| 1 | 4 | 8 | 2 | 9 | 6 | 7 | 5 | 3 |
| 5 | 6 | 7 | 9 | 1 | 2 | 3 | 8 | 4 |
| 2 | 3 | 1 | 8 | 6 | 4 | 5 | 9 | 7 |
| 4 | 8 | 9 | 5 | 3 | 7 | 2 | 6 | 1 |

## 110

| 9 | 6 | 4 | 1 | 2 | 5 | 3 | 7 | 8 |
|---|---|---|---|---|---|---|---|---|
| 8 | 5 | 3 | 7 | 4 | 9 | 2 | 6 | 1 |
| 1 | 7 | 2 | 6 | 3 | 8 | 9 | 4 | 5 |
| 7 | 3 | 8 | 4 | 9 | 2 | 5 | 1 | 6 |
| 4 | 9 | 1 | 5 | 7 | 6 | 8 | 3 | 2 |
| 6 | 2 | 5 | 3 | 8 | 1 | 7 | 9 | 4 |
| 2 | 8 | 6 | 9 | 1 | 7 | 4 | 5 | 3 |
| 3 | 1 | 7 | 8 | 5 | 4 | 6 | 2 | 9 |
| 5 | 4 | 9 | 2 | 6 | 3 | 1 | 8 | 7 |

## 111

| 2 | 4 | 5 | 1 | 8 | 6 | 9 | 7 | 3 |
|---|---|---|---|---|---|---|---|---|
| 1 | 8 | 9 | 3 | 4 | 7 | 6 | 5 | 2 |
| 3 | 6 | 7 | 9 | 2 | 5 | 4 | 1 | 8 |
| 4 | 7 | 6 | 8 | 9 | 3 | 1 | 2 | 5 |
| 8 | 1 | 3 | 5 | 6 | 2 | 7 | 4 | 9 |
| 5 | 9 | 2 | 4 | 7 | 1 | 8 | 3 | 6 |
| 7 | 5 | 1 | 6 | 3 | 9 | 2 | 8 | 4 |
| 6 | 2 | 4 | 7 | 5 | 8 | 3 | 9 | 1 |
| 9 | 3 | 8 | 2 | 1 | 4 | 5 | 6 | 7 |

## 112

| 8 | 9 | 4 | 1 | 3 | 7 | 2 | 6 | 5 |
|---|---|---|---|---|---|---|---|---|
| 1 | 6 | 3 | 2 | 8 | 5 | 9 | 7 | 4 |
| 5 | 2 | 7 | 9 | 6 | 4 | 1 | 3 | 8 |
| 9 | 4 | 1 | 6 | 7 | 8 | 3 | 5 | 2 |
| 3 | 8 | 2 | 5 | 1 | 9 | 6 | 4 | 7 |
| 6 | 7 | 5 | 3 | 4 | 2 | 8 | 9 | 1 |
| 7 | 1 | 9 | 4 | 2 | 3 | 5 | 8 | 6 |
| 4 | 3 | 6 | 8 | 5 | 1 | 7 | 2 | 9 |
| 2 | 5 | 8 | 7 | 9 | 6 | 4 | 1 | 3 |

### 113

| 3 | 8 | 1 | 6 | 9 | 2 | 5 | 7 | 4 |
|---|---|---|---|---|---|---|---|---|
| 4 | 6 | 9 | 1 | 7 | 5 | 2 | 3 | 8 |
| 7 | 5 | 2 | 8 | 3 | 4 | 9 | 1 | 6 |
| 2 | 7 | 5 | 4 | 1 | 8 | 6 | 9 | 3 |
| 8 | 9 | 3 | 5 | 6 | 7 | 1 | 4 | 2 |
| 6 | 1 | 4 | 3 | 2 | 9 | 8 | 5 | 7 |
| 9 | 4 | 6 | 7 | 8 | 1 | 3 | 2 | 5 |
| 1 | 3 | 7 | 2 | 5 | 6 | 4 | 8 | 9 |
| 5 | 2 | 8 | 9 | 4 | 3 | 7 | 6 | 1 |

### 114

| 9 | 2 | 3 | 5 | 6 | 8 | 4 | 7 | 1 |
|---|---|---|---|---|---|---|---|---|
| 7 | 1 | 5 | 2 | 9 | 4 | 8 | 6 | 3 |
| 6 | 4 | 8 | 7 | 3 | 1 | 9 | 2 | 5 |
| 5 | 7 | 4 | 8 | 1 | 6 | 3 | 9 | 2 |
| 8 | 9 | 1 | 3 | 2 | 7 | 5 | 4 | 6 |
| 2 | 3 | 6 | 4 | 5 | 9 | 1 | 8 | 7 |
| 1 | 5 | 9 | 6 | 8 | 2 | 7 | 3 | 4 |
| 3 | 6 | 7 | 9 | 4 | 5 | 2 | 1 | 8 |
| 4 | 8 | 2 | 1 | 7 | 3 | 6 | 5 | 9 |

### 115

| 7 | 1 | 5 | 6 | 2 | 9 | 8 | 3 | 4 |
|---|---|---|---|---|---|---|---|---|
| 2 | 4 | 3 | 8 | 5 | 1 | 9 | 7 | 6 |
| 8 | 9 | 6 | 7 | 4 | 3 | 2 | 5 | 1 |
| 4 | 7 | 2 | 3 | 9 | 5 | 6 | 1 | 8 |
| 5 | 3 | 9 | 1 | 8 | 6 | 4 | 2 | 7 |
| 1 | 6 | 8 | 2 | 7 | 4 | 5 | 9 | 3 |
| 6 | 5 | 7 | 9 | 1 | 8 | 3 | 4 | 2 |
| 9 | 8 | 1 | 4 | 3 | 2 | 7 | 6 | 5 |
| 3 | 2 | 4 | 5 | 6 | 7 | 1 | 8 | 9 |

### 116

| 6 | 2 | 1 | 4 | 9 | 7 | 5 | 8 | 3 |
|---|---|---|---|---|---|---|---|---|
| 9 | 4 | 8 | 3 | 5 | 1 | 6 | 7 | 2 |
| 5 | 7 | 3 | 8 | 2 | 6 | 9 | 1 | 4 |
| 4 | 3 | 6 | 9 | 7 | 8 | 1 | 2 | 5 |
| 2 | 1 | 7 | 5 | 6 | 4 | 8 | 3 | 9 |
| 8 | 5 | 9 | 2 | 1 | 3 | 4 | 6 | 7 |
| 1 | 8 | 4 | 7 | 3 | 9 | 2 | 5 | 6 |
| 7 | 9 | 5 | 6 | 8 | 2 | 3 | 4 | 1 |
| 3 | 6 | 2 | 1 | 4 | 5 | 7 | 9 | 8 |

## 117

| 8 | 2 | 4 | 1 | 6 | 5 | 9 | 3 | 7 |
|---|---|---|---|---|---|---|---|---|
| 9 | 7 | 3 | 4 | 8 | 2 | 1 | 6 | 5 |
| 6 | 5 | 1 | 9 | 3 | 7 | 8 | 4 | 2 |
| 4 | 6 | 2 | 3 | 7 | 8 | 5 | 1 | 9 |
| 1 | 8 | 7 | 5 | 4 | 9 | 3 | 2 | 6 |
| 3 | 9 | 5 | 2 | 1 | 6 | 4 | 7 | 8 |
| 7 | 4 | 8 | 6 | 9 | 1 | 2 | 5 | 3 |
| 5 | 3 | 6 | 8 | 2 | 4 | 7 | 9 | 1 |
| 2 | 1 | 9 | 7 | 5 | 3 | 6 | 8 | 4 |

## 118

| 2 | 5 | 4 | 7 | 3 | 9 | 1 | 6 | 8 |
|---|---|---|---|---|---|---|---|---|
| 7 | 1 | 3 | 5 | 6 | 8 | 9 | 4 | 2 |
| 6 | 9 | 8 | 2 | 4 | 1 | 7 | 3 | 5 |
| 5 | 7 | 9 | 1 | 2 | 4 | 6 | 8 | 3 |
| 4 | 3 | 6 | 9 | 8 | 7 | 2 | 5 | 1 |
| 1 | 8 | 2 | 6 | 5 | 3 | 4 | 7 | 9 |
| 3 | 2 | 5 | 4 | 1 | 6 | 8 | 9 | 7 |
| 9 | 6 | 1 | 8 | 7 | 5 | 3 | 2 | 4 |
| 8 | 4 | 7 | 3 | 9 | 2 | 5 | 1 | 6 |

## 119

| 7 | 3 | 5 | 2 | 1 | 9 | 8 | 4 | 6 |
|---|---|---|---|---|---|---|---|---|
| 8 | 9 | 6 | 7 | 3 | 4 | 5 | 1 | 2 |
| 4 | 1 | 2 | 8 | 6 | 5 | 3 | 7 | 9 |
| 6 | 8 | 9 | 5 | 7 | 3 | 1 | 2 | 4 |
| 1 | 2 | 3 | 4 | 9 | 8 | 7 | 6 | 5 |
| 5 | 7 | 4 | 1 | 2 | 6 | 9 | 3 | 8 |
| 9 | 4 | 7 | 3 | 8 | 2 | 6 | 5 | 1 |
| 2 | 6 | 1 | 9 | 5 | 7 | 4 | 8 | 3 |
| 3 | 5 | 8 | 6 | 4 | 1 | 2 | 9 | 7 |

## 120

| 3 | 9 | 6 | 2 | 8 | 5 | 1 | 7 | 4 |
|---|---|---|---|---|---|---|---|---|
| 5 | 8 | 2 | 4 | 1 | 7 | 9 | 6 | 3 |
| 7 | 4 | 1 | 3 | 6 | 9 | 8 | 2 | 5 |
| 4 | 1 | 5 | 6 | 9 | 3 | 2 | 8 | 7 |
| 8 | 6 | 7 | 1 | 5 | 2 | 4 | 3 | 9 |
| 9 | 2 | 3 | 8 | 7 | 4 | 6 | 5 | 1 |
| 2 | 3 | 8 | 7 | 4 | 1 | 5 | 9 | 6 |
| 1 | 7 | 9 | 5 | 2 | 6 | 3 | 4 | 8 |
| 6 | 5 | 4 | 9 | 3 | 8 | 7 | 1 | 2 |

## 121

| 9 | 8 | 7 | 5 | 3 | 1 | 4 | 2 | 6 |
|---|---|---|---|---|---|---|---|---|
| 1 | 4 | 2 | 6 | 9 | 7 | 5 | 8 | 3 |
| 6 | 3 | 5 | 8 | 4 | 2 | 9 | 7 | 1 |
| 4 | 5 | 6 | 3 | 7 | 9 | 2 | 1 | 8 |
| 3 | 2 | 9 | 4 | 1 | 8 | 7 | 6 | 5 |
| 8 | 7 | 1 | 2 | 6 | 5 | 3 | 4 | 9 |
| 5 | 1 | 8 | 7 | 2 | 3 | 6 | 9 | 4 |
| 2 | 9 | 4 | 1 | 5 | 6 | 8 | 3 | 7 |
| 7 | 6 | 3 | 9 | 8 | 4 | 1 | 5 | 2 |

## 122

| 9 | 7 | 3 | 2 | 5 | 8 | 4 | 1 | 6 |
|---|---|---|---|---|---|---|---|---|
| 6 | 2 | 8 | 7 | 4 | 1 | 5 | 9 | 3 |
| 5 | 1 | 4 | 3 | 6 | 9 | 7 | 8 | 2 |
| 4 | 6 | 2 | 1 | 3 | 7 | 9 | 5 | 8 |
| 7 | 3 | 9 | 4 | 8 | 5 | 6 | 2 | 1 |
| 1 | 8 | 5 | 6 | 9 | 2 | 3 | 4 | 7 |
| 2 | 5 | 6 | 9 | 1 | 3 | 8 | 7 | 4 |
| 8 | 4 | 1 | 5 | 7 | 6 | 2 | 3 | 9 |
| 3 | 9 | 7 | 8 | 2 | 4 | 1 | 6 | 5 |

## 123

| 3 | 4 | 2 | 1 | 9 | 5 | 6 | 8 | 7 |
|---|---|---|---|---|---|---|---|---|
| 1 | 5 | 6 | 2 | 7 | 8 | 9 | 3 | 4 |
| 7 | 9 | 8 | 3 | 4 | 6 | 2 | 5 | 1 |
| 4 | 7 | 5 | 8 | 1 | 9 | 3 | 2 | 6 |
| 9 | 8 | 3 | 7 | 6 | 2 | 1 | 4 | 5 |
| 2 | 6 | 1 | 5 | 3 | 4 | 8 | 7 | 9 |
| 8 | 3 | 7 | 6 | 5 | 1 | 4 | 9 | 2 |
| 5 | 1 | 9 | 4 | 2 | 3 | 7 | 6 | 8 |
| 6 | 2 | 4 | 9 | 8 | 7 | 5 | 1 | 3 |

## 124

| 8 | 1 | 6 | 7 | 4 | 2 | 5 | 3 | 9 |
|---|---|---|---|---|---|---|---|---|
| 5 | 7 | 2 | 1 | 3 | 9 | 6 | 4 | 8 |
| 9 | 4 | 3 | 6 | 5 | 8 | 7 | 1 | 2 |
| 6 | 5 | 9 | 4 | 1 | 7 | 2 | 8 | 3 |
| 1 | 2 | 7 | 5 | 8 | 3 | 4 | 9 | 6 |
| 4 | 3 | 8 | 9 | 2 | 6 | 1 | 5 | 7 |
| 3 | 9 | 1 | 2 | 7 | 4 | 8 | 6 | 5 |
| 7 | 6 | 5 | 8 | 9 | 1 | 3 | 2 | 4 |
| 2 | 8 | 4 | 3 | 6 | 5 | 9 | 7 | 1 |

## 125

| 5 | 4 | 9 | 6 | 8 | 2 | 7 | 3 | 1 |
| 1 | 3 | 7 | 4 | 5 | 9 | 6 | 2 | 8 |
| 2 | 6 | 8 | 7 | 3 | 1 | 4 | 5 | 9 |
| 8 | 1 | 4 | 3 | 7 | 5 | 9 | 6 | 2 |
| 7 | 5 | 6 | 9 | 2 | 4 | 8 | 1 | 3 |
| 9 | 2 | 3 | 1 | 6 | 8 | 5 | 7 | 4 |
| 6 | 9 | 1 | 2 | 4 | 7 | 3 | 8 | 5 |
| 4 | 7 | 5 | 8 | 1 | 3 | 2 | 9 | 6 |
| 3 | 8 | 2 | 5 | 9 | 6 | 1 | 4 | 7 |

## 126

| 8 | 7 | 9 | 6 | 4 | 5 | 1 | 3 | 2 |
| 1 | 4 | 6 | 3 | 2 | 9 | 8 | 7 | 5 |
| 3 | 5 | 2 | 7 | 1 | 8 | 4 | 9 | 6 |
| 5 | 9 | 7 | 1 | 8 | 6 | 3 | 2 | 4 |
| 6 | 2 | 8 | 4 | 3 | 7 | 5 | 1 | 9 |
| 4 | 3 | 1 | 9 | 5 | 2 | 7 | 6 | 8 |
| 2 | 1 | 4 | 5 | 6 | 3 | 9 | 8 | 7 |
| 7 | 6 | 3 | 8 | 9 | 4 | 2 | 5 | 1 |
| 9 | 8 | 5 | 2 | 7 | 1 | 6 | 4 | 3 |

## 127

| 2 | 4 | 6 | 7 | 8 | 9 | 5 | 1 | 3 |
| 8 | 3 | 7 | 1 | 5 | 2 | 4 | 6 | 9 |
| 5 | 9 | 1 | 3 | 6 | 4 | 7 | 2 | 8 |
| 3 | 7 | 8 | 5 | 2 | 1 | 6 | 9 | 4 |
| 1 | 6 | 5 | 4 | 9 | 3 | 2 | 8 | 7 |
| 4 | 2 | 9 | 6 | 7 | 8 | 3 | 5 | 1 |
| 6 | 1 | 4 | 9 | 3 | 5 | 8 | 7 | 2 |
| 9 | 5 | 2 | 8 | 4 | 7 | 1 | 3 | 6 |
| 7 | 8 | 3 | 2 | 1 | 6 | 9 | 4 | 5 |

## 128

| 2 | 1 | 7 | 6 | 5 | 3 | 4 | 9 | 8 |
| 9 | 5 | 4 | 2 | 7 | 8 | 6 | 3 | 1 |
| 8 | 6 | 3 | 1 | 9 | 4 | 7 | 2 | 5 |
| 4 | 2 | 1 | 9 | 8 | 6 | 3 | 5 | 7 |
| 5 | 8 | 6 | 3 | 2 | 7 | 1 | 4 | 9 |
| 7 | 3 | 9 | 5 | 4 | 1 | 8 | 6 | 2 |
| 3 | 9 | 8 | 7 | 6 | 2 | 5 | 1 | 4 |
| 1 | 4 | 2 | 8 | 3 | 5 | 9 | 7 | 6 |
| 6 | 7 | 5 | 4 | 1 | 9 | 2 | 8 | 3 |

## 129

| 1 | 4 | 6 | 8 | 7 | 3 | 5 | 2 | 9 |
|---|---|---|---|---|---|---|---|---|
| 9 | 5 | 2 | 6 | 4 | 1 | 3 | 7 | 8 |
| 3 | 7 | 8 | 2 | 9 | 5 | 1 | 6 | 4 |
| 4 | 2 | 9 | 7 | 1 | 6 | 8 | 3 | 5 |
| 8 | 6 | 3 | 9 | 5 | 4 | 7 | 1 | 2 |
| 7 | 1 | 5 | 3 | 8 | 2 | 9 | 4 | 6 |
| 5 | 3 | 7 | 4 | 2 | 9 | 6 | 8 | 1 |
| 6 | 9 | 4 | 1 | 3 | 8 | 2 | 5 | 7 |
| 2 | 8 | 1 | 5 | 6 | 7 | 4 | 9 | 3 |

## 130

| 1 | 6 | 8 | 7 | 2 | 9 | 5 | 4 | 3 |
|---|---|---|---|---|---|---|---|---|
| 3 | 5 | 2 | 6 | 4 | 8 | 7 | 1 | 9 |
| 9 | 7 | 4 | 1 | 5 | 3 | 6 | 2 | 8 |
| 4 | 9 | 1 | 5 | 8 | 6 | 2 | 3 | 7 |
| 5 | 8 | 7 | 4 | 3 | 2 | 1 | 9 | 6 |
| 6 | 2 | 3 | 9 | 7 | 1 | 4 | 8 | 5 |
| 8 | 3 | 5 | 2 | 1 | 7 | 9 | 6 | 4 |
| 7 | 1 | 6 | 8 | 9 | 4 | 3 | 5 | 2 |
| 2 | 4 | 9 | 3 | 6 | 5 | 8 | 7 | 1 |

## 131

| 4 | 1 | 6 | 2 | 7 | 5 | 9 | 3 | 8 |
|---|---|---|---|---|---|---|---|---|
| 3 | 5 | 2 | 8 | 4 | 9 | 7 | 6 | 1 |
| 8 | 7 | 9 | 6 | 1 | 3 | 4 | 5 | 2 |
| 2 | 9 | 5 | 7 | 3 | 1 | 6 | 8 | 4 |
| 7 | 4 | 8 | 9 | 6 | 2 | 5 | 1 | 3 |
| 1 | 6 | 3 | 5 | 8 | 4 | 2 | 7 | 9 |
| 9 | 8 | 4 | 1 | 5 | 6 | 3 | 2 | 7 |
| 5 | 3 | 7 | 4 | 2 | 8 | 1 | 9 | 6 |
| 6 | 2 | 1 | 3 | 9 | 7 | 8 | 4 | 5 |

## 132

| 4 | 6 | 5 | 9 | 2 | 1 | 3 | 8 | 7 |
|---|---|---|---|---|---|---|---|---|
| 2 | 8 | 3 | 6 | 5 | 7 | 9 | 1 | 4 |
| 9 | 7 | 1 | 4 | 8 | 3 | 6 | 2 | 5 |
| 6 | 3 | 2 | 8 | 4 | 5 | 1 | 7 | 9 |
| 1 | 4 | 8 | 7 | 9 | 2 | 5 | 3 | 6 |
| 5 | 9 | 7 | 1 | 3 | 6 | 2 | 4 | 8 |
| 8 | 2 | 4 | 5 | 1 | 9 | 7 | 6 | 3 |
| 3 | 5 | 6 | 2 | 7 | 4 | 8 | 9 | 1 |
| 7 | 1 | 9 | 3 | 6 | 8 | 4 | 5 | 2 |

## 133

| 6 | 4 | 7 | 3 | 8 | 2 | 5 | 9 | 1 |
|---|---|---|---|---|---|---|---|---|
| 1 | 8 | 5 | 6 | 7 | 9 | 2 | 4 | 3 |
| 2 | 9 | 3 | 4 | 5 | 1 | 6 | 8 | 7 |
| 3 | 6 | 9 | 5 | 2 | 8 | 7 | 1 | 4 |
| 8 | 2 | 1 | 7 | 3 | 4 | 9 | 6 | 5 |
| 7 | 5 | 4 | 9 | 1 | 6 | 8 | 3 | 2 |
| 9 | 1 | 6 | 2 | 4 | 5 | 3 | 7 | 8 |
| 5 | 7 | 8 | 1 | 6 | 3 | 4 | 2 | 9 |
| 4 | 3 | 2 | 8 | 9 | 7 | 1 | 5 | 6 |

## 134

| 9 | 4 | 6 | 7 | 2 | 8 | 5 | 1 | 3 |
|---|---|---|---|---|---|---|---|---|
| 3 | 1 | 5 | 4 | 9 | 6 | 8 | 7 | 2 |
| 8 | 7 | 2 | 3 | 5 | 1 | 4 | 6 | 9 |
| 2 | 3 | 7 | 1 | 6 | 5 | 9 | 8 | 4 |
| 5 | 9 | 4 | 2 | 8 | 7 | 1 | 3 | 6 |
| 6 | 8 | 1 | 9 | 3 | 4 | 7 | 2 | 5 |
| 7 | 2 | 3 | 8 | 4 | 9 | 6 | 5 | 1 |
| 4 | 6 | 8 | 5 | 1 | 2 | 3 | 9 | 7 |
| 1 | 5 | 9 | 6 | 7 | 3 | 2 | 4 | 8 |

## 135

| 9 | 3 | 8 | 4 | 6 | 1 | 2 | 7 | 5 |
|---|---|---|---|---|---|---|---|---|
| 6 | 5 | 4 | 2 | 7 | 8 | 3 | 9 | 1 |
| 2 | 7 | 1 | 9 | 3 | 5 | 6 | 8 | 4 |
| 5 | 8 | 6 | 1 | 4 | 7 | 9 | 2 | 3 |
| 1 | 4 | 9 | 3 | 2 | 6 | 8 | 5 | 7 |
| 3 | 2 | 7 | 8 | 5 | 9 | 1 | 4 | 6 |
| 8 | 9 | 5 | 6 | 1 | 4 | 7 | 3 | 2 |
| 4 | 6 | 2 | 7 | 8 | 3 | 5 | 1 | 9 |
| 7 | 1 | 3 | 5 | 9 | 2 | 4 | 6 | 8 |

## 136

| 1 | 7 | 4 | 3 | 2 | 6 | 9 | 5 | 8 |
|---|---|---|---|---|---|---|---|---|
| 3 | 2 | 9 | 8 | 5 | 7 | 1 | 6 | 4 |
| 5 | 6 | 8 | 4 | 1 | 9 | 3 | 7 | 2 |
| 7 | 4 | 3 | 1 | 6 | 2 | 5 | 8 | 9 |
| 9 | 1 | 6 | 5 | 4 | 8 | 7 | 2 | 3 |
| 8 | 5 | 2 | 9 | 7 | 3 | 6 | 4 | 1 |
| 4 | 9 | 1 | 7 | 8 | 5 | 2 | 3 | 6 |
| 2 | 8 | 5 | 6 | 3 | 1 | 4 | 9 | 7 |
| 6 | 3 | 7 | 2 | 9 | 4 | 8 | 1 | 5 |

## 137

| 3 | 5 | 1 | 8 | 7 | 4 | 6 | 9 | 2 |
|---|---|---|---|---|---|---|---|---|
| 8 | 7 | 9 | 2 | 1 | 6 | 5 | 3 | 4 |
| 2 | 6 | 4 | 5 | 3 | 9 | 8 | 1 | 7 |
| 5 | 1 | 3 | 6 | 4 | 8 | 2 | 7 | 9 |
| 6 | 4 | 8 | 9 | 2 | 7 | 3 | 5 | 1 |
| 7 | 9 | 2 | 3 | 5 | 1 | 4 | 6 | 8 |
| 9 | 3 | 5 | 7 | 8 | 2 | 1 | 4 | 6 |
| 1 | 2 | 6 | 4 | 9 | 5 | 7 | 8 | 3 |
| 4 | 8 | 7 | 1 | 6 | 3 | 9 | 2 | 5 |

## 138

| 7 | 4 | 1 | 8 | 9 | 2 | 6 | 5 | 3 |
|---|---|---|---|---|---|---|---|---|
| 9 | 5 | 8 | 3 | 6 | 1 | 2 | 7 | 4 |
| 2 | 6 | 3 | 5 | 4 | 7 | 8 | 1 | 9 |
| 4 | 9 | 2 | 1 | 5 | 6 | 3 | 8 | 7 |
| 8 | 3 | 5 | 9 | 7 | 4 | 1 | 6 | 2 |
| 6 | 1 | 7 | 2 | 8 | 3 | 9 | 4 | 5 |
| 3 | 7 | 4 | 6 | 2 | 8 | 5 | 9 | 1 |
| 5 | 2 | 6 | 7 | 1 | 9 | 4 | 3 | 8 |
| 1 | 8 | 9 | 4 | 3 | 5 | 7 | 2 | 6 |

## 139

| 3 | 5 | 9 | 4 | 2 | 1 | 7 | 6 | 8 |
|---|---|---|---|---|---|---|---|---|
| 1 | 7 | 2 | 6 | 3 | 8 | 9 | 5 | 4 |
| 8 | 4 | 6 | 5 | 9 | 7 | 2 | 3 | 1 |
| 9 | 2 | 5 | 7 | 8 | 6 | 1 | 4 | 3 |
| 7 | 8 | 4 | 3 | 1 | 5 | 6 | 2 | 9 |
| 6 | 1 | 3 | 9 | 4 | 2 | 8 | 7 | 5 |
| 2 | 3 | 1 | 8 | 7 | 4 | 5 | 9 | 6 |
| 4 | 6 | 8 | 2 | 5 | 9 | 3 | 1 | 7 |
| 5 | 9 | 7 | 1 | 6 | 3 | 4 | 8 | 2 |

## 140

| 8 | 6 | 1 | 2 | 7 | 3 | 5 | 9 | 4 |
|---|---|---|---|---|---|---|---|---|
| 4 | 3 | 2 | 5 | 9 | 8 | 1 | 6 | 7 |
| 5 | 9 | 7 | 4 | 1 | 6 | 8 | 3 | 2 |
| 6 | 7 | 5 | 9 | 2 | 1 | 4 | 8 | 3 |
| 1 | 4 | 8 | 3 | 6 | 5 | 7 | 2 | 9 |
| 3 | 2 | 9 | 7 | 8 | 4 | 6 | 5 | 1 |
| 2 | 1 | 6 | 8 | 4 | 9 | 3 | 7 | 5 |
| 9 | 8 | 3 | 1 | 5 | 7 | 2 | 4 | 6 |
| 7 | 5 | 4 | 6 | 3 | 2 | 9 | 1 | 8 |

## 141

| 8 | 9 | 2 | 4 | 5 | 3 | 7 | 1 | 6 |
|---|---|---|---|---|---|---|---|---|
| 4 | 6 | 3 | 7 | 2 | 1 | 8 | 9 | 5 |
| 5 | 7 | 1 | 6 | 9 | 8 | 2 | 3 | 4 |
| 9 | 2 | 8 | 5 | 7 | 4 | 1 | 6 | 3 |
| 1 | 5 | 4 | 3 | 8 | 6 | 9 | 2 | 7 |
| 7 | 3 | 6 | 9 | 1 | 2 | 5 | 4 | 8 |
| 6 | 1 | 5 | 8 | 4 | 9 | 3 | 7 | 2 |
| 2 | 4 | 7 | 1 | 3 | 5 | 6 | 8 | 9 |
| 3 | 8 | 9 | 2 | 6 | 7 | 4 | 5 | 1 |

## 142

| 6 | 3 | 9 | 5 | 1 | 2 | 7 | 4 | 8 |
|---|---|---|---|---|---|---|---|---|
| 8 | 2 | 5 | 4 | 9 | 7 | 3 | 6 | 1 |
| 7 | 1 | 4 | 6 | 8 | 3 | 9 | 5 | 2 |
| 4 | 5 | 8 | 3 | 7 | 9 | 1 | 2 | 6 |
| 1 | 7 | 6 | 8 | 2 | 5 | 4 | 3 | 9 |
| 3 | 9 | 2 | 1 | 6 | 4 | 8 | 7 | 5 |
| 9 | 6 | 7 | 2 | 3 | 1 | 5 | 8 | 4 |
| 2 | 4 | 3 | 9 | 5 | 8 | 6 | 1 | 7 |
| 5 | 8 | 1 | 7 | 4 | 6 | 2 | 9 | 3 |

## 143

| 9 | 3 | 6 | 1 | 8 | 7 | 4 | 5 | 2 |
|---|---|---|---|---|---|---|---|---|
| 4 | 2 | 7 | 9 | 5 | 3 | 6 | 1 | 8 |
| 1 | 8 | 5 | 2 | 6 | 4 | 3 | 9 | 7 |
| 7 | 9 | 2 | 5 | 4 | 1 | 8 | 3 | 6 |
| 8 | 6 | 4 | 3 | 9 | 2 | 5 | 7 | 1 |
| 3 | 5 | 1 | 8 | 7 | 6 | 9 | 2 | 4 |
| 6 | 4 | 9 | 7 | 1 | 5 | 2 | 8 | 3 |
| 2 | 1 | 8 | 4 | 3 | 9 | 7 | 6 | 5 |
| 5 | 7 | 3 | 6 | 2 | 8 | 1 | 4 | 9 |

## 144

| 5 | 9 | 8 | 1 | 7 | 6 | 3 | 4 | 2 |
|---|---|---|---|---|---|---|---|---|
| 1 | 6 | 2 | 8 | 4 | 3 | 9 | 5 | 7 |
| 4 | 3 | 7 | 9 | 5 | 2 | 1 | 8 | 6 |
| 8 | 2 | 4 | 5 | 6 | 1 | 7 | 3 | 9 |
| 7 | 1 | 6 | 3 | 9 | 8 | 4 | 2 | 5 |
| 3 | 5 | 9 | 7 | 2 | 4 | 6 | 1 | 8 |
| 2 | 7 | 1 | 4 | 8 | 9 | 5 | 6 | 3 |
| 9 | 8 | 3 | 6 | 1 | 5 | 2 | 7 | 4 |
| 6 | 4 | 5 | 2 | 3 | 7 | 8 | 9 | 1 |

### 145

| 3 | 4 | 9 | 7 | 2 | 5 | 6 | 8 | 1 |
| 1 | 5 | 6 | 3 | 8 | 9 | 2 | 7 | 4 |
| 7 | 8 | 2 | 6 | 1 | 4 | 9 | 3 | 5 |
| 2 | 7 | 4 | 9 | 3 | 1 | 5 | 6 | 8 |
| 5 | 9 | 1 | 8 | 7 | 6 | 4 | 2 | 3 |
| 6 | 3 | 8 | 4 | 5 | 2 | 1 | 9 | 7 |
| 4 | 6 | 7 | 5 | 9 | 8 | 3 | 1 | 2 |
| 8 | 2 | 5 | 1 | 6 | 3 | 7 | 4 | 9 |
| 9 | 1 | 3 | 2 | 4 | 7 | 8 | 5 | 6 |

### 146

| 3 | 7 | 9 | 6 | 5 | 2 | 1 | 8 | 4 |
| 5 | 2 | 6 | 4 | 1 | 8 | 7 | 3 | 9 |
| 4 | 8 | 1 | 7 | 3 | 9 | 2 | 5 | 6 |
| 2 | 1 | 5 | 8 | 4 | 7 | 6 | 9 | 3 |
| 8 | 9 | 3 | 5 | 6 | 1 | 4 | 7 | 2 |
| 7 | 6 | 4 | 9 | 2 | 3 | 8 | 1 | 5 |
| 1 | 5 | 8 | 2 | 9 | 4 | 3 | 6 | 7 |
| 6 | 3 | 2 | 1 | 7 | 5 | 9 | 4 | 8 |
| 9 | 4 | 7 | 3 | 8 | 6 | 5 | 2 | 1 |

### 147

| 7 | 2 | 3 | 9 | 4 | 8 | 5 | 6 | 1 |
| 8 | 4 | 9 | 5 | 6 | 1 | 2 | 3 | 7 |
| 5 | 6 | 1 | 3 | 7 | 2 | 8 | 4 | 9 |
| 6 | 3 | 8 | 4 | 1 | 7 | 9 | 2 | 5 |
| 4 | 9 | 5 | 2 | 8 | 3 | 1 | 7 | 6 |
| 2 | 1 | 7 | 6 | 9 | 5 | 4 | 8 | 3 |
| 3 | 5 | 6 | 1 | 2 | 4 | 7 | 9 | 8 |
| 9 | 7 | 4 | 8 | 5 | 6 | 3 | 1 | 2 |
| 1 | 8 | 2 | 7 | 3 | 9 | 6 | 5 | 4 |

### 148

| 7 | 5 | 6 | 9 | 3 | 4 | 8 | 2 | 1 |
| 8 | 4 | 3 | 2 | 6 | 1 | 9 | 5 | 7 |
| 9 | 2 | 1 | 5 | 7 | 8 | 4 | 6 | 3 |
| 1 | 6 | 7 | 4 | 5 | 3 | 2 | 9 | 8 |
| 2 | 3 | 5 | 6 | 8 | 9 | 7 | 1 | 4 |
| 4 | 8 | 9 | 7 | 1 | 2 | 5 | 3 | 6 |
| 5 | 7 | 2 | 1 | 4 | 6 | 3 | 8 | 9 |
| 6 | 9 | 8 | 3 | 2 | 7 | 1 | 4 | 5 |
| 3 | 1 | 4 | 8 | 9 | 5 | 6 | 7 | 2 |

## 149

| 3 | 8 | 4 | 7 | 9 | 6 | 2 | 1 | 5 |
| 9 | 5 | 6 | 2 | 1 | 8 | 3 | 4 | 7 |
| 2 | 1 | 7 | 4 | 5 | 3 | 9 | 8 | 6 |
| 5 | 4 | 3 | 9 | 7 | 2 | 8 | 6 | 1 |
| 7 | 6 | 2 | 3 | 8 | 1 | 4 | 5 | 9 |
| 1 | 9 | 8 | 5 | 6 | 4 | 7 | 3 | 2 |
| 4 | 2 | 5 | 1 | 3 | 9 | 6 | 7 | 8 |
| 6 | 7 | 9 | 8 | 4 | 5 | 1 | 2 | 3 |
| 8 | 3 | 1 | 6 | 2 | 7 | 5 | 9 | 4 |

## 150

| 5 | 9 | 3 | 4 | 7 | 6 | 8 | 1 | 2 |
| 4 | 6 | 1 | 2 | 8 | 5 | 3 | 7 | 9 |
| 7 | 8 | 2 | 9 | 3 | 1 | 5 | 4 | 6 |
| 6 | 1 | 5 | 7 | 2 | 9 | 4 | 8 | 3 |
| 3 | 7 | 4 | 6 | 1 | 8 | 2 | 9 | 5 |
| 8 | 2 | 9 | 5 | 4 | 3 | 1 | 6 | 7 |
| 9 | 3 | 6 | 1 | 5 | 4 | 7 | 2 | 8 |
| 2 | 4 | 8 | 3 | 9 | 7 | 6 | 5 | 1 |
| 1 | 5 | 7 | 8 | 6 | 2 | 9 | 3 | 4 |

## 151

| 1 | 6 | 9 | 3 | 2 | 4 | 8 | 7 | 5 |
| 3 | 8 | 4 | 5 | 7 | 1 | 9 | 2 | 6 |
| 7 | 2 | 5 | 8 | 6 | 9 | 1 | 3 | 4 |
| 8 | 5 | 3 | 4 | 9 | 2 | 6 | 1 | 7 |
| 2 | 9 | 7 | 1 | 8 | 6 | 4 | 5 | 3 |
| 6 | 4 | 1 | 7 | 3 | 5 | 2 | 8 | 9 |
| 4 | 3 | 2 | 9 | 1 | 7 | 5 | 6 | 8 |
| 9 | 1 | 8 | 6 | 5 | 3 | 7 | 4 | 2 |
| 5 | 7 | 6 | 2 | 4 | 8 | 3 | 9 | 1 |

## 152

| 9 | 8 | 5 | 7 | 3 | 6 | 4 | 1 | 2 |
| 7 | 6 | 1 | 5 | 2 | 4 | 3 | 9 | 8 |
| 3 | 2 | 4 | 1 | 8 | 9 | 7 | 5 | 6 |
| 2 | 9 | 3 | 4 | 7 | 5 | 8 | 6 | 1 |
| 5 | 4 | 8 | 6 | 1 | 3 | 9 | 2 | 7 |
| 6 | 1 | 7 | 8 | 9 | 2 | 5 | 4 | 3 |
| 4 | 5 | 2 | 3 | 6 | 7 | 1 | 8 | 9 |
| 8 | 7 | 9 | 2 | 4 | 1 | 6 | 3 | 5 |
| 1 | 3 | 6 | 9 | 5 | 8 | 2 | 7 | 4 |

### 153

| 1 | 2 | 9 | 3 | 5 | 8 | 4 | 7 | 6 |
|---|---|---|---|---|---|---|---|---|
| 6 | 8 | 5 | 4 | 2 | 7 | 9 | 1 | 3 |
| 7 | 4 | 3 | 1 | 9 | 6 | 2 | 8 | 5 |
| 3 | 7 | 2 | 5 | 8 | 9 | 6 | 4 | 1 |
| 8 | 6 | 4 | 2 | 7 | 1 | 5 | 3 | 9 |
| 9 | 5 | 1 | 6 | 4 | 3 | 7 | 2 | 8 |
| 2 | 9 | 8 | 7 | 1 | 5 | 3 | 6 | 4 |
| 4 | 1 | 6 | 9 | 3 | 2 | 8 | 5 | 7 |
| 5 | 3 | 7 | 8 | 6 | 4 | 1 | 9 | 2 |

### 154

| 1 | 8 | 4 | 2 | 9 | 3 | 6 | 7 | 5 |
|---|---|---|---|---|---|---|---|---|
| 6 | 7 | 9 | 4 | 1 | 5 | 8 | 2 | 3 |
| 5 | 3 | 2 | 7 | 8 | 6 | 1 | 9 | 4 |
| 4 | 5 | 6 | 8 | 7 | 1 | 2 | 3 | 9 |
| 7 | 1 | 3 | 6 | 2 | 9 | 4 | 5 | 8 |
| 9 | 2 | 8 | 3 | 5 | 4 | 7 | 1 | 6 |
| 3 | 4 | 1 | 5 | 6 | 2 | 9 | 8 | 7 |
| 2 | 6 | 7 | 9 | 3 | 8 | 5 | 4 | 1 |
| 8 | 9 | 5 | 1 | 4 | 7 | 3 | 6 | 2 |

### 155

| 9 | 3 | 8 | 4 | 6 | 7 | 2 | 1 | 5 |
|---|---|---|---|---|---|---|---|---|
| 4 | 1 | 6 | 5 | 3 | 2 | 9 | 7 | 8 |
| 2 | 5 | 7 | 9 | 1 | 8 | 3 | 6 | 4 |
| 3 | 7 | 9 | 1 | 2 | 5 | 4 | 8 | 6 |
| 6 | 4 | 5 | 7 | 8 | 9 | 1 | 2 | 3 |
| 1 | 8 | 2 | 6 | 4 | 3 | 5 | 9 | 7 |
| 8 | 9 | 4 | 3 | 7 | 1 | 6 | 5 | 2 |
| 7 | 6 | 1 | 2 | 5 | 4 | 8 | 3 | 9 |
| 5 | 2 | 3 | 8 | 9 | 6 | 7 | 4 | 1 |

### 156

| 2 | 5 | 3 | 1 | 4 | 8 | 9 | 7 | 6 |
|---|---|---|---|---|---|---|---|---|
| 1 | 9 | 6 | 2 | 7 | 5 | 4 | 8 | 3 |
| 4 | 8 | 7 | 3 | 9 | 6 | 1 | 5 | 2 |
| 3 | 6 | 9 | 5 | 2 | 4 | 7 | 1 | 8 |
| 7 | 4 | 2 | 8 | 1 | 9 | 3 | 6 | 5 |
| 8 | 1 | 5 | 7 | 6 | 3 | 2 | 4 | 9 |
| 9 | 3 | 4 | 6 | 5 | 1 | 8 | 2 | 7 |
| 5 | 7 | 1 | 9 | 8 | 2 | 6 | 3 | 4 |
| 6 | 2 | 8 | 4 | 3 | 7 | 5 | 9 | 1 |

## 157

| 5 | 3 | 2 | 4 | 8 | 9 | 7 | 1 | 6 |
| 6 | 4 | 7 | 3 | 2 | 1 | 8 | 5 | 9 |
| 1 | 9 | 8 | 7 | 5 | 6 | 2 | 4 | 3 |
| 8 | 6 | 4 | 5 | 3 | 2 | 9 | 7 | 1 |
| 3 | 1 | 5 | 9 | 7 | 4 | 6 | 8 | 2 |
| 2 | 7 | 9 | 6 | 1 | 8 | 4 | 3 | 5 |
| 7 | 2 | 1 | 8 | 6 | 3 | 5 | 9 | 4 |
| 9 | 5 | 3 | 2 | 4 | 7 | 1 | 6 | 8 |
| 4 | 8 | 6 | 1 | 9 | 5 | 3 | 2 | 7 |

## 158

| 5 | 3 | 7 | 8 | 2 | 1 | 4 | 9 | 6 |
| 6 | 9 | 8 | 7 | 4 | 3 | 5 | 1 | 2 |
| 4 | 2 | 1 | 6 | 9 | 5 | 3 | 8 | 7 |
| 1 | 4 | 5 | 3 | 7 | 6 | 8 | 2 | 9 |
| 8 | 7 | 2 | 5 | 1 | 9 | 6 | 4 | 3 |
| 3 | 6 | 9 | 4 | 8 | 2 | 1 | 7 | 5 |
| 7 | 1 | 6 | 2 | 3 | 4 | 9 | 5 | 8 |
| 9 | 8 | 3 | 1 | 5 | 7 | 2 | 6 | 4 |
| 2 | 5 | 4 | 9 | 6 | 8 | 7 | 3 | 1 |

## 159

| 8 | 4 | 3 | 1 | 6 | 2 | 7 | 9 | 5 |
| 7 | 2 | 6 | 3 | 5 | 9 | 4 | 8 | 1 |
| 1 | 9 | 5 | 7 | 4 | 8 | 2 | 6 | 3 |
| 3 | 5 | 8 | 2 | 9 | 7 | 1 | 4 | 6 |
| 4 | 6 | 2 | 5 | 3 | 1 | 8 | 7 | 9 |
| 9 | 1 | 7 | 4 | 8 | 6 | 3 | 5 | 2 |
| 5 | 8 | 1 | 6 | 2 | 4 | 9 | 3 | 7 |
| 2 | 3 | 4 | 9 | 7 | 5 | 6 | 1 | 8 |
| 6 | 7 | 9 | 8 | 1 | 3 | 5 | 2 | 4 |

## 160

| 3 | 6 | 2 | 9 | 8 | 4 | 5 | 1 | 7 |
| 9 | 8 | 5 | 1 | 7 | 2 | 3 | 6 | 4 |
| 4 | 1 | 7 | 3 | 5 | 6 | 2 | 8 | 9 |
| 1 | 4 | 3 | 8 | 9 | 7 | 6 | 5 | 2 |
| 2 | 5 | 6 | 4 | 1 | 3 | 7 | 9 | 8 |
| 8 | 7 | 9 | 6 | 2 | 5 | 1 | 4 | 3 |
| 5 | 3 | 4 | 7 | 6 | 9 | 8 | 2 | 1 |
| 6 | 9 | 8 | 2 | 3 | 1 | 4 | 7 | 5 |
| 7 | 2 | 1 | 5 | 4 | 8 | 9 | 3 | 6 |

## 161

| 2 | 5 | 8 | 9 | 6 | 7 | 4 | 3 | 1 |
|---|---|---|---|---|---|---|---|---|
| 6 | 4 | 3 | 1 | 2 | 5 | 7 | 9 | 8 |
| 9 | 1 | 7 | 3 | 8 | 4 | 5 | 6 | 2 |
| 4 | 2 | 6 | 7 | 9 | 3 | 1 | 8 | 5 |
| 7 | 8 | 9 | 5 | 1 | 6 | 3 | 2 | 4 |
| 1 | 3 | 5 | 2 | 4 | 8 | 6 | 7 | 9 |
| 3 | 9 | 4 | 6 | 5 | 2 | 8 | 1 | 7 |
| 8 | 7 | 1 | 4 | 3 | 9 | 2 | 5 | 6 |
| 5 | 6 | 2 | 8 | 7 | 1 | 9 | 4 | 3 |

## 162

| 3 | 6 | 2 | 5 | 4 | 9 | 7 | 8 | 1 |
|---|---|---|---|---|---|---|---|---|
| 5 | 1 | 7 | 2 | 8 | 6 | 9 | 3 | 4 |
| 9 | 4 | 8 | 3 | 1 | 7 | 2 | 6 | 5 |
| 6 | 9 | 4 | 8 | 3 | 5 | 1 | 7 | 2 |
| 8 | 7 | 3 | 9 | 2 | 1 | 4 | 5 | 6 |
| 2 | 5 | 1 | 7 | 6 | 4 | 8 | 9 | 3 |
| 4 | 3 | 9 | 1 | 5 | 8 | 6 | 2 | 7 |
| 1 | 8 | 5 | 6 | 7 | 2 | 3 | 4 | 9 |
| 7 | 2 | 6 | 4 | 9 | 3 | 5 | 1 | 8 |

## 163

| 1 | 9 | 2 | 6 | 7 | 8 | 3 | 4 | 5 |
|---|---|---|---|---|---|---|---|---|
| 5 | 8 | 4 | 2 | 3 | 1 | 9 | 6 | 7 |
| 3 | 7 | 6 | 4 | 5 | 9 | 2 | 8 | 1 |
| 6 | 3 | 5 | 1 | 2 | 4 | 7 | 9 | 8 |
| 7 | 2 | 9 | 8 | 6 | 3 | 1 | 5 | 4 |
| 4 | 1 | 8 | 7 | 9 | 5 | 6 | 3 | 2 |
| 2 | 4 | 3 | 5 | 1 | 6 | 8 | 7 | 9 |
| 8 | 6 | 7 | 9 | 4 | 2 | 5 | 1 | 3 |
| 9 | 5 | 1 | 3 | 8 | 7 | 4 | 2 | 6 |

## 164

| 1 | 6 | 8 | 7 | 3 | 9 | 4 | 5 | 2 |
|---|---|---|---|---|---|---|---|---|
| 2 | 7 | 3 | 4 | 5 | 1 | 8 | 6 | 9 |
| 4 | 5 | 9 | 2 | 6 | 8 | 3 | 1 | 7 |
| 9 | 8 | 4 | 1 | 2 | 3 | 6 | 7 | 5 |
| 6 | 3 | 2 | 5 | 8 | 7 | 9 | 4 | 1 |
| 7 | 1 | 5 | 6 | 9 | 4 | 2 | 3 | 8 |
| 8 | 9 | 7 | 3 | 1 | 6 | 5 | 2 | 4 |
| 3 | 2 | 1 | 8 | 4 | 5 | 7 | 9 | 6 |
| 5 | 4 | 6 | 9 | 7 | 2 | 1 | 8 | 3 |

## 165

| 4 | 9 | 3 | 8 | 6 | 1 | 5 | 7 | 2 |
| 8 | 2 | 7 | 9 | 5 | 4 | 1 | 3 | 6 |
| 5 | 1 | 6 | 3 | 2 | 7 | 9 | 4 | 8 |
| 9 | 8 | 1 | 4 | 7 | 3 | 2 | 6 | 5 |
| 6 | 3 | 5 | 2 | 8 | 9 | 4 | 1 | 7 |
| 7 | 4 | 2 | 5 | 1 | 6 | 3 | 8 | 9 |
| 3 | 5 | 8 | 6 | 4 | 2 | 7 | 9 | 1 |
| 1 | 6 | 4 | 7 | 9 | 5 | 8 | 2 | 3 |
| 2 | 7 | 9 | 1 | 3 | 8 | 6 | 5 | 4 |

## 166

| 8 | 7 | 2 | 3 | 5 | 4 | 9 | 1 | 6 |
| 9 | 4 | 6 | 1 | 2 | 7 | 3 | 8 | 5 |
| 1 | 5 | 3 | 9 | 8 | 6 | 7 | 4 | 2 |
| 7 | 2 | 9 | 5 | 4 | 3 | 8 | 6 | 1 |
| 5 | 3 | 4 | 8 | 6 | 1 | 2 | 9 | 7 |
| 6 | 8 | 1 | 7 | 9 | 2 | 4 | 5 | 3 |
| 3 | 9 | 5 | 6 | 7 | 8 | 1 | 2 | 4 |
| 2 | 6 | 7 | 4 | 1 | 9 | 5 | 3 | 8 |
| 4 | 1 | 8 | 2 | 3 | 5 | 6 | 7 | 9 |

## 167

| 6 | 1 | 4 | 3 | 7 | 5 | 2 | 8 | 9 |
| 3 | 5 | 2 | 9 | 8 | 1 | 4 | 6 | 7 |
| 7 | 8 | 9 | 6 | 2 | 4 | 3 | 1 | 5 |
| 8 | 7 | 5 | 2 | 6 | 9 | 1 | 4 | 3 |
| 4 | 6 | 3 | 7 | 1 | 8 | 9 | 5 | 2 |
| 9 | 2 | 1 | 4 | 5 | 3 | 6 | 7 | 8 |
| 5 | 9 | 6 | 1 | 3 | 7 | 8 | 2 | 4 |
| 1 | 4 | 7 | 8 | 9 | 2 | 5 | 3 | 6 |
| 2 | 3 | 8 | 5 | 4 | 6 | 7 | 9 | 1 |

## 168

| 1 | 8 | 2 | 6 | 4 | 5 | 9 | 3 | 7 |
| 3 | 7 | 6 | 2 | 9 | 1 | 4 | 8 | 5 |
| 4 | 9 | 5 | 7 | 3 | 8 | 6 | 2 | 1 |
| 6 | 4 | 7 | 9 | 8 | 3 | 1 | 5 | 2 |
| 5 | 2 | 3 | 4 | 1 | 6 | 7 | 9 | 8 |
| 8 | 1 | 9 | 5 | 2 | 7 | 3 | 6 | 4 |
| 7 | 5 | 8 | 3 | 6 | 4 | 2 | 1 | 9 |
| 2 | 6 | 4 | 1 | 5 | 9 | 8 | 7 | 3 |
| 9 | 3 | 1 | 8 | 7 | 2 | 5 | 4 | 6 |

## 169

| 1 | 7 | 4 | 2 | 3 | 5 | 6 | 8 | 9 |
| 9 | 5 | 2 | 6 | 4 | 8 | 1 | 7 | 3 |
| 6 | 3 | 8 | 1 | 9 | 7 | 5 | 4 | 2 |
| 2 | 1 | 7 | 5 | 8 | 9 | 4 | 3 | 6 |
| 5 | 8 | 9 | 3 | 6 | 4 | 2 | 1 | 7 |
| 4 | 6 | 3 | 7 | 2 | 1 | 8 | 9 | 5 |
| 8 | 4 | 5 | 9 | 7 | 6 | 3 | 2 | 1 |
| 3 | 9 | 1 | 4 | 5 | 2 | 7 | 6 | 8 |
| 7 | 2 | 6 | 8 | 1 | 3 | 9 | 5 | 4 |

## 170

| 2 | 4 | 1 | 7 | 6 | 9 | 8 | 5 | 3 |
| 3 | 6 | 7 | 2 | 5 | 8 | 4 | 9 | 1 |
| 9 | 8 | 5 | 3 | 4 | 1 | 7 | 2 | 6 |
| 8 | 9 | 2 | 1 | 7 | 6 | 5 | 3 | 4 |
| 5 | 3 | 6 | 4 | 8 | 2 | 1 | 7 | 9 |
| 7 | 1 | 4 | 9 | 3 | 5 | 6 | 8 | 2 |
| 1 | 7 | 3 | 8 | 9 | 4 | 2 | 6 | 5 |
| 4 | 5 | 9 | 6 | 2 | 7 | 3 | 1 | 8 |
| 6 | 2 | 8 | 5 | 1 | 3 | 9 | 4 | 7 |

## 171

| 4 | 1 | 8 | 5 | 9 | 2 | 6 | 7 | 3 |
| 9 | 6 | 7 | 4 | 3 | 8 | 2 | 5 | 1 |
| 3 | 5 | 2 | 6 | 1 | 7 | 8 | 4 | 9 |
| 2 | 8 | 1 | 3 | 4 | 5 | 7 | 9 | 6 |
| 5 | 4 | 3 | 9 | 7 | 6 | 1 | 8 | 2 |
| 6 | 7 | 9 | 2 | 8 | 1 | 4 | 3 | 5 |
| 8 | 2 | 6 | 7 | 5 | 3 | 9 | 1 | 4 |
| 1 | 9 | 5 | 8 | 6 | 4 | 3 | 2 | 7 |
| 7 | 3 | 4 | 1 | 2 | 9 | 5 | 6 | 8 |

## 172

| 4 | 8 | 5 | 7 | 3 | 2 | 9 | 1 | 6 |
| 9 | 1 | 3 | 4 | 6 | 8 | 2 | 7 | 5 |
| 6 | 2 | 7 | 9 | 5 | 1 | 8 | 3 | 4 |
| 5 | 6 | 4 | 2 | 9 | 7 | 1 | 8 | 3 |
| 8 | 3 | 9 | 1 | 4 | 6 | 5 | 2 | 7 |
| 2 | 7 | 1 | 3 | 8 | 5 | 6 | 4 | 9 |
| 1 | 5 | 6 | 8 | 7 | 3 | 4 | 9 | 2 |
| 7 | 9 | 2 | 5 | 1 | 4 | 3 | 6 | 8 |
| 3 | 4 | 8 | 6 | 2 | 9 | 7 | 5 | 1 |

## 173

| | | | | | | | | |
|---|---|---|---|---|---|---|---|---|
| 4 | 8 | 7 | 9 | 6 | 3 | 2 | 1 | 5 |
| 3 | 5 | 2 | 7 | 1 | 4 | 6 | 8 | 9 |
| 1 | 9 | 6 | 2 | 5 | 8 | 7 | 4 | 3 |
| 6 | 3 | 4 | 8 | 2 | 5 | 1 | 9 | 7 |
| 5 | 2 | 8 | 1 | 9 | 7 | 3 | 6 | 4 |
| 7 | 1 | 9 | 4 | 3 | 6 | 8 | 5 | 2 |
| 9 | 7 | 5 | 6 | 8 | 2 | 4 | 3 | 1 |
| 8 | 4 | 1 | 3 | 7 | 9 | 5 | 2 | 6 |
| 2 | 6 | 3 | 5 | 4 | 1 | 9 | 7 | 8 |

## 174

| | | | | | | | | |
|---|---|---|---|---|---|---|---|---|
| 4 | 8 | 2 | 3 | 1 | 9 | 7 | 6 | 5 |
| 9 | 3 | 7 | 5 | 6 | 8 | 1 | 2 | 4 |
| 5 | 1 | 6 | 2 | 4 | 7 | 8 | 9 | 3 |
| 6 | 2 | 5 | 4 | 7 | 1 | 3 | 8 | 9 |
| 3 | 7 | 8 | 9 | 2 | 5 | 4 | 1 | 6 |
| 1 | 9 | 4 | 8 | 3 | 6 | 5 | 7 | 2 |
| 7 | 4 | 9 | 1 | 5 | 2 | 6 | 3 | 8 |
| 8 | 5 | 1 | 6 | 9 | 3 | 2 | 4 | 7 |
| 2 | 6 | 3 | 7 | 8 | 4 | 9 | 5 | 1 |

## 175

| | | | | | | | | |
|---|---|---|---|---|---|---|---|---|
| 9 | 4 | 8 | 1 | 5 | 6 | 7 | 3 | 2 |
| 5 | 3 | 6 | 9 | 2 | 7 | 4 | 8 | 1 |
| 7 | 1 | 2 | 8 | 3 | 4 | 5 | 6 | 9 |
| 2 | 5 | 4 | 7 | 6 | 1 | 3 | 9 | 8 |
| 8 | 9 | 3 | 5 | 4 | 2 | 6 | 1 | 7 |
| 6 | 7 | 1 | 3 | 8 | 9 | 2 | 4 | 5 |
| 3 | 6 | 5 | 2 | 1 | 8 | 9 | 7 | 4 |
| 4 | 8 | 7 | 6 | 9 | 5 | 1 | 2 | 3 |
| 1 | 2 | 9 | 4 | 7 | 3 | 8 | 5 | 6 |

## 176

| | | | | | | | | |
|---|---|---|---|---|---|---|---|---|
| 8 | 2 | 4 | 6 | 9 | 1 | 5 | 7 | 3 |
| 1 | 3 | 6 | 5 | 7 | 2 | 8 | 9 | 4 |
| 9 | 5 | 7 | 8 | 3 | 4 | 2 | 6 | 1 |
| 3 | 8 | 2 | 7 | 6 | 5 | 4 | 1 | 9 |
| 4 | 6 | 9 | 1 | 8 | 3 | 7 | 2 | 5 |
| 5 | 7 | 1 | 2 | 4 | 9 | 3 | 8 | 6 |
| 2 | 1 | 3 | 9 | 5 | 8 | 6 | 4 | 7 |
| 7 | 9 | 5 | 4 | 2 | 6 | 1 | 3 | 8 |
| 6 | 4 | 8 | 3 | 1 | 7 | 9 | 5 | 2 |

## 177

| 7 | 4 | 3 | 2 | 5 | 9 | 1 | 6 | 8 |
| 1 | 2 | 8 | 7 | 6 | 3 | 5 | 9 | 4 |
| 9 | 5 | 6 | 8 | 4 | 1 | 7 | 2 | 3 |
| 5 | 8 | 9 | 1 | 7 | 4 | 2 | 3 | 6 |
| 2 | 6 | 7 | 3 | 9 | 5 | 4 | 8 | 1 |
| 3 | 1 | 4 | 6 | 2 | 8 | 9 | 7 | 5 |
| 4 | 3 | 2 | 9 | 1 | 6 | 8 | 5 | 7 |
| 6 | 9 | 5 | 4 | 8 | 7 | 3 | 1 | 2 |
| 8 | 7 | 1 | 5 | 3 | 2 | 6 | 4 | 9 |

## 178

| 5 | 9 | 7 | 2 | 4 | 8 | 6 | 1 | 3 |
| 8 | 3 | 1 | 7 | 9 | 6 | 4 | 5 | 2 |
| 2 | 4 | 6 | 3 | 1 | 5 | 8 | 7 | 9 |
| 1 | 2 | 5 | 6 | 8 | 7 | 3 | 9 | 4 |
| 3 | 6 | 9 | 4 | 5 | 2 | 1 | 8 | 7 |
| 7 | 8 | 4 | 9 | 3 | 1 | 5 | 2 | 6 |
| 9 | 7 | 8 | 5 | 6 | 4 | 2 | 3 | 1 |
| 6 | 5 | 2 | 1 | 7 | 3 | 9 | 4 | 8 |
| 4 | 1 | 3 | 8 | 2 | 9 | 7 | 6 | 5 |

## 179

| 3 | 6 | 5 | 7 | 4 | 9 | 8 | 1 | 2 |
| 9 | 4 | 7 | 2 | 1 | 8 | 3 | 6 | 5 |
| 2 | 8 | 1 | 3 | 5 | 6 | 7 | 4 | 9 |
| 8 | 1 | 3 | 5 | 9 | 2 | 4 | 7 | 6 |
| 4 | 7 | 9 | 1 | 6 | 3 | 2 | 5 | 8 |
| 6 | 5 | 2 | 4 | 8 | 7 | 9 | 3 | 1 |
| 1 | 3 | 6 | 8 | 2 | 4 | 5 | 9 | 7 |
| 5 | 2 | 4 | 9 | 7 | 1 | 6 | 8 | 3 |
| 7 | 9 | 8 | 6 | 3 | 5 | 1 | 2 | 4 |

## 180

| 1 | 3 | 8 | 2 | 9 | 4 | 6 | 7 | 5 |
| 2 | 6 | 9 | 7 | 5 | 3 | 8 | 1 | 4 |
| 4 | 7 | 5 | 1 | 6 | 8 | 2 | 3 | 9 |
| 5 | 1 | 4 | 9 | 8 | 2 | 3 | 6 | 7 |
| 7 | 8 | 6 | 4 | 3 | 1 | 9 | 5 | 2 |
| 3 | 9 | 2 | 5 | 7 | 6 | 1 | 4 | 8 |
| 9 | 2 | 1 | 6 | 4 | 7 | 5 | 8 | 3 |
| 8 | 5 | 7 | 3 | 1 | 9 | 4 | 2 | 6 |
| 6 | 4 | 3 | 8 | 2 | 5 | 7 | 9 | 1 |

## 181

| 7 | 6 | 1 | 4 | 9 | 3 | 5 | 2 | 8 |
| 4 | 5 | 9 | 6 | 8 | 2 | 1 | 7 | 3 |
| 2 | 8 | 3 | 5 | 7 | 1 | 6 | 4 | 9 |
| 9 | 4 | 7 | 8 | 1 | 6 | 3 | 5 | 2 |
| 6 | 1 | 8 | 3 | 2 | 5 | 7 | 9 | 4 |
| 5 | 3 | 2 | 9 | 4 | 7 | 8 | 6 | 1 |
| 1 | 7 | 5 | 2 | 3 | 9 | 4 | 8 | 6 |
| 8 | 2 | 6 | 1 | 5 | 4 | 9 | 3 | 7 |
| 3 | 9 | 4 | 7 | 6 | 8 | 2 | 1 | 5 |

## 182

| 9 | 2 | 1 | 6 | 8 | 3 | 5 | 4 | 7 |
| 6 | 8 | 4 | 5 | 7 | 9 | 1 | 2 | 3 |
| 3 | 5 | 7 | 4 | 2 | 1 | 8 | 9 | 6 |
| 7 | 9 | 2 | 8 | 4 | 5 | 6 | 3 | 1 |
| 8 | 6 | 3 | 1 | 9 | 7 | 2 | 5 | 4 |
| 1 | 4 | 5 | 2 | 3 | 6 | 7 | 8 | 9 |
| 5 | 3 | 9 | 7 | 1 | 8 | 4 | 6 | 2 |
| 2 | 7 | 8 | 3 | 6 | 4 | 9 | 1 | 5 |
| 4 | 1 | 6 | 9 | 5 | 2 | 3 | 7 | 8 |

## 183

| 5 | 3 | 4 | 8 | 2 | 9 | 1 | 7 | 6 |
| 6 | 8 | 2 | 7 | 5 | 1 | 4 | 9 | 3 |
| 9 | 1 | 7 | 4 | 3 | 6 | 5 | 2 | 8 |
| 7 | 4 | 1 | 5 | 8 | 2 | 3 | 6 | 9 |
| 8 | 5 | 9 | 3 | 6 | 7 | 2 | 4 | 1 |
| 2 | 6 | 3 | 1 | 9 | 4 | 7 | 8 | 5 |
| 1 | 9 | 6 | 2 | 7 | 5 | 8 | 3 | 4 |
| 3 | 7 | 5 | 9 | 4 | 8 | 6 | 1 | 2 |
| 4 | 2 | 8 | 6 | 1 | 3 | 9 | 5 | 7 |

## 184

| 7 | 4 | 6 | 2 | 3 | 5 | 8 | 1 | 9 |
| 5 | 1 | 3 | 7 | 9 | 8 | 6 | 4 | 2 |
| 8 | 2 | 9 | 1 | 6 | 4 | 5 | 3 | 7 |
| 9 | 5 | 2 | 4 | 8 | 7 | 1 | 6 | 3 |
| 1 | 3 | 8 | 9 | 2 | 6 | 7 | 5 | 4 |
| 4 | 6 | 7 | 3 | 5 | 1 | 2 | 9 | 8 |
| 2 | 9 | 1 | 5 | 7 | 3 | 4 | 8 | 6 |
| 6 | 7 | 5 | 8 | 4 | 9 | 3 | 2 | 1 |
| 3 | 8 | 4 | 6 | 1 | 2 | 9 | 7 | 5 |

## 185

| 4 | 6 | 9 | 8 | 1 | 2 | 3 | 5 | 7 |
|---|---|---|---|---|---|---|---|---|
| 8 | 5 | 7 | 4 | 6 | 3 | 2 | 9 | 1 |
| 1 | 2 | 3 | 5 | 7 | 9 | 8 | 4 | 6 |
| 9 | 8 | 1 | 6 | 5 | 4 | 7 | 2 | 3 |
| 2 | 3 | 5 | 9 | 8 | 7 | 6 | 1 | 4 |
| 7 | 4 | 6 | 2 | 3 | 1 | 5 | 8 | 9 |
| 5 | 1 | 8 | 3 | 9 | 6 | 4 | 7 | 2 |
| 3 | 7 | 2 | 1 | 4 | 5 | 9 | 6 | 8 |
| 6 | 9 | 4 | 7 | 2 | 8 | 1 | 3 | 5 |

## 186

| 4 | 5 | 8 | 2 | 7 | 9 | 3 | 6 | 1 |
|---|---|---|---|---|---|---|---|---|
| 1 | 2 | 9 | 3 | 6 | 8 | 7 | 5 | 4 |
| 3 | 7 | 6 | 1 | 5 | 4 | 8 | 9 | 2 |
| 9 | 1 | 4 | 8 | 2 | 5 | 6 | 7 | 3 |
| 7 | 8 | 2 | 6 | 9 | 3 | 4 | 1 | 5 |
| 5 | 6 | 3 | 4 | 1 | 7 | 2 | 8 | 9 |
| 6 | 9 | 5 | 7 | 3 | 2 | 1 | 4 | 8 |
| 2 | 4 | 1 | 5 | 8 | 6 | 9 | 3 | 7 |
| 8 | 3 | 7 | 9 | 4 | 1 | 5 | 2 | 6 |

## 187

| 3 | 4 | 5 | 9 | 6 | 2 | 8 | 7 | 1 |
|---|---|---|---|---|---|---|---|---|
| 1 | 7 | 8 | 4 | 5 | 3 | 2 | 6 | 9 |
| 2 | 9 | 6 | 1 | 8 | 7 | 4 | 5 | 3 |
| 6 | 1 | 9 | 8 | 2 | 5 | 3 | 4 | 7 |
| 8 | 2 | 7 | 6 | 3 | 4 | 9 | 1 | 5 |
| 5 | 3 | 4 | 7 | 9 | 1 | 6 | 8 | 2 |
| 9 | 6 | 1 | 2 | 7 | 8 | 5 | 3 | 4 |
| 4 | 5 | 2 | 3 | 1 | 6 | 7 | 9 | 8 |
| 7 | 8 | 3 | 5 | 4 | 9 | 1 | 2 | 6 |

## 188

| 4 | 9 | 5 | 8 | 3 | 2 | 7 | 1 | 6 |
|---|---|---|---|---|---|---|---|---|
| 2 | 6 | 8 | 1 | 7 | 5 | 4 | 3 | 9 |
| 7 | 1 | 3 | 6 | 9 | 4 | 2 | 5 | 8 |
| 1 | 8 | 4 | 5 | 2 | 6 | 9 | 7 | 3 |
| 3 | 5 | 6 | 9 | 1 | 7 | 8 | 4 | 2 |
| 9 | 7 | 2 | 3 | 4 | 8 | 5 | 6 | 1 |
| 5 | 3 | 1 | 7 | 8 | 9 | 6 | 2 | 4 |
| 8 | 2 | 7 | 4 | 6 | 1 | 3 | 9 | 5 |
| 6 | 4 | 9 | 2 | 5 | 3 | 1 | 8 | 7 |

## 189

| 4 | 2 | 1 | 5 | 9 | 6 | 3 | 7 | 8 |
| 5 | 8 | 6 | 2 | 3 | 7 | 4 | 1 | 9 |
| 3 | 7 | 9 | 8 | 4 | 1 | 2 | 6 | 5 |
| 6 | 1 | 5 | 9 | 7 | 3 | 8 | 2 | 4 |
| 8 | 9 | 7 | 6 | 2 | 4 | 5 | 3 | 1 |
| 2 | 3 | 4 | 1 | 5 | 8 | 7 | 9 | 6 |
| 7 | 6 | 3 | 4 | 8 | 9 | 1 | 5 | 2 |
| 1 | 4 | 2 | 3 | 6 | 5 | 9 | 8 | 7 |
| 9 | 5 | 8 | 7 | 1 | 2 | 6 | 4 | 3 |

## 190

| 8 | 9 | 3 | 2 | 4 | 1 | 7 | 6 | 5 |
| 2 | 4 | 5 | 6 | 7 | 9 | 1 | 3 | 8 |
| 6 | 1 | 7 | 3 | 8 | 5 | 2 | 4 | 9 |
| 7 | 6 | 2 | 5 | 9 | 3 | 8 | 1 | 4 |
| 9 | 3 | 4 | 1 | 2 | 8 | 5 | 7 | 6 |
| 1 | 5 | 8 | 7 | 6 | 4 | 9 | 2 | 3 |
| 4 | 8 | 6 | 9 | 1 | 2 | 3 | 5 | 7 |
| 3 | 2 | 9 | 4 | 5 | 7 | 6 | 8 | 1 |
| 5 | 7 | 1 | 8 | 3 | 6 | 4 | 9 | 2 |

## 191

| 1 | 2 | 9 | 5 | 7 | 6 | 4 | 3 | 8 |
| 5 | 4 | 6 | 9 | 8 | 3 | 2 | 7 | 1 |
| 7 | 3 | 8 | 2 | 4 | 1 | 9 | 6 | 5 |
| 2 | 9 | 4 | 6 | 1 | 5 | 3 | 8 | 7 |
| 3 | 7 | 5 | 8 | 2 | 9 | 1 | 4 | 6 |
| 6 | 8 | 1 | 4 | 3 | 7 | 5 | 2 | 9 |
| 8 | 1 | 7 | 3 | 9 | 2 | 6 | 5 | 4 |
| 9 | 6 | 2 | 7 | 5 | 4 | 8 | 1 | 3 |
| 4 | 5 | 3 | 1 | 6 | 8 | 7 | 9 | 2 |

## 192

| 6 | 5 | 9 | 8 | 3 | 2 | 4 | 7 | 1 |
| 8 | 7 | 3 | 1 | 6 | 4 | 9 | 5 | 2 |
| 1 | 4 | 2 | 9 | 7 | 5 | 8 | 6 | 3 |
| 5 | 2 | 1 | 7 | 9 | 3 | 6 | 8 | 4 |
| 3 | 6 | 8 | 5 | 4 | 1 | 7 | 2 | 9 |
| 7 | 9 | 4 | 6 | 2 | 8 | 1 | 3 | 5 |
| 2 | 1 | 5 | 4 | 8 | 6 | 3 | 9 | 7 |
| 9 | 3 | 6 | 2 | 1 | 7 | 5 | 4 | 8 |
| 4 | 8 | 7 | 3 | 5 | 9 | 2 | 1 | 6 |

## 193

| 8 | 5 | 3 | 7 | 9 | 6 | 2 | 4 | 1 |
|---|---|---|---|---|---|---|---|---|
| 4 | 9 | 2 | 1 | 8 | 3 | 5 | 6 | 7 |
| 1 | 6 | 7 | 4 | 5 | 2 | 9 | 8 | 3 |
| 5 | 3 | 4 | 2 | 1 | 7 | 8 | 9 | 6 |
| 7 | 2 | 1 | 8 | 6 | 9 | 4 | 3 | 5 |
| 9 | 8 | 6 | 5 | 3 | 4 | 7 | 1 | 2 |
| 3 | 7 | 8 | 9 | 2 | 1 | 6 | 5 | 4 |
| 6 | 4 | 5 | 3 | 7 | 8 | 1 | 2 | 9 |
| 2 | 1 | 9 | 6 | 4 | 5 | 3 | 7 | 8 |

## 194

| 6 | 4 | 9 | 7 | 8 | 3 | 1 | 2 | 5 |
|---|---|---|---|---|---|---|---|---|
| 1 | 2 | 5 | 9 | 4 | 6 | 7 | 8 | 3 |
| 8 | 7 | 3 | 2 | 1 | 5 | 4 | 6 | 9 |
| 9 | 8 | 4 | 1 | 3 | 2 | 6 | 5 | 7 |
| 5 | 1 | 2 | 6 | 7 | 4 | 9 | 3 | 8 |
| 3 | 6 | 7 | 5 | 9 | 8 | 2 | 4 | 1 |
| 2 | 5 | 1 | 3 | 6 | 9 | 8 | 7 | 4 |
| 4 | 9 | 6 | 8 | 5 | 7 | 3 | 1 | 2 |
| 7 | 3 | 8 | 4 | 2 | 1 | 5 | 9 | 6 |

## 195

| 5 | 8 | 1 | 2 | 3 | 9 | 4 | 7 | 6 |
|---|---|---|---|---|---|---|---|---|
| 9 | 7 | 2 | 5 | 6 | 4 | 3 | 8 | 1 |
| 4 | 3 | 6 | 1 | 7 | 8 | 5 | 2 | 9 |
| 1 | 6 | 4 | 9 | 8 | 3 | 2 | 5 | 7 |
| 2 | 5 | 3 | 7 | 1 | 6 | 9 | 4 | 8 |
| 7 | 9 | 8 | 4 | 2 | 5 | 6 | 1 | 3 |
| 3 | 2 | 9 | 8 | 4 | 7 | 1 | 6 | 5 |
| 6 | 4 | 7 | 3 | 5 | 1 | 8 | 9 | 2 |
| 8 | 1 | 5 | 6 | 9 | 2 | 7 | 3 | 4 |

## 196

| 7 | 6 | 2 | 9 | 4 | 5 | 3 | 8 | 1 |
|---|---|---|---|---|---|---|---|---|
| 8 | 5 | 3 | 7 | 1 | 2 | 6 | 9 | 4 |
| 9 | 1 | 4 | 3 | 6 | 8 | 5 | 2 | 7 |
| 3 | 2 | 6 | 4 | 8 | 1 | 7 | 5 | 9 |
| 5 | 4 | 7 | 2 | 9 | 3 | 8 | 1 | 6 |
| 1 | 8 | 9 | 6 | 5 | 7 | 4 | 3 | 2 |
| 2 | 7 | 8 | 1 | 3 | 6 | 9 | 4 | 5 |
| 4 | 3 | 1 | 5 | 7 | 9 | 2 | 6 | 8 |
| 6 | 9 | 5 | 8 | 2 | 4 | 1 | 7 | 3 |

## 197

| 5 | 3 | 7 | 1 | 4 | 6 | 2 | 8 | 9 |
| 8 | 4 | 6 | 2 | 7 | 9 | 5 | 3 | 1 |
| 2 | 1 | 9 | 5 | 3 | 8 | 4 | 7 | 6 |
| 3 | 6 | 5 | 4 | 2 | 7 | 1 | 9 | 8 |
| 4 | 9 | 8 | 6 | 1 | 5 | 3 | 2 | 7 |
| 7 | 2 | 1 | 8 | 9 | 3 | 6 | 4 | 5 |
| 6 | 8 | 3 | 9 | 5 | 2 | 7 | 1 | 4 |
| 1 | 5 | 2 | 7 | 8 | 4 | 9 | 6 | 3 |
| 9 | 7 | 4 | 3 | 6 | 1 | 8 | 5 | 2 |

## 198

| 7 | 8 | 9 | 6 | 4 | 2 | 1 | 5 | 3 |
| 6 | 1 | 5 | 9 | 7 | 3 | 8 | 2 | 4 |
| 4 | 3 | 2 | 5 | 1 | 8 | 6 | 7 | 9 |
| 9 | 4 | 8 | 2 | 5 | 1 | 3 | 6 | 7 |
| 3 | 2 | 7 | 4 | 8 | 6 | 5 | 9 | 1 |
| 5 | 6 | 1 | 7 | 3 | 9 | 4 | 8 | 2 |
| 1 | 7 | 6 | 3 | 2 | 5 | 9 | 4 | 8 |
| 2 | 5 | 3 | 8 | 9 | 4 | 7 | 1 | 6 |
| 8 | 9 | 4 | 1 | 6 | 7 | 2 | 3 | 5 |

## 199

| 7 | 5 | 6 | 9 | 3 | 2 | 8 | 1 | 4 |
| 9 | 2 | 1 | 6 | 8 | 4 | 7 | 5 | 3 |
| 3 | 8 | 4 | 1 | 5 | 7 | 2 | 6 | 9 |
| 5 | 3 | 7 | 2 | 1 | 6 | 9 | 4 | 8 |
| 8 | 6 | 9 | 5 | 4 | 3 | 1 | 7 | 2 |
| 1 | 4 | 2 | 8 | 7 | 9 | 5 | 3 | 6 |
| 2 | 1 | 8 | 4 | 6 | 5 | 3 | 9 | 7 |
| 6 | 9 | 3 | 7 | 2 | 1 | 4 | 8 | 5 |
| 4 | 7 | 5 | 3 | 9 | 8 | 6 | 2 | 1 |

## 200

| 2 | 4 | 6 | 3 | 9 | 1 | 8 | 7 | 5 |
| 7 | 1 | 5 | 2 | 4 | 8 | 6 | 3 | 9 |
| 9 | 3 | 8 | 5 | 6 | 7 | 4 | 1 | 2 |
| 3 | 2 | 9 | 1 | 5 | 4 | 7 | 8 | 6 |
| 4 | 8 | 1 | 6 | 7 | 9 | 5 | 2 | 3 |
| 6 | 5 | 7 | 8 | 2 | 3 | 9 | 4 | 1 |
| 8 | 9 | 2 | 7 | 3 | 6 | 1 | 5 | 4 |
| 5 | 7 | 4 | 9 | 1 | 2 | 3 | 6 | 8 |
| 1 | 6 | 3 | 4 | 8 | 5 | 2 | 9 | 7 |

## 201

| 6 | 2 | 8 | 9 | 1 | 7 | 5 | 3 | 4 |
| 7 | 4 | 5 | 2 | 3 | 6 | 1 | 9 | 8 |
| 3 | 1 | 9 | 5 | 8 | 4 | 6 | 2 | 7 |
| 8 | 5 | 4 | 3 | 9 | 2 | 7 | 1 | 6 |
| 1 | 7 | 2 | 4 | 6 | 8 | 9 | 5 | 3 |
| 9 | 6 | 3 | 7 | 5 | 1 | 4 | 8 | 2 |
| 2 | 8 | 7 | 1 | 4 | 5 | 3 | 6 | 9 |
| 5 | 3 | 6 | 8 | 7 | 9 | 2 | 4 | 1 |
| 4 | 9 | 1 | 6 | 2 | 3 | 8 | 7 | 5 |

## 202

| 2 | 3 | 6 | 7 | 9 | 4 | 5 | 1 | 8 |
| 9 | 7 | 4 | 8 | 5 | 1 | 6 | 3 | 2 |
| 5 | 1 | 8 | 6 | 2 | 3 | 4 | 7 | 9 |
| 6 | 5 | 7 | 2 | 4 | 9 | 3 | 8 | 1 |
| 8 | 9 | 3 | 5 | 1 | 7 | 2 | 6 | 4 |
| 4 | 2 | 1 | 3 | 6 | 8 | 9 | 5 | 7 |
| 7 | 6 | 9 | 4 | 8 | 5 | 1 | 2 | 3 |
| 1 | 8 | 2 | 9 | 3 | 6 | 7 | 4 | 5 |
| 3 | 4 | 5 | 1 | 7 | 2 | 8 | 9 | 6 |

## 203

| 8 | 5 | 9 | 2 | 4 | 6 | 1 | 7 | 3 |
| 2 | 1 | 3 | 9 | 8 | 7 | 5 | 6 | 4 |
| 7 | 4 | 6 | 3 | 1 | 5 | 8 | 2 | 9 |
| 5 | 9 | 4 | 6 | 2 | 1 | 3 | 8 | 7 |
| 6 | 7 | 2 | 5 | 3 | 8 | 9 | 4 | 1 |
| 1 | 3 | 8 | 7 | 9 | 4 | 6 | 5 | 2 |
| 9 | 8 | 7 | 4 | 6 | 3 | 2 | 1 | 5 |
| 3 | 6 | 5 | 1 | 7 | 2 | 4 | 9 | 8 |
| 4 | 2 | 1 | 8 | 5 | 9 | 7 | 3 | 6 |

## 204

| 9 | 3 | 8 | 4 | 6 | 2 | 7 | 1 | 5 |
| 7 | 2 | 4 | 9 | 5 | 1 | 3 | 8 | 6 |
| 6 | 1 | 5 | 7 | 3 | 8 | 9 | 4 | 2 |
| 2 | 6 | 7 | 8 | 9 | 5 | 1 | 3 | 4 |
| 8 | 4 | 3 | 2 | 1 | 7 | 6 | 5 | 9 |
| 5 | 9 | 1 | 3 | 4 | 6 | 8 | 2 | 7 |
| 1 | 7 | 9 | 5 | 2 | 3 | 4 | 6 | 8 |
| 3 | 8 | 2 | 6 | 7 | 4 | 5 | 9 | 1 |
| 4 | 5 | 6 | 1 | 8 | 9 | 2 | 7 | 3 |

## 205

| | | | | | | | | |
|---|---|---|---|---|---|---|---|---|
| 2 | 3 | 4 | 5 | 1 | 6 | 8 | 7 | 9 |
| 7 | 9 | 8 | 4 | 2 | 3 | 1 | 6 | 5 |
| 1 | 5 | 6 | 9 | 7 | 8 | 4 | 2 | 3 |
| 8 | 1 | 9 | 2 | 4 | 7 | 5 | 3 | 6 |
| 6 | 2 | 5 | 3 | 8 | 9 | 7 | 4 | 1 |
| 4 | 7 | 3 | 6 | 5 | 1 | 9 | 8 | 2 |
| 9 | 6 | 1 | 8 | 3 | 4 | 2 | 5 | 7 |
| 3 | 8 | 2 | 7 | 9 | 5 | 6 | 1 | 4 |
| 5 | 4 | 7 | 1 | 6 | 2 | 3 | 9 | 8 |

## 206

| | | | | | | | | |
|---|---|---|---|---|---|---|---|---|
| 1 | 4 | 6 | 3 | 5 | 2 | 7 | 8 | 9 |
| 2 | 9 | 8 | 6 | 1 | 7 | 5 | 4 | 3 |
| 3 | 7 | 5 | 4 | 9 | 8 | 2 | 1 | 6 |
| 7 | 2 | 1 | 9 | 4 | 5 | 3 | 6 | 8 |
| 4 | 8 | 3 | 1 | 7 | 6 | 9 | 5 | 2 |
| 6 | 5 | 9 | 2 | 8 | 3 | 1 | 7 | 4 |
| 8 | 1 | 2 | 7 | 3 | 4 | 6 | 9 | 5 |
| 9 | 6 | 4 | 5 | 2 | 1 | 8 | 3 | 7 |
| 5 | 3 | 7 | 8 | 6 | 9 | 4 | 2 | 1 |

## 207

| | | | | | | | | |
|---|---|---|---|---|---|---|---|---|
| 1 | 3 | 2 | 5 | 8 | 6 | 4 | 9 | 7 |
| 8 | 4 | 9 | 7 | 2 | 1 | 5 | 3 | 6 |
| 6 | 7 | 5 | 9 | 3 | 4 | 8 | 2 | 1 |
| 7 | 2 | 3 | 4 | 1 | 5 | 9 | 6 | 8 |
| 9 | 1 | 8 | 3 | 6 | 2 | 7 | 5 | 4 |
| 4 | 5 | 6 | 8 | 7 | 9 | 3 | 1 | 2 |
| 3 | 6 | 4 | 1 | 5 | 8 | 2 | 7 | 9 |
| 5 | 8 | 1 | 2 | 9 | 7 | 6 | 4 | 3 |
| 2 | 9 | 7 | 6 | 4 | 3 | 1 | 8 | 5 |

## 208

| | | | | | | | | |
|---|---|---|---|---|---|---|---|---|
| 5 | 8 | 7 | 4 | 3 | 6 | 9 | 1 | 2 |
| 6 | 9 | 1 | 5 | 2 | 8 | 3 | 4 | 7 |
| 4 | 3 | 2 | 1 | 9 | 7 | 8 | 5 | 6 |
| 7 | 5 | 3 | 8 | 1 | 9 | 6 | 2 | 4 |
| 8 | 2 | 4 | 6 | 5 | 3 | 7 | 9 | 1 |
| 1 | 6 | 9 | 7 | 4 | 2 | 5 | 3 | 8 |
| 9 | 1 | 8 | 3 | 6 | 4 | 2 | 7 | 5 |
| 3 | 7 | 5 | 2 | 8 | 1 | 4 | 6 | 9 |
| 2 | 4 | 6 | 9 | 7 | 5 | 1 | 8 | 3 |

## 209

| 7 | 4 | 2 | 5 | 6 | 1 | 9 | 8 | 3 |
|---|---|---|---|---|---|---|---|---|
| 6 | 3 | 8 | 2 | 9 | 4 | 7 | 5 | 1 |
| 1 | 5 | 9 | 7 | 3 | 8 | 4 | 2 | 6 |
| 3 | 1 | 7 | 4 | 8 | 6 | 5 | 9 | 2 |
| 9 | 2 | 4 | 3 | 1 | 5 | 8 | 6 | 7 |
| 8 | 6 | 5 | 9 | 7 | 2 | 3 | 1 | 4 |
| 5 | 7 | 6 | 8 | 2 | 3 | 1 | 4 | 9 |
| 4 | 9 | 1 | 6 | 5 | 7 | 2 | 3 | 8 |
| 2 | 8 | 3 | 1 | 4 | 9 | 6 | 7 | 5 |

## 210

| 2 | 7 | 6 | 9 | 5 | 1 | 4 | 3 | 8 |
|---|---|---|---|---|---|---|---|---|
| 8 | 5 | 3 | 6 | 2 | 4 | 7 | 9 | 1 |
| 4 | 9 | 1 | 3 | 8 | 7 | 2 | 5 | 6 |
| 9 | 4 | 7 | 5 | 3 | 8 | 1 | 6 | 2 |
| 6 | 1 | 8 | 7 | 9 | 2 | 3 | 4 | 5 |
| 3 | 2 | 5 | 4 | 1 | 6 | 9 | 8 | 7 |
| 5 | 6 | 2 | 1 | 4 | 9 | 8 | 7 | 3 |
| 1 | 3 | 9 | 8 | 7 | 5 | 6 | 2 | 4 |
| 7 | 8 | 4 | 2 | 6 | 3 | 5 | 1 | 9 |

## 211

| 3 | 7 | 2 | 9 | 5 | 4 | 1 | 6 | 8 |
|---|---|---|---|---|---|---|---|---|
| 8 | 6 | 1 | 3 | 2 | 7 | 4 | 5 | 9 |
| 9 | 4 | 5 | 8 | 6 | 1 | 3 | 7 | 2 |
| 5 | 3 | 7 | 1 | 4 | 2 | 9 | 8 | 6 |
| 6 | 2 | 9 | 5 | 8 | 3 | 7 | 1 | 4 |
| 4 | 1 | 8 | 7 | 9 | 6 | 5 | 2 | 3 |
| 1 | 5 | 6 | 2 | 3 | 9 | 8 | 4 | 7 |
| 7 | 9 | 4 | 6 | 1 | 8 | 2 | 3 | 5 |
| 2 | 8 | 3 | 4 | 7 | 5 | 6 | 9 | 1 |

## 212

| 7 | 5 | 3 | 4 | 2 | 9 | 6 | 1 | 8 |
|---|---|---|---|---|---|---|---|---|
| 6 | 4 | 1 | 5 | 7 | 8 | 9 | 2 | 3 |
| 8 | 9 | 2 | 1 | 6 | 3 | 5 | 4 | 7 |
| 3 | 6 | 9 | 2 | 8 | 1 | 7 | 5 | 4 |
| 5 | 7 | 4 | 3 | 9 | 6 | 2 | 8 | 1 |
| 1 | 2 | 8 | 7 | 4 | 5 | 3 | 9 | 6 |
| 2 | 1 | 6 | 9 | 3 | 4 | 8 | 7 | 5 |
| 9 | 3 | 5 | 8 | 1 | 7 | 4 | 6 | 2 |
| 4 | 8 | 7 | 6 | 5 | 2 | 1 | 3 | 9 |

## 213

| 9 | 7 | 1 | 2 | 8 | 3 | 6 | 4 | 5 |
| 6 | 2 | 8 | 4 | 1 | 5 | 7 | 9 | 3 |
| 3 | 5 | 4 | 7 | 9 | 6 | 1 | 8 | 2 |
| 4 | 6 | 3 | 8 | 5 | 2 | 9 | 7 | 1 |
| 5 | 1 | 7 | 6 | 3 | 9 | 8 | 2 | 4 |
| 2 | 8 | 9 | 1 | 7 | 4 | 5 | 3 | 6 |
| 7 | 4 | 6 | 5 | 2 | 8 | 3 | 1 | 9 |
| 1 | 9 | 5 | 3 | 4 | 7 | 2 | 6 | 8 |
| 8 | 3 | 2 | 9 | 6 | 1 | 4 | 5 | 7 |

## 214

| 3 | 1 | 8 | 2 | 7 | 4 | 9 | 6 | 5 |
| 2 | 5 | 4 | 1 | 6 | 9 | 3 | 7 | 8 |
| 9 | 6 | 7 | 3 | 5 | 8 | 1 | 2 | 4 |
| 1 | 2 | 3 | 9 | 4 | 5 | 6 | 8 | 7 |
| 7 | 4 | 5 | 8 | 3 | 6 | 2 | 1 | 9 |
| 6 | 8 | 9 | 7 | 2 | 1 | 5 | 4 | 3 |
| 8 | 3 | 2 | 5 | 1 | 7 | 4 | 9 | 6 |
| 4 | 7 | 1 | 6 | 9 | 3 | 8 | 5 | 2 |
| 5 | 9 | 6 | 4 | 8 | 2 | 7 | 3 | 1 |

## 215

| 2 | 9 | 1 | 8 | 5 | 4 | 3 | 7 | 6 |
| 6 | 7 | 4 | 1 | 3 | 2 | 5 | 8 | 9 |
| 3 | 5 | 8 | 9 | 6 | 7 | 4 | 1 | 2 |
| 9 | 2 | 7 | 3 | 4 | 5 | 8 | 6 | 1 |
| 5 | 8 | 6 | 2 | 1 | 9 | 7 | 4 | 3 |
| 4 | 1 | 3 | 6 | 7 | 8 | 2 | 9 | 5 |
| 7 | 6 | 9 | 4 | 2 | 3 | 1 | 5 | 8 |
| 1 | 4 | 2 | 5 | 8 | 6 | 9 | 3 | 7 |
| 8 | 3 | 5 | 7 | 9 | 1 | 6 | 2 | 4 |

## 216

| 9 | 8 | 2 | 4 | 1 | 5 | 6 | 7 | 3 |
| 4 | 3 | 7 | 2 | 6 | 9 | 1 | 8 | 5 |
| 1 | 6 | 5 | 3 | 7 | 8 | 4 | 9 | 2 |
| 8 | 1 | 3 | 5 | 4 | 6 | 9 | 2 | 7 |
| 5 | 2 | 4 | 7 | 9 | 3 | 8 | 1 | 6 |
| 7 | 9 | 6 | 1 | 8 | 2 | 3 | 5 | 4 |
| 3 | 5 | 8 | 9 | 2 | 4 | 7 | 6 | 1 |
| 2 | 7 | 9 | 6 | 3 | 1 | 5 | 4 | 8 |
| 6 | 4 | 1 | 8 | 5 | 7 | 2 | 3 | 9 |

### 217

| 1 | 5 | 6 | 4 | 3 | 9 | 8 | 2 | 7 |
|---|---|---|---|---|---|---|---|---|
| 4 | 7 | 3 | 8 | 2 | 1 | 9 | 6 | 5 |
| 9 | 8 | 2 | 7 | 5 | 6 | 4 | 3 | 1 |
| 5 | 6 | 8 | 9 | 1 | 2 | 7 | 4 | 3 |
| 2 | 3 | 9 | 5 | 7 | 4 | 6 | 1 | 8 |
| 7 | 1 | 4 | 6 | 8 | 3 | 2 | 5 | 9 |
| 8 | 2 | 5 | 3 | 4 | 7 | 1 | 9 | 6 |
| 6 | 4 | 7 | 1 | 9 | 5 | 3 | 8 | 2 |
| 3 | 9 | 1 | 2 | 6 | 8 | 5 | 7 | 4 |

### 218

| 2 | 5 | 7 | 1 | 9 | 4 | 3 | 8 | 6 |
|---|---|---|---|---|---|---|---|---|
| 1 | 6 | 4 | 3 | 5 | 8 | 7 | 2 | 9 |
| 8 | 9 | 3 | 2 | 7 | 6 | 1 | 4 | 5 |
| 6 | 1 | 8 | 9 | 3 | 5 | 4 | 7 | 2 |
| 9 | 3 | 5 | 7 | 4 | 2 | 8 | 6 | 1 |
| 4 | 7 | 2 | 6 | 8 | 1 | 9 | 5 | 3 |
| 3 | 2 | 1 | 8 | 6 | 7 | 5 | 9 | 4 |
| 7 | 4 | 9 | 5 | 2 | 3 | 6 | 1 | 8 |
| 5 | 8 | 6 | 4 | 1 | 9 | 2 | 3 | 7 |

### 219

| 2 | 6 | 8 | 4 | 1 | 7 | 3 | 5 | 9 |
|---|---|---|---|---|---|---|---|---|
| 7 | 1 | 9 | 8 | 5 | 3 | 6 | 2 | 4 |
| 4 | 3 | 5 | 9 | 2 | 6 | 1 | 8 | 7 |
| 5 | 4 | 6 | 2 | 3 | 9 | 8 | 7 | 1 |
| 9 | 7 | 1 | 6 | 8 | 5 | 4 | 3 | 2 |
| 3 | 8 | 2 | 7 | 4 | 1 | 5 | 9 | 6 |
| 6 | 9 | 3 | 5 | 7 | 4 | 2 | 1 | 8 |
| 8 | 5 | 4 | 1 | 9 | 2 | 7 | 6 | 3 |
| 1 | 2 | 7 | 3 | 6 | 8 | 9 | 4 | 5 |

### 220

| 4 | 3 | 7 | 9 | 1 | 6 | 8 | 2 | 5 |
|---|---|---|---|---|---|---|---|---|
| 2 | 1 | 6 | 7 | 8 | 5 | 3 | 9 | 4 |
| 5 | 9 | 8 | 3 | 4 | 2 | 6 | 1 | 7 |
| 3 | 8 | 5 | 1 | 6 | 4 | 2 | 7 | 9 |
| 7 | 2 | 1 | 8 | 9 | 3 | 5 | 4 | 6 |
| 9 | 6 | 4 | 5 | 2 | 7 | 1 | 3 | 8 |
| 1 | 5 | 2 | 4 | 7 | 8 | 9 | 6 | 3 |
| 8 | 7 | 9 | 6 | 3 | 1 | 4 | 5 | 2 |
| 6 | 4 | 3 | 2 | 5 | 9 | 7 | 8 | 1 |

## 221

| 8 | 4 | 7 | 1 | 9 | 2 | 5 | 3 | 6 |
| 6 | 5 | 3 | 8 | 7 | 4 | 2 | 9 | 1 |
| 9 | 2 | 1 | 6 | 3 | 5 | 7 | 4 | 8 |
| 1 | 8 | 2 | 3 | 6 | 9 | 4 | 7 | 5 |
| 7 | 9 | 5 | 4 | 1 | 8 | 3 | 6 | 2 |
| 3 | 6 | 4 | 2 | 5 | 7 | 8 | 1 | 9 |
| 5 | 1 | 9 | 7 | 8 | 3 | 6 | 2 | 4 |
| 2 | 3 | 6 | 5 | 4 | 1 | 9 | 8 | 7 |
| 4 | 7 | 8 | 9 | 2 | 6 | 1 | 5 | 3 |

## 222

| 8 | 7 | 4 | 2 | 9 | 1 | 5 | 6 | 3 |
| 6 | 1 | 2 | 5 | 8 | 3 | 4 | 7 | 9 |
| 5 | 9 | 3 | 6 | 7 | 4 | 1 | 8 | 2 |
| 2 | 4 | 5 | 9 | 6 | 7 | 8 | 3 | 1 |
| 9 | 8 | 6 | 3 | 1 | 2 | 7 | 5 | 4 |
| 7 | 3 | 1 | 4 | 5 | 8 | 2 | 9 | 6 |
| 4 | 2 | 9 | 8 | 3 | 5 | 6 | 1 | 7 |
| 1 | 6 | 8 | 7 | 2 | 9 | 3 | 4 | 5 |
| 3 | 5 | 7 | 1 | 4 | 6 | 9 | 2 | 8 |

## 223

| 1 | 6 | 7 | 3 | 8 | 4 | 9 | 5 | 2 |
| 9 | 2 | 4 | 5 | 6 | 7 | 8 | 1 | 3 |
| 5 | 8 | 3 | 1 | 9 | 2 | 6 | 4 | 7 |
| 4 | 7 | 1 | 6 | 2 | 3 | 5 | 8 | 9 |
| 8 | 5 | 6 | 4 | 7 | 9 | 3 | 2 | 1 |
| 3 | 9 | 2 | 8 | 1 | 5 | 7 | 6 | 4 |
| 7 | 1 | 9 | 2 | 5 | 6 | 4 | 3 | 8 |
| 2 | 4 | 5 | 7 | 3 | 8 | 1 | 9 | 6 |
| 6 | 3 | 8 | 9 | 4 | 1 | 2 | 7 | 5 |

## 224

| 1 | 7 | 5 | 8 | 2 | 6 | 4 | 9 | 3 |
| 3 | 8 | 9 | 7 | 1 | 4 | 2 | 6 | 5 |
| 6 | 2 | 4 | 3 | 5 | 9 | 1 | 8 | 7 |
| 7 | 4 | 3 | 1 | 8 | 5 | 6 | 2 | 9 |
| 9 | 5 | 1 | 2 | 6 | 7 | 3 | 4 | 8 |
| 8 | 6 | 2 | 9 | 4 | 3 | 5 | 7 | 1 |
| 4 | 3 | 6 | 5 | 9 | 8 | 7 | 1 | 2 |
| 5 | 1 | 8 | 6 | 7 | 2 | 9 | 3 | 4 |
| 2 | 9 | 7 | 4 | 3 | 1 | 8 | 5 | 6 |

### 225

| 2 | 7 | 8 | 9 | 5 | 1 | 4 | 3 | 6 |
| 6 | 4 | 3 | 7 | 2 | 8 | 9 | 5 | 1 |
| 5 | 1 | 9 | 4 | 6 | 3 | 7 | 8 | 2 |
| 3 | 2 | 1 | 8 | 9 | 4 | 5 | 6 | 7 |
| 9 | 6 | 4 | 5 | 7 | 2 | 3 | 1 | 8 |
| 7 | 8 | 5 | 3 | 1 | 6 | 2 | 9 | 4 |
| 1 | 3 | 7 | 2 | 8 | 9 | 6 | 4 | 5 |
| 4 | 5 | 6 | 1 | 3 | 7 | 8 | 2 | 9 |
| 8 | 9 | 2 | 6 | 4 | 5 | 1 | 7 | 3 |

### 226

| 4 | 6 | 3 | 9 | 8 | 1 | 2 | 7 | 5 |
| 1 | 8 | 9 | 7 | 5 | 2 | 6 | 4 | 3 |
| 5 | 2 | 7 | 3 | 4 | 6 | 1 | 9 | 8 |
| 2 | 9 | 1 | 4 | 3 | 8 | 7 | 5 | 6 |
| 8 | 7 | 4 | 6 | 1 | 5 | 9 | 3 | 2 |
| 6 | 3 | 5 | 2 | 7 | 9 | 8 | 1 | 4 |
| 7 | 5 | 2 | 8 | 9 | 4 | 3 | 6 | 1 |
| 3 | 4 | 6 | 1 | 2 | 7 | 5 | 8 | 9 |
| 9 | 1 | 8 | 5 | 6 | 3 | 4 | 2 | 7 |

### 227

| 5 | 7 | 2 | 3 | 8 | 4 | 6 | 9 | 1 |
| 9 | 1 | 8 | 5 | 7 | 6 | 2 | 3 | 4 |
| 3 | 6 | 4 | 1 | 9 | 2 | 5 | 8 | 7 |
| 1 | 4 | 3 | 2 | 6 | 5 | 8 | 7 | 9 |
| 7 | 9 | 5 | 8 | 3 | 1 | 4 | 2 | 6 |
| 2 | 8 | 6 | 9 | 4 | 7 | 1 | 5 | 3 |
| 8 | 5 | 7 | 4 | 1 | 9 | 3 | 6 | 2 |
| 4 | 2 | 9 | 6 | 5 | 3 | 7 | 1 | 8 |
| 6 | 3 | 1 | 7 | 2 | 8 | 9 | 4 | 5 |

### 228

| 8 | 7 | 4 | 5 | 9 | 2 | 1 | 3 | 6 |
| 1 | 3 | 2 | 6 | 4 | 7 | 9 | 5 | 8 |
| 5 | 9 | 6 | 8 | 3 | 1 | 4 | 7 | 2 |
| 3 | 4 | 9 | 1 | 2 | 6 | 7 | 8 | 5 |
| 6 | 2 | 8 | 4 | 7 | 5 | 3 | 1 | 9 |
| 7 | 5 | 1 | 9 | 8 | 3 | 2 | 6 | 4 |
| 4 | 1 | 3 | 2 | 6 | 8 | 5 | 9 | 7 |
| 9 | 8 | 7 | 3 | 5 | 4 | 6 | 2 | 1 |
| 2 | 6 | 5 | 7 | 1 | 9 | 8 | 4 | 3 |

## 229

| 1 | 2 | 4 | 7 | 8 | 3 | 5 | 9 | 6 |
|---|---|---|---|---|---|---|---|---|
| 7 | 5 | 6 | 2 | 4 | 9 | 3 | 1 | 8 |
| 8 | 3 | 9 | 5 | 1 | 6 | 7 | 2 | 4 |
| 2 | 7 | 3 | 8 | 6 | 4 | 9 | 5 | 1 |
| 4 | 8 | 1 | 3 | 9 | 5 | 6 | 7 | 2 |
| 9 | 6 | 5 | 1 | 2 | 7 | 4 | 8 | 3 |
| 5 | 4 | 2 | 9 | 3 | 1 | 8 | 6 | 7 |
| 3 | 1 | 7 | 6 | 5 | 8 | 2 | 4 | 9 |
| 6 | 9 | 8 | 4 | 7 | 2 | 1 | 3 | 5 |

## 230

| 4 | 7 | 8 | 2 | 3 | 5 | 9 | 6 | 1 |
|---|---|---|---|---|---|---|---|---|
| 3 | 9 | 5 | 6 | 1 | 8 | 2 | 7 | 4 |
| 1 | 6 | 2 | 4 | 9 | 7 | 3 | 5 | 8 |
| 8 | 3 | 9 | 7 | 5 | 4 | 1 | 2 | 6 |
| 5 | 2 | 6 | 3 | 8 | 1 | 7 | 4 | 9 |
| 7 | 1 | 4 | 9 | 2 | 6 | 8 | 3 | 5 |
| 9 | 5 | 7 | 1 | 6 | 2 | 4 | 8 | 3 |
| 2 | 8 | 3 | 5 | 4 | 9 | 6 | 1 | 7 |
| 6 | 4 | 1 | 8 | 7 | 3 | 5 | 9 | 2 |

## 231

| 4 | 1 | 9 | 7 | 3 | 5 | 8 | 2 | 6 |
|---|---|---|---|---|---|---|---|---|
| 3 | 2 | 8 | 6 | 4 | 9 | 1 | 5 | 7 |
| 6 | 5 | 7 | 1 | 2 | 8 | 3 | 9 | 4 |
| 2 | 7 | 3 | 8 | 6 | 1 | 9 | 4 | 5 |
| 8 | 4 | 5 | 9 | 7 | 3 | 2 | 6 | 1 |
| 9 | 6 | 1 | 4 | 5 | 2 | 7 | 3 | 8 |
| 7 | 3 | 2 | 5 | 1 | 4 | 6 | 8 | 9 |
| 5 | 8 | 6 | 3 | 9 | 7 | 4 | 1 | 2 |
| 1 | 9 | 4 | 2 | 8 | 6 | 5 | 7 | 3 |

## 232

| 6 | 9 | 7 | 2 | 5 | 1 | 8 | 4 | 3 |
|---|---|---|---|---|---|---|---|---|
| 2 | 1 | 8 | 4 | 9 | 3 | 5 | 6 | 7 |
| 5 | 3 | 4 | 8 | 7 | 6 | 9 | 1 | 2 |
| 4 | 6 | 9 | 3 | 2 | 5 | 1 | 7 | 8 |
| 1 | 2 | 3 | 9 | 8 | 7 | 6 | 5 | 4 |
| 7 | 8 | 5 | 1 | 6 | 4 | 2 | 3 | 9 |
| 9 | 5 | 6 | 7 | 4 | 8 | 3 | 2 | 1 |
| 3 | 4 | 2 | 5 | 1 | 9 | 7 | 8 | 6 |
| 8 | 7 | 1 | 6 | 3 | 2 | 4 | 9 | 5 |

## 233

| 8 | 6 | 9 | 5 | 3 | 7 | 2 | 4 | 1 |
| 1 | 2 | 4 | 6 | 8 | 9 | 5 | 3 | 7 |
| 5 | 7 | 3 | 2 | 1 | 4 | 6 | 8 | 9 |
| 7 | 3 | 5 | 9 | 2 | 8 | 1 | 6 | 4 |
| 2 | 9 | 8 | 1 | 4 | 6 | 7 | 5 | 3 |
| 4 | 1 | 6 | 7 | 5 | 3 | 9 | 2 | 8 |
| 9 | 8 | 1 | 4 | 6 | 5 | 3 | 7 | 2 |
| 3 | 5 | 2 | 8 | 7 | 1 | 4 | 9 | 6 |
| 6 | 4 | 7 | 3 | 9 | 2 | 8 | 1 | 5 |

## 234

| 8 | 2 | 1 | 6 | 3 | 4 | 5 | 7 | 9 |
| 4 | 7 | 9 | 2 | 5 | 8 | 3 | 6 | 1 |
| 5 | 3 | 6 | 9 | 7 | 1 | 2 | 8 | 4 |
| 9 | 1 | 4 | 8 | 6 | 2 | 7 | 5 | 3 |
| 3 | 5 | 8 | 4 | 1 | 7 | 6 | 9 | 2 |
| 2 | 6 | 7 | 3 | 9 | 5 | 1 | 4 | 8 |
| 7 | 8 | 3 | 1 | 4 | 6 | 9 | 2 | 5 |
| 6 | 9 | 2 | 5 | 8 | 3 | 4 | 1 | 7 |
| 1 | 4 | 5 | 7 | 2 | 9 | 8 | 3 | 6 |

## 235

| 1 | 4 | 8 | 5 | 6 | 9 | 2 | 3 | 7 |
| 3 | 2 | 6 | 8 | 7 | 1 | 5 | 4 | 9 |
| 7 | 9 | 5 | 4 | 2 | 3 | 1 | 6 | 8 |
| 6 | 1 | 4 | 7 | 3 | 5 | 8 | 9 | 2 |
| 8 | 3 | 7 | 1 | 9 | 2 | 6 | 5 | 4 |
| 9 | 5 | 2 | 6 | 8 | 4 | 3 | 7 | 1 |
| 4 | 7 | 3 | 2 | 5 | 8 | 9 | 1 | 6 |
| 2 | 6 | 9 | 3 | 1 | 7 | 4 | 8 | 5 |
| 5 | 8 | 1 | 9 | 4 | 6 | 7 | 2 | 3 |

## 236

| 9 | 6 | 5 | 3 | 4 | 2 | 7 | 1 | 8 |
| 8 | 7 | 4 | 9 | 5 | 1 | 6 | 3 | 2 |
| 3 | 1 | 2 | 7 | 6 | 8 | 5 | 4 | 9 |
| 1 | 4 | 9 | 8 | 7 | 6 | 3 | 2 | 5 |
| 2 | 5 | 6 | 4 | 1 | 3 | 9 | 8 | 7 |
| 7 | 8 | 3 | 2 | 9 | 5 | 1 | 6 | 4 |
| 6 | 2 | 8 | 5 | 3 | 9 | 4 | 7 | 1 |
| 4 | 9 | 1 | 6 | 8 | 7 | 2 | 5 | 3 |
| 5 | 3 | 7 | 1 | 2 | 4 | 8 | 9 | 6 |

## 237

| 5 | 1 | 2 | 8 | 3 | 6 | 4 | 7 | 9 |
| 4 | 6 | 8 | 1 | 7 | 9 | 2 | 5 | 3 |
| 9 | 7 | 3 | 2 | 4 | 5 | 1 | 8 | 6 |
| 2 | 4 | 9 | 6 | 8 | 7 | 3 | 1 | 5 |
| 7 | 8 | 5 | 3 | 1 | 4 | 6 | 9 | 2 |
| 1 | 3 | 6 | 9 | 5 | 2 | 7 | 4 | 8 |
| 3 | 9 | 4 | 5 | 6 | 1 | 8 | 2 | 7 |
| 8 | 2 | 1 | 7 | 9 | 3 | 5 | 6 | 4 |
| 6 | 5 | 7 | 4 | 2 | 8 | 9 | 3 | 1 |

## 238

| 2 | 1 | 4 | 6 | 3 | 9 | 8 | 7 | 5 |
| 6 | 8 | 3 | 5 | 7 | 1 | 2 | 9 | 4 |
| 7 | 9 | 5 | 4 | 8 | 2 | 6 | 3 | 1 |
| 9 | 4 | 8 | 2 | 1 | 5 | 3 | 6 | 7 |
| 5 | 3 | 2 | 7 | 4 | 6 | 1 | 8 | 9 |
| 1 | 6 | 7 | 3 | 9 | 8 | 4 | 5 | 2 |
| 4 | 7 | 1 | 9 | 6 | 3 | 5 | 2 | 8 |
| 8 | 5 | 6 | 1 | 2 | 7 | 9 | 4 | 3 |
| 3 | 2 | 9 | 8 | 5 | 4 | 7 | 1 | 6 |

## 239

| 8 | 6 | 4 | 3 | 9 | 5 | 2 | 7 | 1 |
| 9 | 2 | 1 | 7 | 6 | 8 | 5 | 3 | 4 |
| 3 | 7 | 5 | 2 | 4 | 1 | 8 | 6 | 9 |
| 2 | 1 | 7 | 9 | 8 | 3 | 6 | 4 | 5 |
| 4 | 9 | 6 | 5 | 7 | 2 | 1 | 8 | 3 |
| 5 | 8 | 3 | 6 | 1 | 4 | 7 | 9 | 2 |
| 6 | 4 | 8 | 1 | 2 | 9 | 3 | 5 | 7 |
| 1 | 3 | 9 | 8 | 5 | 7 | 4 | 2 | 6 |
| 7 | 5 | 2 | 4 | 3 | 6 | 9 | 1 | 8 |

## 240

| 9 | 6 | 8 | 5 | 1 | 4 | 3 | 2 | 7 |
| 3 | 7 | 4 | 2 | 8 | 6 | 5 | 9 | 1 |
| 1 | 5 | 2 | 9 | 7 | 3 | 6 | 8 | 4 |
| 5 | 2 | 1 | 3 | 9 | 7 | 8 | 4 | 6 |
| 8 | 3 | 6 | 4 | 2 | 1 | 7 | 5 | 9 |
| 7 | 4 | 9 | 8 | 6 | 5 | 2 | 1 | 3 |
| 4 | 8 | 7 | 1 | 3 | 2 | 9 | 6 | 5 |
| 2 | 1 | 3 | 6 | 5 | 9 | 4 | 7 | 8 |
| 6 | 9 | 5 | 7 | 4 | 8 | 1 | 3 | 2 |

## 241

| 3 | 6 | 4 | 2 | 7 | 9 | 1 | 5 | 8 |
| 5 | 9 | 1 | 4 | 8 | 3 | 7 | 6 | 2 |
| 2 | 7 | 8 | 1 | 5 | 6 | 3 | 4 | 9 |
| 1 | 4 | 3 | 7 | 2 | 5 | 8 | 9 | 6 |
| 7 | 2 | 5 | 6 | 9 | 8 | 4 | 1 | 3 |
| 6 | 8 | 9 | 3 | 1 | 4 | 2 | 7 | 5 |
| 8 | 1 | 6 | 9 | 3 | 7 | 5 | 2 | 4 |
| 4 | 5 | 7 | 8 | 6 | 2 | 9 | 3 | 1 |
| 9 | 3 | 2 | 5 | 4 | 1 | 6 | 8 | 7 |

## 242

| 8 | 4 | 7 | 6 | 3 | 1 | 2 | 9 | 5 |
| 5 | 3 | 1 | 9 | 2 | 8 | 7 | 4 | 6 |
| 2 | 9 | 6 | 5 | 7 | 4 | 1 | 8 | 3 |
| 4 | 1 | 2 | 7 | 6 | 9 | 5 | 3 | 8 |
| 9 | 8 | 3 | 4 | 5 | 2 | 6 | 1 | 7 |
| 6 | 7 | 5 | 1 | 8 | 3 | 4 | 2 | 9 |
| 7 | 2 | 8 | 3 | 1 | 6 | 9 | 5 | 4 |
| 3 | 6 | 4 | 2 | 9 | 5 | 8 | 7 | 1 |
| 1 | 5 | 9 | 8 | 4 | 7 | 3 | 6 | 2 |

## 243

| 4 | 7 | 8 | 3 | 6 | 2 | 9 | 1 | 5 |
| 1 | 9 | 2 | 7 | 4 | 5 | 6 | 8 | 3 |
| 6 | 5 | 3 | 8 | 9 | 1 | 7 | 4 | 2 |
| 9 | 3 | 5 | 2 | 7 | 8 | 1 | 6 | 4 |
| 2 | 4 | 7 | 6 | 1 | 3 | 5 | 9 | 8 |
| 8 | 1 | 6 | 4 | 5 | 9 | 2 | 3 | 7 |
| 3 | 8 | 1 | 5 | 2 | 6 | 4 | 7 | 9 |
| 5 | 6 | 4 | 9 | 3 | 7 | 8 | 2 | 1 |
| 7 | 2 | 9 | 1 | 8 | 4 | 3 | 5 | 6 |

## 244

| 1 | 8 | 5 | 7 | 3 | 6 | 2 | 4 | 9 |
| 4 | 9 | 2 | 8 | 5 | 1 | 6 | 3 | 7 |
| 6 | 3 | 7 | 9 | 2 | 4 | 8 | 5 | 1 |
| 2 | 4 | 3 | 1 | 7 | 5 | 9 | 8 | 6 |
| 7 | 6 | 9 | 2 | 8 | 3 | 5 | 1 | 4 |
| 5 | 1 | 8 | 6 | 4 | 9 | 7 | 2 | 3 |
| 3 | 7 | 4 | 5 | 9 | 2 | 1 | 6 | 8 |
| 9 | 5 | 6 | 3 | 1 | 8 | 4 | 7 | 2 |
| 8 | 2 | 1 | 4 | 6 | 7 | 3 | 9 | 5 |

## 245

| 4 | 9 | 6 | 5 | 1 | 2 | 8 | 3 | 7 |
| 2 | 7 | 8 | 3 | 6 | 9 | 1 | 5 | 4 |
| 3 | 5 | 1 | 8 | 4 | 7 | 2 | 9 | 6 |
| 6 | 8 | 5 | 1 | 9 | 3 | 7 | 4 | 2 |
| 7 | 2 | 4 | 6 | 8 | 5 | 9 | 1 | 3 |
| 1 | 3 | 9 | 2 | 7 | 4 | 5 | 6 | 8 |
| 5 | 1 | 7 | 4 | 2 | 6 | 3 | 8 | 9 |
| 9 | 4 | 3 | 7 | 5 | 8 | 6 | 2 | 1 |
| 8 | 6 | 2 | 9 | 3 | 1 | 4 | 7 | 5 |

## 246

| 5 | 2 | 6 | 4 | 1 | 8 | 3 | 9 | 7 |
| 9 | 3 | 1 | 6 | 7 | 2 | 4 | 5 | 8 |
| 4 | 8 | 7 | 9 | 3 | 5 | 1 | 6 | 2 |
| 6 | 9 | 5 | 1 | 8 | 4 | 2 | 7 | 3 |
| 1 | 7 | 3 | 5 | 2 | 6 | 8 | 4 | 9 |
| 2 | 4 | 8 | 7 | 9 | 3 | 6 | 1 | 5 |
| 8 | 5 | 9 | 2 | 4 | 1 | 7 | 3 | 6 |
| 3 | 6 | 4 | 8 | 5 | 7 | 9 | 2 | 1 |
| 7 | 1 | 2 | 3 | 6 | 9 | 5 | 8 | 4 |

## 247

| 3 | 6 | 8 | 2 | 9 | 4 | 7 | 1 | 5 |
| 4 | 7 | 2 | 1 | 6 | 5 | 3 | 8 | 9 |
| 1 | 9 | 5 | 7 | 8 | 3 | 4 | 2 | 6 |
| 6 | 4 | 7 | 9 | 3 | 1 | 8 | 5 | 2 |
| 2 | 5 | 9 | 4 | 7 | 8 | 6 | 3 | 1 |
| 8 | 1 | 3 | 6 | 5 | 2 | 9 | 7 | 4 |
| 7 | 3 | 6 | 5 | 2 | 9 | 1 | 4 | 8 |
| 9 | 2 | 1 | 8 | 4 | 7 | 5 | 6 | 3 |
| 5 | 8 | 4 | 3 | 1 | 6 | 2 | 9 | 7 |

## 248

| 1 | 6 | 5 | 7 | 2 | 3 | 9 | 8 | 4 |
| 3 | 9 | 2 | 8 | 5 | 4 | 6 | 1 | 7 |
| 4 | 7 | 8 | 6 | 9 | 1 | 5 | 3 | 2 |
| 2 | 1 | 9 | 5 | 8 | 7 | 4 | 6 | 3 |
| 6 | 4 | 7 | 2 | 3 | 9 | 8 | 5 | 1 |
| 5 | 8 | 3 | 4 | 1 | 6 | 7 | 2 | 9 |
| 9 | 2 | 6 | 3 | 4 | 8 | 1 | 7 | 5 |
| 7 | 3 | 1 | 9 | 6 | 5 | 2 | 4 | 8 |
| 8 | 5 | 4 | 1 | 7 | 2 | 3 | 9 | 6 |

## 249

| 1 | 2 | 8 | 9 | 6 | 3 | 5 | 4 | 7 |
| 3 | 5 | 6 | 8 | 7 | 4 | 9 | 2 | 1 |
| 4 | 9 | 7 | 5 | 1 | 2 | 3 | 8 | 6 |
| 8 | 3 | 5 | 6 | 2 | 7 | 1 | 9 | 4 |
| 2 | 7 | 9 | 4 | 5 | 1 | 8 | 6 | 3 |
| 6 | 4 | 1 | 3 | 8 | 9 | 7 | 5 | 2 |
| 7 | 8 | 2 | 1 | 9 | 6 | 4 | 3 | 5 |
| 9 | 1 | 4 | 2 | 3 | 5 | 6 | 7 | 8 |
| 5 | 6 | 3 | 7 | 4 | 8 | 2 | 1 | 9 |

## 250

| 4 | 6 | 1 | 8 | 9 | 5 | 7 | 2 | 3 |
| 9 | 8 | 5 | 3 | 2 | 7 | 6 | 4 | 1 |
| 3 | 2 | 7 | 4 | 6 | 1 | 5 | 9 | 8 |
| 6 | 4 | 8 | 5 | 3 | 2 | 1 | 7 | 9 |
| 5 | 7 | 2 | 9 | 1 | 6 | 8 | 3 | 4 |
| 1 | 3 | 9 | 7 | 8 | 4 | 2 | 6 | 5 |
| 7 | 1 | 3 | 6 | 4 | 8 | 9 | 5 | 2 |
| 2 | 5 | 4 | 1 | 7 | 9 | 3 | 8 | 6 |
| 8 | 9 | 6 | 2 | 5 | 3 | 4 | 1 | 7 |

## 251

| 1 | 6 | 3 | 8 | 4 | 5 | 9 | 7 | 2 |
| 4 | 9 | 8 | 7 | 2 | 6 | 5 | 1 | 3 |
| 7 | 5 | 2 | 1 | 9 | 3 | 6 | 4 | 8 |
| 3 | 7 | 5 | 6 | 8 | 4 | 1 | 2 | 9 |
| 8 | 4 | 1 | 9 | 7 | 2 | 3 | 6 | 5 |
| 9 | 2 | 6 | 5 | 3 | 1 | 7 | 8 | 4 |
| 6 | 1 | 9 | 2 | 5 | 8 | 4 | 3 | 7 |
| 5 | 8 | 4 | 3 | 1 | 7 | 2 | 9 | 6 |
| 2 | 3 | 7 | 4 | 6 | 9 | 8 | 5 | 1 |

## 252

| 3 | 1 | 2 | 8 | 9 | 7 | 5 | 4 | 6 |
| 6 | 9 | 4 | 5 | 2 | 1 | 8 | 3 | 7 |
| 7 | 5 | 8 | 4 | 6 | 3 | 2 | 1 | 9 |
| 1 | 7 | 5 | 2 | 3 | 9 | 6 | 8 | 4 |
| 8 | 2 | 6 | 1 | 5 | 4 | 9 | 7 | 3 |
| 9 | 4 | 3 | 7 | 8 | 6 | 1 | 5 | 2 |
| 5 | 8 | 7 | 6 | 4 | 2 | 3 | 9 | 1 |
| 2 | 3 | 1 | 9 | 7 | 5 | 4 | 6 | 8 |
| 4 | 6 | 9 | 3 | 1 | 8 | 7 | 2 | 5 |

## 253

| 4 | 1 | 8 | 5 | 6 | 9 | 7 | 2 | 3 |
| 3 | 7 | 6 | 2 | 8 | 4 | 9 | 5 | 1 |
| 5 | 2 | 9 | 7 | 1 | 3 | 4 | 8 | 6 |
| 8 | 5 | 2 | 1 | 7 | 6 | 3 | 9 | 4 |
| 7 | 4 | 1 | 9 | 3 | 8 | 5 | 6 | 2 |
| 9 | 6 | 3 | 4 | 5 | 2 | 8 | 1 | 7 |
| 1 | 3 | 5 | 6 | 9 | 7 | 2 | 4 | 8 |
| 6 | 8 | 4 | 3 | 2 | 5 | 1 | 7 | 9 |
| 2 | 9 | 7 | 8 | 4 | 1 | 6 | 3 | 5 |

## 254

| 2 | 5 | 9 | 7 | 8 | 3 | 6 | 4 | 1 |
| 6 | 8 | 3 | 4 | 1 | 2 | 5 | 9 | 7 |
| 4 | 7 | 1 | 9 | 6 | 5 | 3 | 2 | 8 |
| 7 | 4 | 6 | 1 | 2 | 8 | 9 | 3 | 5 |
| 3 | 1 | 2 | 5 | 9 | 4 | 7 | 8 | 6 |
| 5 | 9 | 8 | 6 | 3 | 7 | 2 | 1 | 4 |
| 1 | 2 | 5 | 3 | 4 | 6 | 8 | 7 | 9 |
| 8 | 6 | 4 | 2 | 7 | 9 | 1 | 5 | 3 |
| 9 | 3 | 7 | 8 | 5 | 1 | 4 | 6 | 2 |

## 255

| 3 | 7 | 8 | 6 | 1 | 9 | 4 | 2 | 5 |
| 6 | 2 | 1 | 8 | 5 | 4 | 3 | 7 | 9 |
| 5 | 4 | 9 | 2 | 3 | 7 | 8 | 6 | 1 |
| 9 | 8 | 6 | 7 | 4 | 2 | 5 | 1 | 3 |
| 7 | 1 | 3 | 5 | 9 | 6 | 2 | 8 | 4 |
| 2 | 5 | 4 | 3 | 8 | 1 | 7 | 9 | 6 |
| 8 | 6 | 5 | 9 | 2 | 3 | 1 | 4 | 7 |
| 1 | 9 | 2 | 4 | 7 | 5 | 6 | 3 | 8 |
| 4 | 3 | 7 | 1 | 6 | 8 | 9 | 5 | 2 |

## 256

| 8 | 6 | 3 | 5 | 1 | 9 | 2 | 7 | 4 |
| 4 | 5 | 2 | 7 | 3 | 8 | 6 | 9 | 1 |
| 9 | 1 | 7 | 2 | 4 | 6 | 3 | 5 | 8 |
| 2 | 7 | 9 | 3 | 8 | 4 | 1 | 6 | 5 |
| 5 | 8 | 4 | 1 | 6 | 2 | 7 | 3 | 9 |
| 6 | 3 | 1 | 9 | 5 | 7 | 4 | 8 | 2 |
| 3 | 9 | 8 | 4 | 7 | 1 | 5 | 2 | 6 |
| 1 | 2 | 5 | 6 | 9 | 3 | 8 | 4 | 7 |
| 7 | 4 | 6 | 8 | 2 | 5 | 9 | 1 | 3 |

## 257

| 2 | 3 | 8 | 1 | 7 | 6 | 9 | 5 | 4 |
| 5 | 6 | 4 | 3 | 8 | 9 | 2 | 1 | 7 |
| 7 | 1 | 9 | 5 | 2 | 4 | 3 | 8 | 6 |
| 8 | 5 | 6 | 9 | 4 | 7 | 1 | 2 | 3 |
| 1 | 2 | 3 | 8 | 6 | 5 | 4 | 7 | 9 |
| 4 | 9 | 7 | 2 | 1 | 3 | 8 | 6 | 5 |
| 6 | 7 | 1 | 4 | 3 | 8 | 5 | 9 | 2 |
| 9 | 4 | 2 | 7 | 5 | 1 | 6 | 3 | 8 |
| 3 | 8 | 5 | 6 | 9 | 2 | 7 | 4 | 1 |

## 258

| 4 | 1 | 5 | 7 | 3 | 9 | 8 | 2 | 6 |
| 8 | 3 | 6 | 4 | 1 | 2 | 7 | 9 | 5 |
| 7 | 9 | 2 | 8 | 6 | 5 | 1 | 4 | 3 |
| 5 | 6 | 7 | 3 | 2 | 8 | 9 | 1 | 4 |
| 1 | 2 | 8 | 9 | 5 | 4 | 6 | 3 | 7 |
| 3 | 4 | 9 | 1 | 7 | 6 | 5 | 8 | 2 |
| 2 | 8 | 4 | 5 | 9 | 7 | 3 | 6 | 1 |
| 9 | 5 | 1 | 6 | 4 | 3 | 2 | 7 | 8 |
| 6 | 7 | 3 | 2 | 8 | 1 | 4 | 5 | 9 |

## 259

| 9 | 2 | 8 | 4 | 7 | 1 | 5 | 3 | 6 |
| 4 | 1 | 7 | 6 | 5 | 3 | 2 | 8 | 9 |
| 6 | 3 | 5 | 8 | 9 | 2 | 1 | 4 | 7 |
| 3 | 8 | 9 | 2 | 4 | 6 | 7 | 1 | 5 |
| 7 | 5 | 2 | 9 | 1 | 8 | 4 | 6 | 3 |
| 1 | 6 | 4 | 7 | 3 | 5 | 8 | 9 | 2 |
| 2 | 7 | 3 | 1 | 8 | 9 | 6 | 5 | 4 |
| 8 | 9 | 6 | 5 | 2 | 4 | 3 | 7 | 1 |
| 5 | 4 | 1 | 3 | 6 | 7 | 9 | 2 | 8 |

## 260

| 1 | 6 | 4 | 9 | 2 | 8 | 5 | 3 | 7 |
| 9 | 3 | 2 | 5 | 7 | 4 | 6 | 1 | 8 |
| 5 | 7 | 8 | 1 | 3 | 6 | 4 | 9 | 2 |
| 8 | 2 | 3 | 6 | 9 | 5 | 7 | 4 | 1 |
| 6 | 4 | 5 | 7 | 1 | 2 | 3 | 8 | 9 |
| 7 | 9 | 1 | 4 | 8 | 3 | 2 | 5 | 6 |
| 2 | 1 | 6 | 3 | 5 | 9 | 8 | 7 | 4 |
| 4 | 5 | 9 | 8 | 6 | 7 | 1 | 2 | 3 |
| 3 | 8 | 7 | 2 | 4 | 1 | 9 | 6 | 5 |

## 261

| 9 | 8 | 7 | 5 | 3 | 4 | 1 | 2 | 6 |
|---|---|---|---|---|---|---|---|---|
| 2 | 1 | 4 | 6 | 8 | 7 | 3 | 5 | 9 |
| 3 | 6 | 5 | 9 | 1 | 2 | 8 | 7 | 4 |
| 8 | 9 | 2 | 1 | 7 | 6 | 5 | 4 | 3 |
| 4 | 3 | 1 | 8 | 5 | 9 | 7 | 6 | 2 |
| 5 | 7 | 6 | 2 | 4 | 3 | 9 | 1 | 8 |
| 1 | 5 | 3 | 4 | 6 | 8 | 2 | 9 | 7 |
| 6 | 2 | 8 | 7 | 9 | 1 | 4 | 3 | 5 |
| 7 | 4 | 9 | 3 | 2 | 5 | 6 | 8 | 1 |

## 262

| 5 | 7 | 2 | 3 | 8 | 4 | 9 | 6 | 1 |
|---|---|---|---|---|---|---|---|---|
| 3 | 4 | 1 | 5 | 6 | 9 | 8 | 7 | 2 |
| 9 | 6 | 8 | 2 | 7 | 1 | 3 | 5 | 4 |
| 6 | 3 | 7 | 8 | 1 | 5 | 2 | 4 | 9 |
| 4 | 1 | 9 | 6 | 3 | 2 | 7 | 8 | 5 |
| 2 | 8 | 5 | 4 | 9 | 7 | 6 | 1 | 3 |
| 7 | 5 | 4 | 9 | 2 | 8 | 1 | 3 | 6 |
| 8 | 2 | 6 | 1 | 4 | 3 | 5 | 9 | 7 |
| 1 | 9 | 3 | 7 | 5 | 6 | 4 | 2 | 8 |

## 263

| 8 | 3 | 7 | 4 | 5 | 9 | 6 | 1 | 2 |
|---|---|---|---|---|---|---|---|---|
| 6 | 9 | 5 | 1 | 2 | 7 | 4 | 8 | 3 |
| 1 | 4 | 2 | 3 | 6 | 8 | 9 | 5 | 7 |
| 9 | 8 | 4 | 7 | 3 | 2 | 5 | 6 | 1 |
| 7 | 1 | 3 | 6 | 8 | 5 | 2 | 9 | 4 |
| 5 | 2 | 6 | 9 | 1 | 4 | 7 | 3 | 8 |
| 3 | 5 | 1 | 2 | 7 | 6 | 8 | 4 | 9 |
| 4 | 7 | 8 | 5 | 9 | 3 | 1 | 2 | 6 |
| 2 | 6 | 9 | 8 | 4 | 1 | 3 | 7 | 5 |

## 264

| 2 | 9 | 4 | 3 | 5 | 7 | 6 | 8 | 1 |
|---|---|---|---|---|---|---|---|---|
| 3 | 5 | 1 | 6 | 8 | 4 | 9 | 7 | 2 |
| 6 | 8 | 7 | 9 | 2 | 1 | 3 | 4 | 5 |
| 8 | 7 | 2 | 5 | 6 | 9 | 4 | 1 | 3 |
| 1 | 3 | 9 | 7 | 4 | 2 | 8 | 5 | 6 |
| 4 | 6 | 5 | 8 | 1 | 3 | 7 | 2 | 9 |
| 9 | 1 | 8 | 2 | 7 | 6 | 5 | 3 | 4 |
| 7 | 4 | 3 | 1 | 9 | 5 | 2 | 6 | 8 |
| 5 | 2 | 6 | 4 | 3 | 8 | 1 | 9 | 7 |

## 265

| 3 | 5 | 6 | 4 | 9 | 1 | 8 | 7 | 2 |
| 4 | 1 | 2 | 8 | 6 | 7 | 5 | 9 | 3 |
| 9 | 8 | 7 | 2 | 5 | 3 | 4 | 1 | 6 |
| 2 | 9 | 5 | 7 | 3 | 8 | 1 | 6 | 4 |
| 6 | 3 | 8 | 1 | 4 | 9 | 7 | 2 | 5 |
| 1 | 7 | 4 | 6 | 2 | 5 | 9 | 3 | 8 |
| 8 | 6 | 9 | 5 | 7 | 2 | 3 | 4 | 1 |
| 7 | 4 | 1 | 3 | 8 | 6 | 2 | 5 | 9 |
| 5 | 2 | 3 | 9 | 1 | 4 | 6 | 8 | 7 |

## 266

| 4 | 1 | 5 | 3 | 6 | 7 | 9 | 8 | 2 |
| 2 | 7 | 8 | 1 | 9 | 4 | 6 | 3 | 5 |
| 6 | 3 | 9 | 8 | 5 | 2 | 7 | 4 | 1 |
| 1 | 6 | 3 | 5 | 4 | 9 | 8 | 2 | 7 |
| 8 | 5 | 2 | 7 | 1 | 3 | 4 | 6 | 9 |
| 7 | 9 | 4 | 2 | 8 | 6 | 1 | 5 | 3 |
| 5 | 4 | 6 | 9 | 3 | 1 | 2 | 7 | 8 |
| 9 | 8 | 7 | 4 | 2 | 5 | 3 | 1 | 6 |
| 3 | 2 | 1 | 6 | 7 | 8 | 5 | 9 | 4 |

## 267

| 1 | 6 | 5 | 4 | 7 | 9 | 3 | 8 | 2 |
| 3 | 7 | 4 | 2 | 1 | 8 | 5 | 6 | 9 |
| 9 | 2 | 8 | 5 | 6 | 3 | 4 | 1 | 7 |
| 4 | 8 | 1 | 6 | 9 | 5 | 7 | 2 | 3 |
| 6 | 9 | 3 | 8 | 2 | 7 | 1 | 4 | 5 |
| 2 | 5 | 7 | 1 | 3 | 4 | 8 | 9 | 6 |
| 7 | 3 | 6 | 9 | 4 | 1 | 2 | 5 | 8 |
| 5 | 1 | 9 | 7 | 8 | 2 | 6 | 3 | 4 |
| 8 | 4 | 2 | 3 | 5 | 6 | 9 | 7 | 1 |

## 268

| 8 | 3 | 5 | 9 | 1 | 2 | 6 | 4 | 7 |
| 1 | 4 | 6 | 3 | 7 | 8 | 2 | 5 | 9 |
| 7 | 2 | 9 | 6 | 5 | 4 | 3 | 1 | 8 |
| 2 | 6 | 3 | 7 | 9 | 1 | 5 | 8 | 4 |
| 4 | 9 | 8 | 2 | 6 | 5 | 1 | 7 | 3 |
| 5 | 1 | 7 | 8 | 4 | 3 | 9 | 6 | 2 |
| 6 | 5 | 2 | 4 | 8 | 9 | 7 | 3 | 1 |
| 9 | 8 | 1 | 5 | 3 | 7 | 4 | 2 | 6 |
| 3 | 7 | 4 | 1 | 2 | 6 | 8 | 9 | 5 |

## 269

| 3 | 1 | 7 | 6 | 5 | 8 | 9 | 4 | 2 |
| 2 | 9 | 6 | 4 | 3 | 1 | 8 | 5 | 7 |
| 5 | 4 | 8 | 2 | 9 | 7 | 1 | 3 | 6 |
| 7 | 5 | 2 | 8 | 4 | 9 | 6 | 1 | 3 |
| 1 | 6 | 4 | 7 | 2 | 3 | 5 | 8 | 9 |
| 8 | 3 | 9 | 1 | 6 | 5 | 2 | 7 | 4 |
| 4 | 2 | 1 | 5 | 7 | 6 | 3 | 9 | 8 |
| 6 | 8 | 3 | 9 | 1 | 4 | 7 | 2 | 5 |
| 9 | 7 | 5 | 3 | 8 | 2 | 4 | 6 | 1 |

## 270

| 7 | 3 | 2 | 5 | 8 | 9 | 6 | 1 | 4 |
| 6 | 9 | 8 | 4 | 1 | 2 | 3 | 5 | 7 |
| 1 | 5 | 4 | 6 | 7 | 3 | 8 | 9 | 2 |
| 4 | 8 | 1 | 7 | 9 | 5 | 2 | 6 | 3 |
| 2 | 7 | 3 | 8 | 6 | 1 | 5 | 4 | 9 |
| 9 | 6 | 5 | 3 | 2 | 4 | 1 | 7 | 8 |
| 5 | 1 | 7 | 9 | 3 | 8 | 4 | 2 | 6 |
| 8 | 2 | 6 | 1 | 4 | 7 | 9 | 3 | 5 |
| 3 | 4 | 9 | 2 | 5 | 6 | 7 | 8 | 1 |

## 271

| 2 | 3 | 4 | 9 | 6 | 5 | 7 | 1 | 8 |
| 5 | 8 | 6 | 7 | 2 | 1 | 4 | 3 | 9 |
| 1 | 9 | 7 | 8 | 4 | 3 | 2 | 6 | 5 |
| 8 | 7 | 5 | 4 | 3 | 9 | 1 | 2 | 6 |
| 9 | 1 | 3 | 2 | 8 | 6 | 5 | 7 | 4 |
| 6 | 4 | 2 | 1 | 5 | 7 | 8 | 9 | 3 |
| 7 | 6 | 1 | 5 | 9 | 4 | 3 | 8 | 2 |
| 3 | 5 | 8 | 6 | 1 | 2 | 9 | 4 | 7 |
| 4 | 2 | 9 | 3 | 7 | 8 | 6 | 5 | 1 |

## 272

| 6 | 2 | 9 | 7 | 8 | 5 | 3 | 4 | 1 |
| 4 | 8 | 7 | 3 | 1 | 9 | 2 | 5 | 6 |
| 1 | 5 | 3 | 6 | 2 | 4 | 7 | 9 | 8 |
| 7 | 9 | 4 | 1 | 5 | 2 | 8 | 6 | 3 |
| 8 | 3 | 5 | 4 | 6 | 7 | 9 | 1 | 2 |
| 2 | 1 | 6 | 8 | 9 | 3 | 4 | 7 | 5 |
| 3 | 6 | 2 | 9 | 4 | 1 | 5 | 8 | 7 |
| 5 | 4 | 1 | 2 | 7 | 8 | 6 | 3 | 9 |
| 9 | 7 | 8 | 5 | 3 | 6 | 1 | 2 | 4 |

## 273

| 5 | 3 | 2 | 8 | 9 | 6 | 7 | 1 | 4 |
| 6 | 7 | 9 | 1 | 2 | 4 | 3 | 8 | 5 |
| 1 | 8 | 4 | 5 | 3 | 7 | 9 | 6 | 2 |
| 4 | 5 | 3 | 6 | 7 | 8 | 1 | 2 | 9 |
| 9 | 2 | 1 | 4 | 5 | 3 | 6 | 7 | 8 |
| 7 | 6 | 8 | 9 | 1 | 2 | 5 | 4 | 3 |
| 3 | 4 | 6 | 7 | 8 | 5 | 2 | 9 | 1 |
| 8 | 9 | 5 | 2 | 6 | 1 | 4 | 3 | 7 |
| 2 | 1 | 7 | 3 | 4 | 9 | 8 | 5 | 6 |

## 274

| 2 | 4 | 9 | 8 | 3 | 7 | 5 | 1 | 6 |
| 1 | 7 | 3 | 5 | 2 | 6 | 9 | 4 | 8 |
| 8 | 5 | 6 | 1 | 4 | 9 | 3 | 7 | 2 |
| 6 | 2 | 7 | 4 | 9 | 3 | 8 | 5 | 1 |
| 5 | 9 | 8 | 6 | 7 | 1 | 2 | 3 | 4 |
| 4 | 3 | 1 | 2 | 8 | 5 | 6 | 9 | 7 |
| 3 | 8 | 5 | 7 | 1 | 2 | 4 | 6 | 9 |
| 9 | 1 | 4 | 3 | 6 | 8 | 7 | 2 | 5 |
| 7 | 6 | 2 | 9 | 5 | 4 | 1 | 8 | 3 |

## 275

| 4 | 7 | 8 | 2 | 9 | 6 | 5 | 3 | 1 |
| 1 | 9 | 6 | 5 | 3 | 4 | 8 | 7 | 2 |
| 3 | 5 | 2 | 8 | 1 | 7 | 4 | 9 | 6 |
| 5 | 4 | 1 | 7 | 8 | 3 | 6 | 2 | 9 |
| 8 | 2 | 3 | 6 | 5 | 9 | 7 | 1 | 4 |
| 9 | 6 | 7 | 4 | 2 | 1 | 3 | 5 | 8 |
| 6 | 1 | 5 | 3 | 4 | 2 | 9 | 8 | 7 |
| 7 | 8 | 9 | 1 | 6 | 5 | 2 | 4 | 3 |
| 2 | 3 | 4 | 9 | 7 | 8 | 1 | 6 | 5 |

## 276

| 7 | 6 | 9 | 2 | 1 | 3 | 4 | 5 | 8 |
| 3 | 1 | 2 | 8 | 4 | 5 | 6 | 9 | 7 |
| 8 | 4 | 5 | 6 | 7 | 9 | 3 | 1 | 2 |
| 4 | 5 | 3 | 7 | 8 | 6 | 9 | 2 | 1 |
| 1 | 9 | 8 | 5 | 2 | 4 | 7 | 3 | 6 |
| 6 | 2 | 7 | 3 | 9 | 1 | 5 | 8 | 4 |
| 5 | 3 | 4 | 1 | 6 | 2 | 8 | 7 | 9 |
| 9 | 7 | 1 | 4 | 5 | 8 | 2 | 6 | 3 |
| 2 | 8 | 6 | 9 | 3 | 7 | 1 | 4 | 5 |

### 277

| 4 | 6 | 9 | 3 | 8 | 7 | 2 | 5 | 1 |
| 3 | 2 | 8 | 6 | 5 | 1 | 7 | 9 | 4 |
| 7 | 1 | 5 | 9 | 4 | 2 | 3 | 8 | 6 |
| 6 | 3 | 1 | 5 | 9 | 4 | 8 | 2 | 7 |
| 9 | 8 | 7 | 2 | 1 | 3 | 4 | 6 | 5 |
| 2 | 5 | 4 | 8 | 7 | 6 | 9 | 1 | 3 |
| 1 | 7 | 6 | 4 | 2 | 8 | 5 | 3 | 9 |
| 5 | 4 | 2 | 1 | 3 | 9 | 6 | 7 | 8 |
| 8 | 9 | 3 | 7 | 6 | 5 | 1 | 4 | 2 |

### 278

| 8 | 7 | 5 | 3 | 4 | 6 | 2 | 9 | 1 |
| 2 | 4 | 6 | 9 | 7 | 1 | 5 | 8 | 3 |
| 9 | 1 | 3 | 2 | 5 | 8 | 6 | 7 | 4 |
| 5 | 6 | 9 | 8 | 3 | 4 | 7 | 1 | 2 |
| 4 | 2 | 8 | 1 | 6 | 7 | 3 | 5 | 9 |
| 1 | 3 | 7 | 5 | 2 | 9 | 8 | 4 | 6 |
| 6 | 5 | 1 | 4 | 8 | 3 | 9 | 2 | 7 |
| 3 | 9 | 2 | 7 | 1 | 5 | 4 | 6 | 8 |
| 7 | 8 | 4 | 6 | 9 | 2 | 1 | 3 | 5 |

### 279

| 6 | 2 | 8 | 7 | 4 | 3 | 1 | 5 | 9 |
| 3 | 9 | 5 | 8 | 6 | 1 | 4 | 2 | 7 |
| 4 | 7 | 1 | 9 | 2 | 5 | 3 | 6 | 8 |
| 5 | 8 | 4 | 1 | 3 | 2 | 9 | 7 | 6 |
| 7 | 3 | 2 | 6 | 9 | 4 | 8 | 1 | 5 |
| 9 | 1 | 6 | 5 | 7 | 8 | 2 | 4 | 3 |
| 1 | 6 | 3 | 2 | 8 | 7 | 5 | 9 | 4 |
| 2 | 4 | 9 | 3 | 5 | 6 | 7 | 8 | 1 |
| 8 | 5 | 7 | 4 | 1 | 9 | 6 | 3 | 2 |

### 280

| 3 | 1 | 9 | 8 | 4 | 7 | 6 | 5 | 2 |
| 6 | 4 | 2 | 1 | 5 | 9 | 3 | 8 | 7 |
| 8 | 5 | 7 | 6 | 3 | 2 | 1 | 4 | 9 |
| 9 | 3 | 1 | 7 | 6 | 5 | 8 | 2 | 4 |
| 2 | 8 | 5 | 9 | 1 | 4 | 7 | 6 | 3 |
| 4 | 7 | 6 | 3 | 2 | 8 | 9 | 1 | 5 |
| 7 | 2 | 3 | 4 | 8 | 1 | 5 | 9 | 6 |
| 1 | 9 | 4 | 5 | 7 | 6 | 2 | 3 | 8 |
| 5 | 6 | 8 | 2 | 9 | 3 | 4 | 7 | 1 |

### 281

| 2 | 6 | 5 | 3 | 1 | 9 | 8 | 7 | 4 |
|---|---|---|---|---|---|---|---|---|
| 3 | 7 | 4 | 8 | 5 | 6 | 9 | 1 | 2 |
| 8 | 1 | 9 | 7 | 2 | 4 | 6 | 5 | 3 |
| 4 | 3 | 6 | 2 | 9 | 1 | 5 | 8 | 7 |
| 5 | 9 | 8 | 6 | 7 | 3 | 2 | 4 | 1 |
| 7 | 2 | 1 | 5 | 4 | 8 | 3 | 9 | 6 |
| 6 | 4 | 3 | 1 | 8 | 5 | 7 | 2 | 9 |
| 9 | 5 | 7 | 4 | 6 | 2 | 1 | 3 | 8 |
| 1 | 8 | 2 | 9 | 3 | 7 | 4 | 6 | 5 |

### 282

| 5 | 3 | 2 | 9 | 1 | 4 | 7 | 8 | 6 |
|---|---|---|---|---|---|---|---|---|
| 9 | 7 | 1 | 8 | 2 | 6 | 4 | 5 | 3 |
| 8 | 4 | 6 | 3 | 7 | 5 | 1 | 2 | 9 |
| 6 | 2 | 8 | 7 | 3 | 9 | 5 | 4 | 1 |
| 3 | 1 | 5 | 4 | 6 | 2 | 9 | 7 | 8 |
| 4 | 9 | 7 | 1 | 5 | 8 | 3 | 6 | 2 |
| 7 | 8 | 3 | 6 | 4 | 1 | 2 | 9 | 5 |
| 1 | 5 | 9 | 2 | 8 | 7 | 6 | 3 | 4 |
| 2 | 6 | 4 | 5 | 9 | 3 | 8 | 1 | 7 |

### 283

| 2 | 3 | 9 | 4 | 1 | 8 | 5 | 7 | 6 |
|---|---|---|---|---|---|---|---|---|
| 8 | 4 | 5 | 2 | 7 | 6 | 3 | 9 | 1 |
| 7 | 1 | 6 | 5 | 3 | 9 | 4 | 8 | 2 |
| 4 | 9 | 3 | 6 | 8 | 5 | 2 | 1 | 7 |
| 6 | 7 | 1 | 3 | 4 | 2 | 8 | 5 | 9 |
| 5 | 2 | 8 | 7 | 9 | 1 | 6 | 4 | 3 |
| 9 | 5 | 7 | 8 | 2 | 3 | 1 | 6 | 4 |
| 1 | 8 | 2 | 9 | 6 | 4 | 7 | 3 | 5 |
| 3 | 6 | 4 | 1 | 5 | 7 | 9 | 2 | 8 |

### 284

| 1 | 9 | 3 | 2 | 8 | 6 | 5 | 4 | 7 |
|---|---|---|---|---|---|---|---|---|
| 7 | 5 | 8 | 4 | 1 | 9 | 3 | 6 | 2 |
| 4 | 2 | 6 | 5 | 3 | 7 | 8 | 9 | 1 |
| 8 | 4 | 5 | 7 | 2 | 1 | 6 | 3 | 9 |
| 3 | 1 | 9 | 6 | 4 | 5 | 7 | 2 | 8 |
| 6 | 7 | 2 | 8 | 9 | 3 | 4 | 1 | 5 |
| 5 | 6 | 4 | 1 | 7 | 2 | 9 | 8 | 3 |
| 9 | 8 | 1 | 3 | 5 | 4 | 2 | 7 | 6 |
| 2 | 3 | 7 | 9 | 6 | 8 | 1 | 5 | 4 |

## 285

| 5 | 4 | 8 | 9 | 3 | 6 | 1 | 2 | 7 |
| 7 | 9 | 6 | 1 | 4 | 2 | 3 | 8 | 5 |
| 2 | 1 | 3 | 8 | 7 | 5 | 4 | 6 | 9 |
| 9 | 3 | 2 | 7 | 8 | 4 | 5 | 1 | 6 |
| 1 | 8 | 5 | 3 | 6 | 9 | 7 | 4 | 2 |
| 6 | 7 | 4 | 2 | 5 | 1 | 9 | 3 | 8 |
| 8 | 5 | 9 | 4 | 2 | 3 | 6 | 7 | 1 |
| 3 | 2 | 1 | 6 | 9 | 7 | 8 | 5 | 4 |
| 4 | 6 | 7 | 5 | 1 | 8 | 2 | 9 | 3 |

## 286

| 8 | 6 | 1 | 4 | 5 | 9 | 7 | 3 | 2 |
| 3 | 4 | 9 | 7 | 1 | 2 | 8 | 6 | 5 |
| 7 | 5 | 2 | 8 | 3 | 6 | 1 | 4 | 9 |
| 5 | 7 | 4 | 6 | 8 | 3 | 9 | 2 | 1 |
| 2 | 8 | 3 | 5 | 9 | 1 | 4 | 7 | 6 |
| 1 | 9 | 6 | 2 | 4 | 7 | 5 | 8 | 3 |
| 6 | 3 | 5 | 9 | 7 | 8 | 2 | 1 | 4 |
| 9 | 1 | 7 | 3 | 2 | 4 | 6 | 5 | 8 |
| 4 | 2 | 8 | 1 | 6 | 5 | 3 | 9 | 7 |

## 287

| 8 | 3 | 7 | 5 | 9 | 1 | 4 | 6 | 2 |
| 4 | 5 | 6 | 7 | 2 | 8 | 1 | 9 | 3 |
| 1 | 9 | 2 | 6 | 3 | 4 | 7 | 8 | 5 |
| 9 | 2 | 4 | 1 | 7 | 3 | 8 | 5 | 6 |
| 5 | 8 | 3 | 4 | 6 | 2 | 9 | 7 | 1 |
| 7 | 6 | 1 | 8 | 5 | 9 | 2 | 3 | 4 |
| 6 | 4 | 5 | 2 | 8 | 7 | 3 | 1 | 9 |
| 2 | 7 | 9 | 3 | 1 | 6 | 5 | 4 | 8 |
| 3 | 1 | 8 | 9 | 4 | 5 | 6 | 2 | 7 |

## 288

| 7 | 5 | 8 | 4 | 9 | 3 | 2 | 1 | 6 |
| 4 | 1 | 3 | 8 | 6 | 2 | 9 | 7 | 5 |
| 2 | 6 | 9 | 7 | 1 | 5 | 3 | 8 | 4 |
| 5 | 4 | 7 | 9 | 8 | 1 | 6 | 3 | 2 |
| 9 | 3 | 1 | 6 | 2 | 4 | 8 | 5 | 7 |
| 6 | 8 | 2 | 3 | 5 | 7 | 4 | 9 | 1 |
| 8 | 9 | 4 | 1 | 7 | 6 | 5 | 2 | 3 |
| 1 | 2 | 6 | 5 | 3 | 9 | 7 | 4 | 8 |
| 3 | 7 | 5 | 2 | 4 | 8 | 1 | 6 | 9 |

### 289

| 4 | 9 | 2 | 5 | 8 | 1 | 7 | 3 | 6 |
| 1 | 7 | 8 | 3 | 6 | 9 | 5 | 4 | 2 |
| 3 | 5 | 6 | 7 | 2 | 4 | 8 | 9 | 1 |
| 7 | 8 | 1 | 6 | 9 | 5 | 4 | 2 | 3 |
| 9 | 4 | 3 | 2 | 1 | 7 | 6 | 5 | 8 |
| 6 | 2 | 5 | 8 | 4 | 3 | 9 | 1 | 7 |
| 2 | 3 | 4 | 9 | 7 | 6 | 1 | 8 | 5 |
| 5 | 6 | 9 | 1 | 3 | 8 | 2 | 7 | 4 |
| 8 | 1 | 7 | 4 | 5 | 2 | 3 | 6 | 9 |

### 290

| 1 | 2 | 4 | 3 | 7 | 9 | 6 | 8 | 5 |
| 7 | 5 | 8 | 4 | 1 | 6 | 9 | 3 | 2 |
| 6 | 9 | 3 | 2 | 5 | 8 | 4 | 1 | 7 |
| 2 | 7 | 6 | 5 | 4 | 1 | 8 | 9 | 3 |
| 9 | 3 | 1 | 8 | 2 | 7 | 5 | 4 | 6 |
| 4 | 8 | 5 | 9 | 6 | 3 | 2 | 7 | 1 |
| 8 | 1 | 9 | 6 | 3 | 5 | 7 | 2 | 4 |
| 5 | 4 | 7 | 1 | 9 | 2 | 3 | 6 | 8 |
| 3 | 6 | 2 | 7 | 8 | 4 | 1 | 5 | 9 |

### 291

| 6 | 7 | 9 | 5 | 1 | 8 | 2 | 3 | 4 |
| 4 | 5 | 2 | 6 | 7 | 3 | 8 | 1 | 9 |
| 1 | 8 | 3 | 4 | 9 | 2 | 7 | 6 | 5 |
| 3 | 6 | 8 | 2 | 4 | 9 | 5 | 7 | 1 |
| 7 | 4 | 5 | 8 | 3 | 1 | 6 | 9 | 2 |
| 9 | 2 | 1 | 7 | 5 | 6 | 4 | 8 | 3 |
| 5 | 3 | 4 | 9 | 6 | 7 | 1 | 2 | 8 |
| 8 | 1 | 6 | 3 | 2 | 4 | 9 | 5 | 7 |
| 2 | 9 | 7 | 1 | 8 | 5 | 3 | 4 | 6 |

### 292

| 1 | 9 | 8 | 6 | 4 | 3 | 5 | 7 | 2 |
| 7 | 4 | 2 | 5 | 9 | 1 | 3 | 8 | 6 |
| 5 | 3 | 6 | 7 | 2 | 8 | 9 | 4 | 1 |
| 8 | 6 | 1 | 3 | 5 | 4 | 7 | 2 | 9 |
| 9 | 7 | 4 | 2 | 1 | 6 | 8 | 5 | 3 |
| 3 | 2 | 5 | 8 | 7 | 9 | 6 | 1 | 4 |
| 6 | 8 | 7 | 4 | 3 | 2 | 1 | 9 | 5 |
| 4 | 1 | 3 | 9 | 8 | 5 | 2 | 6 | 7 |
| 2 | 5 | 9 | 1 | 6 | 7 | 4 | 3 | 8 |

## 293

| 8 | 4 | 9 | 5 | 1 | 6 | 2 | 3 | 7 |
|---|---|---|---|---|---|---|---|---|
| 3 | 7 | 5 | 8 | 4 | 2 | 9 | 1 | 6 |
| 2 | 6 | 1 | 7 | 9 | 3 | 4 | 5 | 8 |
| 6 | 3 | 7 | 1 | 8 | 4 | 5 | 9 | 2 |
| 1 | 8 | 2 | 6 | 5 | 9 | 3 | 7 | 4 |
| 5 | 9 | 4 | 3 | 2 | 7 | 8 | 6 | 1 |
| 9 | 1 | 3 | 2 | 6 | 8 | 7 | 4 | 5 |
| 7 | 2 | 6 | 4 | 3 | 5 | 1 | 8 | 9 |
| 4 | 5 | 8 | 9 | 7 | 1 | 6 | 2 | 3 |

## 294

| 7 | 5 | 6 | 2 | 3 | 9 | 4 | 1 | 8 |
|---|---|---|---|---|---|---|---|---|
| 8 | 1 | 3 | 7 | 5 | 4 | 9 | 2 | 6 |
| 2 | 4 | 9 | 8 | 6 | 1 | 3 | 7 | 5 |
| 3 | 9 | 4 | 5 | 1 | 2 | 8 | 6 | 7 |
| 5 | 7 | 2 | 6 | 4 | 8 | 1 | 9 | 3 |
| 6 | 8 | 1 | 3 | 9 | 7 | 5 | 4 | 2 |
| 9 | 6 | 8 | 4 | 2 | 5 | 7 | 3 | 1 |
| 1 | 3 | 7 | 9 | 8 | 6 | 2 | 5 | 4 |
| 4 | 2 | 5 | 1 | 7 | 3 | 6 | 8 | 9 |

## 295

| 8 | 7 | 9 | 5 | 1 | 2 | 4 | 6 | 3 |
|---|---|---|---|---|---|---|---|---|
| 2 | 4 | 3 | 6 | 9 | 7 | 5 | 1 | 8 |
| 5 | 1 | 6 | 3 | 8 | 4 | 2 | 7 | 9 |
| 1 | 9 | 7 | 4 | 2 | 8 | 6 | 3 | 5 |
| 6 | 5 | 8 | 9 | 7 | 3 | 1 | 2 | 4 |
| 3 | 2 | 4 | 1 | 6 | 5 | 8 | 9 | 7 |
| 9 | 3 | 2 | 8 | 4 | 6 | 7 | 5 | 1 |
| 4 | 6 | 1 | 7 | 5 | 9 | 3 | 8 | 2 |
| 7 | 8 | 5 | 2 | 3 | 1 | 9 | 4 | 6 |

## 296

| 3 | 2 | 9 | 6 | 1 | 7 | 8 | 5 | 4 |
|---|---|---|---|---|---|---|---|---|
| 1 | 4 | 5 | 8 | 3 | 2 | 6 | 7 | 9 |
| 7 | 8 | 6 | 5 | 4 | 9 | 2 | 1 | 3 |
| 2 | 6 | 1 | 4 | 7 | 5 | 9 | 3 | 8 |
| 4 | 7 | 8 | 9 | 6 | 3 | 1 | 2 | 5 |
| 5 | 9 | 3 | 1 | 2 | 8 | 4 | 6 | 7 |
| 9 | 3 | 7 | 2 | 8 | 1 | 5 | 4 | 6 |
| 8 | 1 | 4 | 7 | 5 | 6 | 3 | 9 | 2 |
| 6 | 5 | 2 | 3 | 9 | 4 | 7 | 8 | 1 |

### 297

| 7 | 5 | 1 | 3 | 8 | 4 | 2 | 6 | 9 |
|---|---|---|---|---|---|---|---|---|
| 8 | 3 | 6 | 9 | 5 | 2 | 7 | 1 | 4 |
| 4 | 2 | 9 | 7 | 6 | 1 | 8 | 5 | 3 |
| 2 | 9 | 3 | 8 | 4 | 5 | 6 | 7 | 1 |
| 1 | 7 | 8 | 6 | 3 | 9 | 4 | 2 | 5 |
| 5 | 6 | 4 | 2 | 1 | 7 | 3 | 9 | 8 |
| 6 | 8 | 5 | 1 | 2 | 3 | 9 | 4 | 7 |
| 9 | 4 | 2 | 5 | 7 | 8 | 1 | 3 | 6 |
| 3 | 1 | 7 | 4 | 9 | 6 | 5 | 8 | 2 |

### 298

| 2 | 6 | 5 | 4 | 3 | 7 | 1 | 9 | 8 |
|---|---|---|---|---|---|---|---|---|
| 8 | 1 | 3 | 9 | 6 | 2 | 4 | 7 | 5 |
| 9 | 7 | 4 | 5 | 8 | 1 | 2 | 6 | 3 |
| 6 | 2 | 7 | 3 | 9 | 8 | 5 | 4 | 1 |
| 5 | 9 | 8 | 1 | 7 | 4 | 6 | 3 | 2 |
| 4 | 3 | 1 | 6 | 2 | 5 | 9 | 8 | 7 |
| 1 | 5 | 9 | 7 | 4 | 3 | 8 | 2 | 6 |
| 3 | 4 | 2 | 8 | 5 | 6 | 7 | 1 | 9 |
| 7 | 8 | 6 | 2 | 1 | 9 | 3 | 5 | 4 |

### 299

| 4 | 6 | 7 | 3 | 2 | 8 | 5 | 9 | 1 |
|---|---|---|---|---|---|---|---|---|
| 5 | 3 | 1 | 4 | 9 | 7 | 8 | 2 | 6 |
| 2 | 9 | 8 | 5 | 6 | 1 | 7 | 4 | 3 |
| 7 | 2 | 3 | 6 | 8 | 9 | 1 | 5 | 4 |
| 6 | 8 | 4 | 1 | 5 | 2 | 3 | 7 | 9 |
| 9 | 1 | 5 | 7 | 4 | 3 | 2 | 6 | 8 |
| 8 | 7 | 6 | 2 | 3 | 4 | 9 | 1 | 5 |
| 3 | 4 | 2 | 9 | 1 | 5 | 6 | 8 | 7 |
| 1 | 5 | 9 | 8 | 7 | 6 | 4 | 3 | 2 |

### 300

| 9 | 4 | 8 | 6 | 1 | 5 | 3 | 7 | 2 |
|---|---|---|---|---|---|---|---|---|
| 1 | 6 | 2 | 9 | 3 | 7 | 5 | 8 | 4 |
| 3 | 5 | 7 | 2 | 8 | 4 | 9 | 1 | 6 |
| 4 | 8 | 5 | 7 | 6 | 1 | 2 | 9 | 3 |
| 6 | 3 | 9 | 4 | 2 | 8 | 1 | 5 | 7 |
| 2 | 7 | 1 | 3 | 5 | 9 | 6 | 4 | 8 |
| 8 | 1 | 3 | 5 | 7 | 6 | 4 | 2 | 9 |
| 7 | 9 | 6 | 1 | 4 | 2 | 8 | 3 | 5 |
| 5 | 2 | 4 | 8 | 9 | 3 | 7 | 6 | 1 |

## 301

| 2 | 9 | 1 | 3 | 6 | 7 | 4 | 8 | 5 |
|---|---|---|---|---|---|---|---|---|
| 4 | 8 | 6 | 2 | 9 | 5 | 1 | 3 | 7 |
| 5 | 7 | 3 | 4 | 8 | 1 | 2 | 9 | 6 |
| 3 | 6 | 4 | 5 | 2 | 9 | 7 | 1 | 8 |
| 8 | 5 | 7 | 1 | 4 | 6 | 9 | 2 | 3 |
| 1 | 2 | 9 | 7 | 3 | 8 | 6 | 5 | 4 |
| 9 | 1 | 5 | 6 | 7 | 3 | 8 | 4 | 2 |
| 7 | 4 | 8 | 9 | 5 | 2 | 3 | 6 | 1 |
| 6 | 3 | 2 | 8 | 1 | 4 | 5 | 7 | 9 |

## 302

| 2 | 8 | 6 | 9 | 5 | 4 | 1 | 7 | 3 |
|---|---|---|---|---|---|---|---|---|
| 5 | 4 | 9 | 7 | 1 | 3 | 2 | 8 | 6 |
| 1 | 3 | 7 | 2 | 6 | 8 | 4 | 5 | 9 |
| 8 | 6 | 5 | 3 | 9 | 2 | 7 | 4 | 1 |
| 9 | 7 | 3 | 5 | 4 | 1 | 8 | 6 | 2 |
| 4 | 2 | 1 | 8 | 7 | 6 | 3 | 9 | 5 |
| 7 | 1 | 2 | 6 | 8 | 9 | 5 | 3 | 4 |
| 3 | 9 | 8 | 4 | 2 | 5 | 6 | 1 | 7 |
| 6 | 5 | 4 | 1 | 3 | 7 | 9 | 2 | 8 |

## 303

| 6 | 5 | 2 | 3 | 1 | 7 | 4 | 8 | 9 |
|---|---|---|---|---|---|---|---|---|
| 4 | 8 | 7 | 2 | 9 | 6 | 3 | 1 | 5 |
| 3 | 1 | 9 | 4 | 5 | 8 | 6 | 2 | 7 |
| 8 | 6 | 4 | 7 | 3 | 2 | 9 | 5 | 1 |
| 7 | 9 | 3 | 5 | 8 | 1 | 2 | 4 | 6 |
| 1 | 2 | 5 | 9 | 6 | 4 | 8 | 7 | 3 |
| 9 | 7 | 8 | 1 | 2 | 3 | 5 | 6 | 4 |
| 2 | 3 | 1 | 6 | 4 | 5 | 7 | 9 | 8 |
| 5 | 4 | 6 | 8 | 7 | 9 | 1 | 3 | 2 |

## 304

| 7 | 1 | 6 | 3 | 8 | 2 | 4 | 9 | 5 |
|---|---|---|---|---|---|---|---|---|
| 5 | 9 | 2 | 6 | 4 | 1 | 7 | 3 | 8 |
| 3 | 8 | 4 | 9 | 7 | 5 | 6 | 2 | 1 |
| 8 | 2 | 7 | 5 | 6 | 4 | 3 | 1 | 9 |
| 9 | 4 | 5 | 8 | 1 | 3 | 2 | 7 | 6 |
| 6 | 3 | 1 | 2 | 9 | 7 | 8 | 5 | 4 |
| 4 | 5 | 3 | 1 | 2 | 6 | 9 | 8 | 7 |
| 1 | 7 | 9 | 4 | 3 | 8 | 5 | 6 | 2 |
| 2 | 6 | 8 | 7 | 5 | 9 | 1 | 4 | 3 |

### 305

| 1 | 8 | 2 | 9 | 4 | 7 | 3 | 6 | 5 |
|---|---|---|---|---|---|---|---|---|
| 9 | 3 | 5 | 1 | 6 | 2 | 7 | 4 | 8 |
| 6 | 4 | 7 | 3 | 8 | 5 | 1 | 9 | 2 |
| 4 | 5 | 1 | 7 | 3 | 8 | 9 | 2 | 6 |
| 2 | 9 | 3 | 4 | 1 | 6 | 5 | 8 | 7 |
| 8 | 7 | 6 | 5 | 2 | 9 | 4 | 3 | 1 |
| 5 | 1 | 8 | 6 | 9 | 4 | 2 | 7 | 3 |
| 7 | 2 | 9 | 8 | 5 | 3 | 6 | 1 | 4 |
| 3 | 6 | 4 | 2 | 7 | 1 | 8 | 5 | 9 |

### 306

| 9 | 5 | 7 | 1 | 8 | 4 | 3 | 6 | 2 |
|---|---|---|---|---|---|---|---|---|
| 4 | 2 | 3 | 5 | 7 | 6 | 1 | 8 | 9 |
| 6 | 8 | 1 | 9 | 3 | 2 | 5 | 4 | 7 |
| 7 | 1 | 6 | 8 | 9 | 3 | 4 | 2 | 5 |
| 5 | 3 | 2 | 4 | 6 | 7 | 9 | 1 | 8 |
| 8 | 4 | 9 | 2 | 5 | 1 | 6 | 7 | 3 |
| 3 | 6 | 4 | 7 | 2 | 5 | 8 | 9 | 1 |
| 1 | 7 | 8 | 3 | 4 | 9 | 2 | 5 | 6 |
| 2 | 9 | 5 | 6 | 1 | 8 | 7 | 3 | 4 |

### 307

| 8 | 4 | 5 | 2 | 6 | 1 | 9 | 3 | 7 |
|---|---|---|---|---|---|---|---|---|
| 6 | 3 | 1 | 8 | 7 | 9 | 2 | 4 | 5 |
| 7 | 9 | 2 | 5 | 3 | 4 | 6 | 8 | 1 |
| 1 | 8 | 4 | 6 | 9 | 5 | 3 | 7 | 2 |
| 5 | 6 | 3 | 4 | 2 | 7 | 1 | 9 | 8 |
| 2 | 7 | 9 | 1 | 8 | 3 | 4 | 5 | 6 |
| 3 | 1 | 8 | 7 | 4 | 2 | 5 | 6 | 9 |
| 9 | 2 | 7 | 3 | 5 | 6 | 8 | 1 | 4 |
| 4 | 5 | 6 | 9 | 1 | 8 | 7 | 2 | 3 |

### 308

| 4 | 5 | 7 | 1 | 9 | 6 | 3 | 2 | 8 |
|---|---|---|---|---|---|---|---|---|
| 2 | 3 | 9 | 4 | 7 | 8 | 6 | 1 | 5 |
| 8 | 6 | 1 | 2 | 3 | 5 | 7 | 4 | 9 |
| 3 | 8 | 2 | 7 | 6 | 9 | 4 | 5 | 1 |
| 1 | 9 | 4 | 3 | 5 | 2 | 8 | 7 | 6 |
| 6 | 7 | 5 | 8 | 4 | 1 | 9 | 3 | 2 |
| 9 | 2 | 3 | 5 | 8 | 4 | 1 | 6 | 7 |
| 5 | 4 | 8 | 6 | 1 | 7 | 2 | 9 | 3 |
| 7 | 1 | 6 | 9 | 2 | 3 | 5 | 8 | 4 |

### 309

| 6 | 3 | 1 | 2 | 7 | 8 | 9 | 4 | 5 |
|---|---|---|---|---|---|---|---|---|
| 5 | 9 | 8 | 4 | 3 | 6 | 1 | 2 | 7 |
| 4 | 2 | 7 | 1 | 5 | 9 | 3 | 8 | 6 |
| 3 | 8 | 4 | 6 | 2 | 5 | 7 | 1 | 9 |
| 2 | 6 | 5 | 7 | 9 | 1 | 4 | 3 | 8 |
| 1 | 7 | 9 | 8 | 4 | 3 | 6 | 5 | 2 |
| 7 | 1 | 3 | 9 | 8 | 2 | 5 | 6 | 4 |
| 8 | 4 | 6 | 5 | 1 | 7 | 2 | 9 | 3 |
| 9 | 5 | 2 | 3 | 6 | 4 | 8 | 7 | 1 |

### 310

| 2 | 1 | 3 | 4 | 9 | 8 | 7 | 5 | 6 |
|---|---|---|---|---|---|---|---|---|
| 6 | 5 | 7 | 3 | 1 | 2 | 4 | 8 | 9 |
| 4 | 8 | 9 | 7 | 6 | 5 | 1 | 2 | 3 |
| 1 | 2 | 4 | 5 | 7 | 9 | 3 | 6 | 8 |
| 7 | 9 | 6 | 8 | 3 | 1 | 5 | 4 | 2 |
| 8 | 3 | 5 | 2 | 4 | 6 | 9 | 7 | 1 |
| 3 | 7 | 1 | 6 | 2 | 4 | 8 | 9 | 5 |
| 5 | 4 | 2 | 9 | 8 | 3 | 6 | 1 | 7 |
| 9 | 6 | 8 | 1 | 5 | 7 | 2 | 3 | 4 |

### 311

| 4 | 5 | 1 | 8 | 9 | 2 | 3 | 6 | 7 |
|---|---|---|---|---|---|---|---|---|
| 3 | 7 | 8 | 6 | 5 | 1 | 2 | 9 | 4 |
| 6 | 2 | 9 | 7 | 3 | 4 | 5 | 1 | 8 |
| 7 | 4 | 3 | 1 | 6 | 8 | 9 | 5 | 2 |
| 9 | 8 | 5 | 4 | 2 | 3 | 1 | 7 | 6 |
| 2 | 1 | 6 | 5 | 7 | 9 | 4 | 8 | 3 |
| 1 | 9 | 7 | 2 | 4 | 6 | 8 | 3 | 5 |
| 8 | 6 | 4 | 3 | 1 | 5 | 7 | 2 | 9 |
| 5 | 3 | 2 | 9 | 8 | 7 | 6 | 4 | 1 |

### 312

| 9 | 8 | 5 | 6 | 2 | 4 | 1 | 7 | 3 |
|---|---|---|---|---|---|---|---|---|
| 4 | 1 | 6 | 8 | 7 | 3 | 2 | 9 | 5 |
| 7 | 3 | 2 | 9 | 5 | 1 | 4 | 8 | 6 |
| 6 | 2 | 1 | 7 | 4 | 9 | 3 | 5 | 8 |
| 8 | 5 | 7 | 3 | 6 | 2 | 9 | 4 | 1 |
| 3 | 9 | 4 | 1 | 8 | 5 | 7 | 6 | 2 |
| 2 | 4 | 9 | 5 | 3 | 8 | 6 | 1 | 7 |
| 5 | 7 | 3 | 4 | 1 | 6 | 8 | 2 | 9 |
| 1 | 6 | 8 | 2 | 9 | 7 | 5 | 3 | 4 |

## 313

| 6 | 5 | 7 | 8 | 4 | 1 | 2 | 3 | 9 |
|---|---|---|---|---|---|---|---|---|
| 1 | 8 | 2 | 9 | 7 | 3 | 5 | 4 | 6 |
| 3 | 4 | 9 | 5 | 6 | 2 | 1 | 7 | 8 |
| 9 | 6 | 5 | 4 | 8 | 7 | 3 | 2 | 1 |
| 7 | 3 | 8 | 2 | 1 | 6 | 9 | 5 | 4 |
| 2 | 1 | 4 | 3 | 9 | 5 | 6 | 8 | 7 |
| 4 | 7 | 3 | 6 | 5 | 9 | 8 | 1 | 2 |
| 8 | 2 | 6 | 1 | 3 | 4 | 7 | 9 | 5 |
| 5 | 9 | 1 | 7 | 2 | 8 | 4 | 6 | 3 |

## 314

| 1 | 7 | 2 | 4 | 5 | 6 | 8 | 3 | 9 |
|---|---|---|---|---|---|---|---|---|
| 8 | 4 | 9 | 3 | 1 | 7 | 5 | 6 | 2 |
| 3 | 6 | 5 | 8 | 9 | 2 | 1 | 7 | 4 |
| 4 | 5 | 3 | 1 | 7 | 9 | 2 | 8 | 6 |
| 2 | 8 | 6 | 5 | 3 | 4 | 9 | 1 | 7 |
| 9 | 1 | 7 | 6 | 2 | 8 | 4 | 5 | 3 |
| 5 | 2 | 4 | 7 | 8 | 3 | 6 | 9 | 1 |
| 7 | 9 | 8 | 2 | 6 | 1 | 3 | 4 | 5 |
| 6 | 3 | 1 | 9 | 4 | 5 | 7 | 2 | 8 |

## 315

| 1 | 8 | 7 | 3 | 4 | 6 | 2 | 5 | 9 |
|---|---|---|---|---|---|---|---|---|
| 5 | 4 | 6 | 2 | 9 | 7 | 8 | 1 | 3 |
| 2 | 9 | 3 | 5 | 8 | 1 | 7 | 4 | 6 |
| 4 | 7 | 9 | 1 | 6 | 5 | 3 | 8 | 2 |
| 6 | 5 | 2 | 8 | 7 | 3 | 4 | 9 | 1 |
| 8 | 3 | 1 | 4 | 2 | 9 | 5 | 6 | 7 |
| 9 | 2 | 5 | 6 | 3 | 8 | 1 | 7 | 4 |
| 7 | 1 | 4 | 9 | 5 | 2 | 6 | 3 | 8 |
| 3 | 6 | 8 | 7 | 1 | 4 | 9 | 2 | 5 |

## 316

| 8 | 3 | 1 | 4 | 2 | 5 | 7 | 6 | 9 |
|---|---|---|---|---|---|---|---|---|
| 4 | 9 | 2 | 3 | 6 | 7 | 1 | 5 | 8 |
| 7 | 5 | 6 | 8 | 9 | 1 | 2 | 4 | 3 |
| 2 | 8 | 7 | 5 | 1 | 3 | 6 | 9 | 4 |
| 1 | 4 | 9 | 7 | 8 | 6 | 3 | 2 | 5 |
| 5 | 6 | 3 | 9 | 4 | 2 | 8 | 1 | 7 |
| 3 | 1 | 8 | 2 | 5 | 9 | 4 | 7 | 6 |
| 9 | 2 | 4 | 6 | 7 | 8 | 5 | 3 | 1 |
| 6 | 7 | 5 | 1 | 3 | 4 | 9 | 8 | 2 |

## 317

| 1 | 7 | 5 | 3 | 9 | 8 | 2 | 4 | 6 |
| 8 | 6 | 4 | 2 | 5 | 7 | 1 | 9 | 3 |
| 2 | 9 | 3 | 1 | 6 | 4 | 5 | 7 | 8 |
| 7 | 2 | 1 | 5 | 8 | 6 | 9 | 3 | 4 |
| 3 | 4 | 8 | 7 | 1 | 9 | 6 | 2 | 5 |
| 9 | 5 | 6 | 4 | 3 | 2 | 7 | 8 | 1 |
| 4 | 1 | 7 | 6 | 2 | 3 | 8 | 5 | 9 |
| 5 | 3 | 9 | 8 | 7 | 1 | 4 | 6 | 2 |
| 6 | 8 | 2 | 9 | 4 | 5 | 3 | 1 | 7 |

## 318

| 5 | 1 | 6 | 7 | 4 | 8 | 3 | 9 | 2 |
| 8 | 4 | 9 | 2 | 1 | 3 | 5 | 7 | 6 |
| 7 | 3 | 2 | 9 | 6 | 5 | 4 | 1 | 8 |
| 1 | 5 | 4 | 6 | 3 | 2 | 7 | 8 | 9 |
| 2 | 6 | 3 | 8 | 9 | 7 | 1 | 4 | 5 |
| 9 | 7 | 8 | 1 | 5 | 4 | 2 | 6 | 3 |
| 4 | 2 | 7 | 3 | 8 | 6 | 9 | 5 | 1 |
| 3 | 8 | 1 | 5 | 7 | 9 | 6 | 2 | 4 |
| 6 | 9 | 5 | 4 | 2 | 1 | 8 | 3 | 7 |

## 319

| 6 | 5 | 4 | 2 | 8 | 3 | 7 | 1 | 9 |
| 3 | 8 | 2 | 1 | 7 | 9 | 4 | 6 | 5 |
| 9 | 1 | 7 | 6 | 5 | 4 | 3 | 8 | 2 |
| 4 | 7 | 9 | 3 | 1 | 8 | 5 | 2 | 6 |
| 2 | 6 | 8 | 7 | 4 | 5 | 1 | 9 | 3 |
| 5 | 3 | 1 | 9 | 6 | 2 | 8 | 4 | 7 |
| 8 | 2 | 5 | 4 | 9 | 7 | 6 | 3 | 1 |
| 7 | 9 | 6 | 8 | 3 | 1 | 2 | 5 | 4 |
| 1 | 4 | 3 | 5 | 2 | 6 | 9 | 7 | 8 |

## 320

| 1 | 7 | 2 | 6 | 8 | 9 | 3 | 5 | 4 |
| 6 | 9 | 3 | 5 | 7 | 4 | 1 | 8 | 2 |
| 8 | 4 | 5 | 2 | 3 | 1 | 6 | 9 | 7 |
| 4 | 6 | 9 | 8 | 1 | 2 | 5 | 7 | 3 |
| 5 | 8 | 1 | 3 | 9 | 7 | 4 | 2 | 6 |
| 2 | 3 | 7 | 4 | 6 | 5 | 9 | 1 | 8 |
| 7 | 5 | 6 | 9 | 2 | 3 | 8 | 4 | 1 |
| 9 | 2 | 8 | 1 | 4 | 6 | 7 | 3 | 5 |
| 3 | 1 | 4 | 7 | 5 | 8 | 2 | 6 | 9 |

2~~00~~
1
250
400
180
---
830